어퍼컷

어퍼컷

신성 불가침의 한국 스포츠에 날리는 한 방

정희준 지음

미지북스

글머리에

2008년 최고의 영화로 꼽히는 《우리 생애 최고의 순간》은 2004년 아테네올림픽에서 최고의 명승부를 선사했던 여자핸드볼 팀의 이야기를 감동적으로 그려낸 영화다. 이 영화는 '우생순 신드롬'을 만들어내며 전국에서 400만 관객을 동원했을 뿐 아니라 그해 주요 영화상을 휩쓸 정도로 비평가들의 찬사를 받았다. 국가 대표까지 했지만 은퇴 후 삶이 고달프기만 한 '아줌마'들과 소속 팀이 해체되어 갈 곳 없는 선수들로 구성된 여자 핸드볼 국가 대표 팀은 그러나 올림픽에서 혼과 신을 다하여 조국에 은메달을 바친다. 우리는 그들에게 열광했다. '눈물이 난다'고까지 했다. 그러나 그 영화를 본 나는 지금까지도 '신발 속 돌멩이'와도 같은 불편함에서 벗어날 수 없었다.

이 영화 도입부에서 소속 팀이 결국 해체되어 선수들이 뿔뿔이 흩어지는 모습은 수년 전 전직 핸드볼 선수였던 어느 여성에게서 들은 이야기와 놀라울 정도로 일치했다. 그런데 마지막을 고하는 자리에서 감독이 했다는 말은 나의 뒤통수를 프라이팬으로 후려치는 듯했다. "내가 어떻게든 노력해볼 테니 너희들 제발 술집만은 가지 마라." 역시 현실은 영화보다 더 드라마틱하다.

대다수 여자 선수들에게 은퇴란 사실상 극빈층으로의 추락을 의미한다. '우생순'에서 보듯 올림픽 메달도 이들의 삶에 아무런 도움을 주지 못한다. 그럼에도 '우생순' 은 그들의 고통스럽고 지긋지긋한 삶을 묘사하는 듯하다가 결국에는 자랑스러운 '대한의 딸' 로, '판타지' 로 만들어버렸다. '운동하는 여성' 들의 현실이 '대~한민국' 으로 끝나버린 것이다. 내게 그 영화가 못내 불편한 것도 이 때문이다.

앞길 막막한 이들에게 나이 마흔이 다 돼가는 4년 후 '다시 도전하라' 고 주문하는 현실은 차라리 한국 스포츠의 비극이다. 아니, 이 비극이 바로 한국 스포츠의 현실이다.

그렇다면 우리의 존재의 이유이자 정체성의 원천이 돼버린 듯한 한국 스포츠를 관통하는 키워드는 무엇일까? 첫 번째는 국가주의다. 피지배, 전쟁, 분단, 냉전의 오랜 기억은 '뭉쳐야 산다' 는 생존 본능을 만들어냈고 자연스레 국가주의가 아주 쉽게 발흥하는 텃밭을 제공했다. 무력에 기반 해 남북이 대치하던 시절의 스포츠는 그 자체가 체제 대결이었고 세계챔피언의 숫자는 곧 국력의 반영이었다. 그래서 우리는 스포츠를 국력과 착각하기 시작했고 급기야 2002년 월드컵 4강에 오르자 '축구 4강에서 경제 4강으로' 라는 황당한 주장까지 등장하게 된 것이다.

두 번째 키워드는 집단 몰입이라 해야 할 것인데 사실 이는 집단적 자아도취에 가깝다. 이제 여유를 가지고 스포츠 그 자체를 즐겨도 되겠건만 아직도 우리는 인정받기 위해 스포츠를 한다. 과거에 대한 콤플렉스를 지우기 위해, 국가와 민족을 위해 스포츠에 몰입한다. 그러던 어느 순간 스포츠는 민족 자부심의 원천이 됐고, 우리는 열광에 호들갑을 더하고, 자화자찬을 넘어 '오바' 에 이르면서 '자뻑' 의 무아지경에 이르게 된 것이다.

마지막으로 한국 스포츠를 관통하는 키워드, 그것은 바로 폭력이다. 스포츠에서의 성과를 국가의 발전으로 착각하게 되면서 형성된 스포츠 국가주의는 국가를 위해 개인이, 특히 어린 선수조차 희생될 수도 있다는 야만적 무의식마저 불러들여 번식시켰다. 하긴 이렇게 미칠 듯 좋은데 몇 명 좀 맞는다고 대순가. 대표 선수건 프로 선수건 초등학생이건 도대체 상관이 없다.

스포츠에 대한 이러한 우리들의 광분(?)이 이제 지자체의 메가 스포츠 이벤트 유치 열풍으로 옮겨갔다. 스포츠와 국가에 대한 동일시가 이제 지역의 발전, 그리고 종국에는 나를 부자로 만들어준다는 환상으로 진화한 것이다. 그러자 이런 분위기를 잽싸게 파악한 미디어가 '스포츠 장사'에 나섰다. 그들이 국가주의라는 포대기에 돌돌 말아서 내놓은 박지성, 김연아는 이제 신성불가침의 존재가 되었다. 건드리면 다친다.

국제 대회에서 승리할 때마다 열광하는 게 '오토매틱'이 된 국민들은 국내 리그나 스타 아닌 선수들의 현실에는 관심이 없다. 국민들의 열광에 더욱 신이 나, '오직 승리'에만 매달리며 선수들을 혹독하게 다루는 체육계 또한 선수들의 현실과 미래에는 무관심하다. 애국을 호객하고 폭력을 밥 먹듯 하는 이들에다가 잇속을 챙기기에 여념없는 언론사, 정치인들까지 뒤섞여 있는 공간이 바로 한국의 스포츠다.

나 자신 어릴 적 운동선수였고 지금은 스포츠를 전공으로 하는 사람이다. 그런데 눈이 삔 건지 안경을 뒤집어 쓴 건지 남들이 잘 들여다보지 않는 것이 자꾸 보이고 남들이 하지 않는 질문을 자꾸 하게 됐다. 어떤 이들은 왜 자꾸 그러냐고 한다. 한국 스포츠의 부조리를,

폭력을, 비이성을 왜 자꾸 들추어내냐고. 눈꼴 신 월드컵 상업주의나 지자체의 맹목적 스포츠 메가 이벤트 유치도 그게 다 스포츤데 좋은 거 아니냐고. 체육학과 교수가 그러면 되냐면서. 사실상 '조직'의 논리다.

경기 단체, 팀, 지도자들이 형성한 카르텔은 강고하다. 일부 스포츠 기자들마저 여기에 동참하고 있다. 그러나 나는 있는 것을 없다 하고, 없는 것을 있다 하는 이 카르텔에 반대한다. 자신의 영달을 위해 선수를 희생시키고 스포츠를 이용해 먹으려는 이들에게 동의할 수 없기 때문이다. 빤히 눈에 보이는데 어떻게 이를 안 보인다 할 수 있겠는가. 그래서 나는 '들여다보기'를 계속할 수밖에 없다.

오해 없기 바란다. 이 사회에서 스포츠는 제거되어야 한다는 게 아니다. 스포츠는 역시 필요하다. 운동 없이, 스포츠 없이 우리는 과연 살 수 있을까. 다만 나는 선수 '자신'이 아닌 감독과 협회를 위한 스포츠, 국가를 위한 스포츠에 이의를 제기할 뿐이다. 그리고 나쁜 점만 고치자는 것, 그것뿐이다.

차 례

1부 — 위대한 영웅, 불편한 진실

박태환과 김연아, 민족의 원투 펀치

하여튼 가난한 집 미친한 집 자식같이 조선 형제는 아무 활기가 없다. 열이 없고 강強이 없다. 물렁물렁한 것이 사실이요, 시들어 가는 풀대같이 부들부들하며 허멀둥한 것이 사실이다. 주먹이 튼튼치 못하며 다리가 꿋꿋하지 못하다. 얼굴이 할쑥하고 등이 구부러졌다. 누구와 싸움을 잘 못한다. 하지도 못하거니와 하게 되면 뒷걸음부터 친다. 곧 항복하고 만다. 어찌 그리 무기력 무담력한지 남과 싸우겠다는 용기가 없다.

1924년 『동아일보』 논설이다. 비슷한 시기 『개벽』지의 기사는 또 이렇다. "어렸을 때부터 업혀 길러지고 꿇어앉는 습관 때문에 다리가 짧고 양복을 입어도 폼이 안 난다. …… 등이 구부러지고 얼굴이 창백하고 늘 겁에 질리는 문약의 조선인"이라고 스스로를 평한다. 하여튼 당시 조선인은 일단 등부터 구부러져야 서로를 알아보지 않았을까 싶다.

1916년 『매일신보』에 실린 개화기 지식인 이광수의 조선인 묘사는 그의 문장력을 엿보게 한다. 명쾌하다. 21세기를 살아가는 나로 하여금 '혹시나' 하는 마음에 거울을 다시 보게 만든다.

> 조선인은 눈동자가 풀렸고 입은 벌어졌으며 팔다리는 늘어졌고 가슴은 새가슴에 걸음걸이에 기력이 보이지 않고 안색도 누렇다. 조선인의 용모에는 쇠퇴, 궁색, 천함이 찍혀 있다.

식민지인들은 지적으로뿐 아니라 육체적으로도 열등했다. 아니, 열등해야 했다. 조선인은 같은 조선인을 보면서 조선인의 눈이 아닌 서구인의 눈으로, 즉 '타자의 눈'으로 보았다. 그리고 스스로를 멸시했다. 전형적 오리엔탈리즘의 내면화다. 이는 개화기 수많은 계몽적 지식인들의 공통된 인식이었는데, 유길준, 윤치호, 이광수, 서재필, 이승만에 이르는 친일 · 친미파든, 안창호, 한용운, 신채호에 이르는 민족주의자 · 아나키스트든 별 차이가 없었다.

'우리'는 우리 스스로를 너무나도 철저하게 부정했다. 사실 이해 못할 바도 아니다. 조선시대 양반은 절대로 뛰지 않았을 뿐 아니라 뛰는 것을 천하게 생각했다. 갑신정변 주역들과 가까웠던 신기선 같은 개혁적 인물조차도 더운 날 테니스 시범을 보이는 미국 영사에게 "아니, 아랫것들 시키지 왜 직접 뛰어다니시오."라고 나무랄 정도였다. 양반은 양반이라서 안 뛰고, 천민은 먹은 거 아끼느라 안 뛰던 시절이었다. 그래서 할머니들은 "배 꺼진다. 뛰지 마라."시며 손자들을 쫓아가 붙들어 세우던 그런 시절이었다. 하여튼 부자도 가난뱅이도 모두 뛰면 안 되는 우리의 '옛날'이었다.

개화기 초기 서구의 국가들은 종교를 앞세워 조선 땅에 발을 내딛었다. 그런데 선교사들이 미개한 나라에 진출할 때 항상 내세우는 것이 하드웨어로는 학교요, 소프트웨어로는 스포츠였다. 학교를 통해,

그리고 YMCA 같은 청년 단체를 통해 스포츠를 확산시켰고, 이 신식 문물에 조선인들은 빠져들기 시작했다. 그러나 이러한 신문물을 갑자기 받아들인 당시 상황에서 조선인들의 한계는 (당연히!) 명백했다. 예를 들어 1922년 내한한 미국 프로 야구 올스타 팀과의 경기에서 조선인 선발팀은 3만 관중 앞에서 23 대 3으로 대패한다.

사실 조선인들이 자신들의 왜소한 체구를 발견하고 재확인하도록 한 것이 바로 스포츠였기에, 이 콤플렉스를 치유하는 것도 스포츠를 통해서만이 가능했다. 1896년 『독립신문』의 사설 제목이 '조선이 암만하여도 나라가 되겠다' 였는데, 그 이유는 한국 학생들이 축구를 일본 학생보다 잘하고 백인 학생만큼 했기 때문이다. 또 윤치호는 1936년 베를린 올림픽 마라톤에서 손기정이 우승하자 "광의로 보아 황인종의 자랑이며 백인의 종 우월성을 타파한 일"이라고 치하했다 한다.

이처럼 스포츠는 '치유의 장' 이었을 뿐 아니라, 일본, 서구와 비교하는 잣대였고, 군대, 기독교와 마찬가지로 서구의 선진 문명 그 자체였다. 그래서 요절한 천재 작가 이상(1910~1937년)이 스스로를 '20세기의 스포츠맨' 이라 칭한 것이다. 사실 그는 운동을 즐기지도 않았고, 단단한 몸을 가지지도 못했을 뿐 아니라, 오히려 결핵에 시달리다 요절했다. 그러나 그는 스포츠와 근대를 동일시했고, 그래서 '스포츠맨' 이 되길 원했다. 스포츠야말로 근대적 정책이자 근대의 상징이었던 것이다.

윤치호와 이광수가 그토록 바라 마지않던 '민족 개조' 의 꿈이 박정희 시대를 거쳐 21세기에 들어선 지금 스무 살 청년에 의해 완성됐다. 포스트모던 민족 개조 프로젝트가 드디어 결실을 맺게 된 것이다.

똑바로 보라. 우선 아래위로 참으로 길다. 이 청년은 키가 6척 장신이라 한다. 저 떡 벌어진 어깨! 벗은 몸이라 두 눈 뜨고 보기가 망측하긴 하지만 왼쪽에서 오른쪽으로 한참을 가야 한다. 그리고 하늘로 비상하듯 위로 똑바로 치솟은 역삼각형 '등판'을 보아야 한다. 이는 한 세기 전 조선인의 몸이 아니다. 우리 스스로 멸시하던 몸이 아니다. 이 청년이 온 세계가 지켜보는 가운데 무대에 함께 오른 '코쟁이' 놈들의 코(!)를 모조리 납작하게 했던 것이다. 그의 이름 박.태.환. 이름마저 감격스럽다.

우리는 이제 100년 전 지식인들이 그렇게 갈망하던 체력도, 기개도, 투지도, 그리고 기술도 모두 갖췄다. 이미 1960년대에 복싱 세계 챔피언이 나왔고, 1970년대에 탁구도 세계 정상에 올랐으며, 이후 헤아리기 힘들 정도의 챔피언들과 우승자들이 쏟아졌다. 생각해보면, 2002년 축구 대회 4등에 우리가 왜 그렇게 광분했는지 도통 이해가 안 갈 정도다. 그럼에도 박태환의 우승은 각별하다.

한국이 이제까지 그렇게 많은 우승을 했어도 이른바 기초 종목이라는 수영에서 세계 선수권 대회와 올림픽을 제패한 것은 처음이다. 기초 종목인 육상과 수영에서의 열세는 스포츠 강국 한국의 치부였다. 그 이유는 다양하겠지만 투자가 부족했다는 이야기를 많이 한다. 그러나 그것만으로는 어딘가 부족하다. 100년이 넘는 한국 스포츠 역사에서 수많은 종목들이 '투자' 여부와 상관없이 국제 대회에서 좋은 성적을 거둬왔다. 그리고 아무리 우리 육상이 형편없는 수준이라 해도 마라톤은 손기정이 올림픽에서 우승하기 이전부터 세계적 강국이었다.

우리가 이른바 '기초 종목'에 취약했던 이유는 그 기초 종목들이 결정적으로 '사이즈'를 요구하는 종목이기 때문이다. 기본적으로

'프레임', 즉 '하드웨어'가 비슷한 수준에도 이르지 못했으니 쳐다보기만 해도 주눅 들고 결국 지레짐작으로 포기하지 않았을까. 박태환이 2007년 세계 선수권 대회 자유형 400미터에서 금메달을 획득할 당시 기필코 '넘어서겠다'고 각오를 다졌던 호주의 그랜트 해킷은 사실 '물 속'이 아니면 도저히 넘어설 수 없는 인간이다. 신장 197센티! 2008년 베이징 올림픽 8관왕 마이클 펠프스는 193센티, 펠프스 직전의 세계 최고 이언 소프는 195센티였고, 88 올림픽 3관왕 서독의 미하엘 그로스는 무려 2미터 하고도 2센티였다.

육상도 똑같다. 노골적으로 스피드와 파워를 요구하는 100미터 경기를 머릿속에 그려보자. 올림픽 100미터 결승. 출발선에 서 있는 여덟 명의 선수들. 그들이 몸을 푼다. 그들의 사이즈와 근육을 보라. 키는 당연히 190센티를 기본으로 한다. 2008년 베이징 올림픽 우승자인 우사인 볼트의 키는 196센티다. 또 이들의 근육은 엄청난 웨이트 트레이닝을 견뎌낸, 터질 것 같은 근육이다. 스테로이드 복용을 의심받는 근육이다. 총소리와 함께 튕겨 나가는 이들의 모습은 마치 아라비아산 준마를 보는 듯하다.

그럼 이제 잠시 시간을 거슬러 올림픽 마지막 날 오전으로 가보자. 마라톤 출발선. 수십 명의 선수들이 복작거린다. 저기 황영조도 보이고 그 옆에 이봉주도 보인다. 그 옆의 선수는 아마도 김이용인 듯하다. 한창 때 황영조는 168센티에 56킬로그램, 이봉주는 167센티에 역시 56킬로그램이었다. 그 옆의 선수들도 모두 막상막하다. 이들보다 더 작지도, 더 크지도 않다. 이렇듯 우리는 이제까지 마라톤처럼 머리와 '악'이 필요한 종목, 아니라면 '연장'을 쓰는 종목(양궁)이나 손재주(골프)와 발재간(쇼트트랙)이 필요한 종목에서 강세였다. 사실 제일 편한 건 복싱이나 유도, 태권도 같은 '체급' 종목이다.

육상과 수영은 '신체 조건론'이 절대적으로 지배하는 종목이다. 박태환은 그런 수영에서 신장 181센티라는 단신(?)의 불리함을 딛고 우승한 것이다. 박태환뿐 아니다. 이제 '자랑스러운 돌연변이'들이 많아졌다. 이강석은 박태환과 마찬가지로 하드웨어가 중요한 스피드 스케이팅 500미터에서 세계 기록 보유자가 되는 경이로움을 보였다. 쇼트트랙처럼 한국과 중국의 고등학생, 대학생들이 '머리' 써가며 비집고 들어갈 틈새를 엿보는 경기가 아니라 거대한 허벅지의 서양 아저씨(?)들과 속도의 '진검 승부'를 겨루는 종목에서 말이다. 여기에 장미란이 빠질쏘냐. 우리에게도 이제 자타가 공인하는 세계 챔피언 역사力士가 있단 말이다.

그렇다면 박태환, 장미란 등을 관통하는 키워드는 과연 무엇인가. 바로 몸이다. '메이드 인 코리아' 딱지가 붙은 '슈퍼 바디', '내셔널 바디'다. 이제 우리는 체급에 상관없이 서구의 선수들을 압도하는 신체와 힘과 기량을 지닌 우리 선수들을 보며 열광하고 행복해 한다.

그렇다고 우리가 이들이 가진 몸의 힘과 '사이즈'에만 흡족해 하는 것은 아니다. 더 중요한 것은 바로 '아름다움'이다. 강철 같은 '갑빠'와 역삼각형 '등판'을 가진 박태환과 추성훈의 몸은 강력한 터보 엔진을 장착한 근육질 스포츠카 같다. 그러나 동시에 매끄럽고 아름답다. 이들의 몸은 한 세기 전 조선인의 몸도, 근대화 시기 이상적 남성상이던 이대근 · 백일섭의 몸도, 수영장 가서도 셔츠로 몸을 가려야 하는 우리 삼촌들의 몸도 아니다.

이렇게 해서 한국 근대사 100년에 걸친 몸 개조 프로젝트가 이제 완성을 보려는 순간, 여기에 붓을 들어 용의 눈을 찍은 화룡점정의 인물이 우리 앞에 나타나셨다. 바로 그 이름도 날씬한 김.연.아.

김연아는 '민족의 적성'과는 거리가 멀어 보였던, '아름다움'으로 승부하는 선진국형 스포츠 피겨스케이팅에서 세계 최고에 등극하셨다. 그뿐이 아니다. '한국적 얼굴'과 '한국적 상체'에 붙어 있는 저 '서구적 다리.' 생각해보시라. '롱 다리', '숏 다리', '농 다리', 이런 농담 시리즈가 괜히 나왔겠는가. 사람을 다리 길이로 품평(?)하는 우리의 버릇 속엔 역사가 담겨 있다. '롱 다리'는 민족의 염원이었던 것이다.

우리는 김연아의 놀라운 경기력에 감탄하며 그의 예술성을 특히 높이 평가하지만 나는 그의 운동 능력에도 경외감을 갖는다. 3회전 점프는 고도의 순발력과 근력이 버무려진 엄청난 점프력을 요구한다. 그런데 그런 점프력이 열아홉 살 가냘픈 몸매에서 뿜어져 나온다. 이런 게 바로 모순이다. 초절정 몸의 완결판이다.

'민족의 천사'와도 같은 김연아가 '사랑의 묘약'을 뿌리자 한국 사회는 사랑에 빠졌고, 사랑에 취해 몽롱해진 우리는 '연아 양'의 포로가 되었다. 그리고 김연아는 수많은 열혈 광팬들을 양산해내기 시작했다. 당연하다. 우리가 처음 가져보는 '예쁜 세계 챔피언'이다. 우리는 연아가 혓바닥만 내밀어도 환장하고 연아의 윙크 한 번에 쓰러진다. 과거 박세리가 '대한의 딸'이었다면 김연아는 '나의 사랑'이다. 그래서 연아 양이 한 번 떴다 하면 사방이 '연아 뉴스'로 도배가 된다. 연아는 학교 가는 것도 '국가적 뉴스'가 된다. 이제 '연아를 클릭'하는 게 우리의 일상이 돼버린 것이다.

이제까지 우리는 한국을 세계에 빛낸 많은 여자 선수들을 보았고 자랑스러워했다. 여자 골프, 양궁, 쇼트트랙, 탁구, 유도 그리고 '우생순'까지. 그러나 우리는 이제까지 이런 몸매를, 이런 '요정'을 본 적이 없었다. 게다가 '세계적 요정'이다. 항상 웃는 얼굴이 예쁘면서도 귀엽다. 반짝반짝 빛나는데다가 날씬하고 또 (두둥~) 길기까지 하다. 우리가 꿈꾸던 '롱 다리'를 이제야 찾았다. 이쯤 되면 김연아는 기적의 창조물이다. 그래서 젊은이들과 중년 여성들도 그의 몸을 즐겁게(?) 이야기한다. "피겨도 잘 타는데 몸두 너무 예뻐요~" 하면서 말이다. (재밌게도 중년 남성들은 다르다. 대부분 얼굴도 예쁘지만 스케이트를 잘 타서 좋아하는 것이지 몸매가 예뻐서는 아니라며 극구 부인한다. 그대, 짐승들이여~)

어쨌든 박태환과 김연아는 과거 민족의 기개를 떨치고 국가의 이름을 알렸던 '홍보성(?) 영웅'의 범주에서 벗어난다. 이들은 다르다. 박태환의 몸이 한민족의 '근대적 콤플렉스'를 싹싹 지워버렸다면, 김연아는 '한국형 몸'의 미래형을 제시한 탈근대적 몸의 주인공이다. 그렇다. 박태환에 이은 김연아의 등장으로 이제 과거를 마감하고 미래를 향하는 천하무적의 원투 펀치가 완성된 것이다.

70여 년 전 서정권, 일명 '독침.' 전 일본 아마추어 권투 선수권자이자 프로 권투 세계 랭킹 6위. 1935년 귀국 때 카퍼레이드를 할 정도로 인기를 누렸고, 동대문에서의 귀국 환영 경기 때는 몽양 여운형이 6,000여 관중 앞에서 일장 격려 연설을 할 정도였다고 한다. 그런데 당시 그를 찬양하는 어느 신문 기사는 오늘에 더 적절해 보인다. 사실 좀 '오바'라 해야겠지만 이 문장은 지금 우리가 청년 박태환이나 김연아에게 바치기에 조금의 손색이 없다.

> 이 5척(박태환은 6척이다) 어린 청년 앞에 전 세계의 코끼리 같은 양키들이 피하고, 그의 앞에 무릎을 꿇음에 우리들은 그와 피와 산천을 같이하였음을 영광이라 하지 않을 수 없다. ⋯⋯ 이리하여

아, 동방에도 우리 반도에는 세계적으로 우러러보는 새로운 영웅 한 분이 나타났다.

연아 덕후, 팬에서 스토커로

내 이런 일 생길 줄 알았다. 김연아 선수의 어머니가 드디어 김연아 광팬들에게 "앞으로 연아 볼 생각은 꿈도 꾸지 말라"며 한 방 제대로 먹였다. 사실 그 조짐은 이미 오래전에 보였다. 2008년 12월 고양시에서 열렸던 그랑프리 파이널 대회 직후 나는 이런 표현을 한 적이 있다. "김연아 팬들을 보면 어째 좀 불안하다."

그때 김연아 팬들이 경기장에서 보여준 폭력적(?)인 응원은 '평범한 정신'으로는 하기 힘든 것이었다. 자신들의 '연아 사랑'을 과시하고자 경기장으로 쳐들어간 이들은 피겨스케이팅에서 필수적인 관전 예절조차 무시했다. 한 외국 선수의 말처럼 그들은 '미친 듯' 괴성과 비명을 지르며 카타르시스의 수준을 넘어 자아도취에 빠졌다. 그들은 김연아를 응원하러 간 게 아니라 외국인들과 카메라 앞에서 '우리 김연아'의 인기를, 그리고 자신들의 사랑을 과시하고 증명하고자 경기장으로 진군한 것이다.

이들의 '미친 듯한' 응원 덕분에 김연아는 그때까지 실수 한 번 안 하던 트리플 살코에서 엉덩방아를 찧었고 장기인 트리플 러츠는 돌다 말고 내려왔다. 골프 스윙 하려는데 카메라 셔터 눌러대고, 바둑 대국장에서 비명 질러대는데 잘할 선수가 있을까. 결국 팬들이 김연아에게서 홈 어드밴티지를 뺏어 가버린 것이다. 이들은 한마디로 '자뻑' 을 위해 '팬질' 하는 부류다.

그때 이틀 동안 곰 인형만 1,000개가 넘게 던져졌다는데, 재미있는 것은 김연아 팬들이 인형을 택배 주문해서 다른 입장객들에게도 나눠주고 이를 던지게 했다는 사실이다. 연아에 대한 '우리' 의 사랑을 '증명' 하자는 것이었단다. 여러분들, 간혹 혈기 넘치는 젊은이들이 자신의 사랑을 증명하겠다며 나설 때 벌어지는 곤혹스러운 '시추에이션' 에 대한 경험들이 다들 있으실 것이다. 가끔 뉴스에도 나오지 않던가.

그렇다. 과격(?) 김연아 팬들은 자신의 사랑을 전달하는 정도로 만족하는 게 아니라 이를 증명하려 한다. 이건 '사랑 고백' 이 아니다. '사랑 증명' 이다. 스토커의 탄생이다.

김연아는 현재 한국 사회 최고의 인기인이다. 홈페이지 방문자 수 2,000만 명 돌파를 눈앞에 뒀다고 한다. (박태환 홈페이지 누적 방문자 수는 668만이란다.) 김연아 에어컨, 김연아 화장품, 김연아 패션에 이어 김연아 휴대폰까지 등장했다. 옛날에 교정을 했다는 이야기가 돌자 김연아 신드롬은 치과에도 미쳐 때아닌 치아 교정 바람까지 불고 있다.

이제까지 20여 개 업체와 5~10억 원짜리 광고를 계약할 정도로 광고를 싹쓸이하는 바람에 광고도 '김연아 나오는 광고' 와 '김연아 안 나오는 광고' 로 나뉜다 할 정도다. 그를 응원하는 수많은 팬 카페가 생겼는데 나가도 너무 잘 나가면 그 '반작용' 도 생기는 법. '김연아 안티 카페' 가 등장했다. 그러나 역시 김연아는 차원이 다른 스타

디시인사이드 피겨스케이팅 갤러리의 김연아 선수 열혈 팬이 주축이 되어 만든 인터넷 사이트 피버스테이팅닷컴.

다. 김연아 안티를 박멸(!)하기 위한 '김연아 안티 퇴치 카페' 마저 등장했다.

그러면서 김연아 팬들은 진화했다. 얼마 전까지 김연아 광팬들은 '승냥이' 로 불렸는데 지금 이들은 보다 조직적, 체계적으로 움직이는 '연아 덕후' (덕후: 주로 특정 분야나 취미에 열중해 자신의 시간과 돈을 쓰는 사람을 지칭하는 일본어 오타쿠의 변형어)로 변신했다. 그리고 흔히 보던 아이돌 댄스 그룹의 팬클럽을 닮아가기 시작했다.

그러다 지난 주 드디어 일이 터진 것이다. 피버스케이팅닷컴이란 김연아 팬 카페 게시판에 김연아 어머니가 등장해 "그만들 좀 하시죠"라는 글을 올렸는데 결론은 이거였단다. "이번 쇼 이후로 다시는 연아가 아이스 쇼에 서지 않을 것을 약속드리죠."

알려진 바에 따르면 그 사이트는 디시인사이드 피겨스케이팅 갤러리의 열혈 김연아 팬들이 차린 사이트란다. 그런데 김연아 어머니가 나타나 "니들 앞으로 다시는 연아 볼 꿈도 꾸지 말라"며 악담을 하고 간 것이다. 한마디로 선수의 부모가 자기 자식의 팬들에게 주먹 감자를 먹인 꼴이다. 그것도 엿을 듬뿍 바른 주먹 감자를. 21세기 한국은 이렇게 희한하다.

아무리 희한해도 이유가 있는 법. 어쩌다 선수 측과 팬 간에 이런 묵직한 주먹 감자를 주고받게 됐는지 그 이유를 알아보니 이는 한 편의 블랙 코미디였다.

8월엔 두 개의 아이스 쇼가 연달아 열린다. 1~2일엔 '현대카드 슈퍼 매치 VIII 슈퍼 클래스 온 아이스'가, 14~16일엔 '삼성 애니콜 하우젠 아이스 올스타즈 2009'가 열린다. 이 긴 이름들 다 외울 필요는 없고 그냥 '현대 쇼'와 '삼성 쇼'가 비슷한 시기에 열려 경쟁하는 상황으로 이해하시면 되겠다. 그런데 김연아는 삼성 쇼에만 출연한다. 애니콜 등 삼성으로부터 받았던 광고비가 더 셌나 보다.

문제는 김연아의 매니지먼트사인 IB스포츠가 경쟁 아이스 쇼인 현대 쇼에 출연키로 돼 있는 외국 유명 선수들이 자기네 삼성 쇼에도 출연할 거라고 함부로 발표하면서 시작됐다. '겹치기 출연'의 주인공은 올해 세계 선수권 대회 남자 싱글 우승자 에반 라이사첵, 지난해 세계 선수권 남자 싱글 우승자 제프리 버틀, 올해 세계 선수권 여자 싱글에서 김연아에 이어 은메달을 목에 건 조애니 로세트 등이다.

그러나 이 외국 선수들이 한국에서 보름 이상 머물러가며 경쟁 아이스 쇼에, 그것도 연달아 출연할 리는 없다. 더구나 무엇보다 이들은 IMG 소속이다. 타이거 우즈의 소속사이기도 한 세계 최대의 스포츠 매니지먼트사 IMG는 국내에서는 IB스포츠와는 경쟁 관계, 아니 더 정확하게는 원한 관계에 놓인 회사다. IMG는 바로 김연아의 전 소속사인데, IB스포츠에 김연아를 빼앗긴 후 계약과 관련하여 손해배상을 청구했던 법적 분쟁 당사자다.

나는 IB스포츠에게 상도덕은 기대도 하지 않지만 과연 이 회사가 상거래의 기본이나 알고 있는지 궁금하다. IMG를 제치고 선수 개개인에게 출연을 요청하는 식으로 접근했다던데 정말 그러면 이들이 출연할 수 있다고 생각했나. 게다가 맙소사, 소송 상대 아닌가. 착각도 이만저만이 아니다. IB스포츠의 행태는 '구걸 섭외' 로 공연 잡았다가 공연 며칠 앞두고 취소하는 공연 기획사나, '한 번 생각해 보겠다' 는 저쪽 말만으로도 해외 진출 결정됐다고 뻥 치다가 선수만 희생시키는 축구 에이전트랑 다를 바 없다.

결국 IB스포츠는 8일 출연자를 공식 발표하면서 부랴부랴 이들을 애덤 리폰과 셰린 본으로 대체했다. 그러자 이번엔 김연아의 팬들이 들고 일어났다. 출연 선수들 특히 남자 선수들의 지명도가 현대 쇼 쪽보다 처진다는 게 불만이었다. 현대 쇼는 라이사첵, 버틀 외에도 2006년 동계 올림픽 싱글 부문 금메달리스트로 2010년 동계 올림픽에서도 금메달을 다투게 될 '피겨 황제' 예브게니 플루셴코도 선보인다. 언론에선 이들을 '꽃미남 군단' 이라 표현하기도 한다. 그래서 현대 쇼가 강조하는 게 바로 "김연아 빼고 다 나온다"는 거다.

반면 김연아가 출연하는 삼성 쇼의 간판선수들은 대부분 전성기가 지난 선수들이다. 그런데 겹치기 논란과 함께 출연이 취소된 라이사첵과 버틀을 대신해 월드 주니어 피겨스케이팅 2연패에 불과(?)한 아담 리폰이 출연진으로 확정되자 연아 덕후들이 들고일어난 것이다. 너무 어려도 문제인 거다. 그래서 이들은 아담 리폰의 홈페이지로 달려가 "정상급 선수도 아니면서 왜 연아 쇼에 출연하느냐"며 인신공격을 날리고 귀국(?)하기도 했다.

연아 덕후들은 또 김연아에 대한 더 높은(?) 대우를 요구했는데 이들 눈엔 연아 외에는 보이는 게 없었다. 쇼에서 여성 그룹 다비치가 김연아의 갈라 프로그램에 맞춰 노래를 직접 부른다고 발표했더니 이번엔 다비치도 연아의 격에 맞지 않는다며 다비치에게 너희가 어떻게 연아와 같은 무대에 서냐며 망신을 주기도 했다. 또 이들은 IB스포츠에 이를 항의하면서 김연아의 사진 크기가 다른 선수들과 비슷한 것도 시비를 걸었다. 이런 식으로 IB스포츠에 사사건건 항의를 해 관계자가 해명을 하면 또 그 해명 가지고 시비를 걸었다. 보다 못해 김연아 어머니가 등장한 것이다.

이들은 자신들이 김연아 팬이라는 이유 하나만으로 사방을 싸돌아다니면서 사람들을 모욕하고 집단 폭행(?)했다. 자기들 말로는 김연아에 걸림돌이 되는 이들을 제거한다는 것인데 사실은 '김연아 팬' 이라는 완장 하나 차고서는 자기들 맘에 들지 않으면 쫓아다니며 행패를 부리는 것이다. 이들은 자신들이 마치 김연아를 책임지는 '김연아 수호신' 이라 굳게 믿고 있다. 착각도 참 가지가지다.

아이스 쇼의 기획과 출연진까지 간섭하려 드는 이들의 실상은 '김연아 스토커 클럽' 이다. 이들이 착각과 오바를 번갈아서 제대로 해주는 바람에 우리는 TV 아니면 이제 김연아도 못 보게 생겼다. ("당신들 책임져!") 또 이들은 그 유명한 훌리건이다. 과거 영국 프로 축구가 유럽에서도 이류로 추락하게 만든 장본인 말이다. 유럽 전역으로 팀을 쫓아다니며 사고를 치는 바람에 영국의 프로 축구 구단들이 결국 이들과의 관계를 단절하지 않았던가.

분명 팬덤은 비교적 새로운 문화 현상이다. 그들의 목소리도 커졌고 그들의 의견이 반영되는 경우도 있다. 이들은 좋아하는 연예인에게 장비나 차량을 선물할 정도로 돈도 들인다. 인형에게 옷 입히고 가구를 모으듯, 또 아바타 꾸미듯 정성을 들인다. 이는 스타 하나를 찍어 자신이 원하는 스타로 꾸미려는 욕망의 표출이다. 여기에서 '내 것' 이라는 집착이 생기기 시작한다. 또 그 스타가 자기 때문에 존재한다는, 또 자신이 그 스타를 책임져야만 한다는 환상에 빠지게 된다. (혹 팬덤이 막 나가면 그 끝은 무엇인가에 관심 있는 분들은 롭 라이너의 1990년 영화 《미저리》를 경건한 마음으로 감상해보시라.)

그러나 착각이다. 스타는 기획사가, 방송국이, PD가, 인터넷이 만든다. 그들에게 팬이란 방청석을 채워주고 '끼약~' 소리를 질러주는 '소품' 일 뿐이다. 그래서 스타들은 "여러분~ 사랑해요~"를 외치면서도 밖에서는 경호원을 고용해 가까이 오려는 팬들을 조인트 까고 팔꿈치로 밀어버리지 않던가.

몇 년 전 최고의 인기 댄스 그룹이 해체한다는 소식이 전해지자 팬클럽이 기획사로 쳐들어갔다. 당시 최강이라 불리던 팬클럽이었다. 기획사 1층 유리창까지 박살이 났다. 팬클럽의 요구는 당돌했다. 우리가 앞으로 '제대로' 밀어줄 테니 해체하지 말라는 것이었다. 키워준다는 게 방송 출연 때나 공연 때 더 열심히 소리 지르고, 방청석에서 다른 가수 팬클럽 찍소리도 못하게 확실하게 겁주고, 음반 나오면 다섯 장씩 사주고, 뭐 이런 거다. 그러나 슬프게도 이런 열정적 팬클럽은 기획사나 그 댄스 그룹의 운명에 그 어떤 요인도 되지 못한다. 멤버들이 각각 밥집 차릴 정도의 돈을 손에 쥔 그 그룹은 예정대로 해체됐다.

사실 일부 과격 김연아 팬들은 바로 이런 팬덤의 한계를 잘 알아챈 것이다. 그들이 그토록 몰이성적이고 공격적인 팬질을 서슴지 않는 것은 팬질도 어정쩡하게 하면 아무도 알아주지 않는다는 것을 잘 알기 때문이다. 그래서 점점 팬답지 않은 행동과 요구를 하게 되고 그러다 자신들이 언론에 노출되거나 의견이 반영되면 자뻑 하게 되는데 이 과정은 내성을 키워준다. 결국 이들의 행동은 하루하루 그 강도를 더해가는 악순환에 빠져들게 되는 것이다.

한 가지 더. 이젠 김연아 팬 못지않게 김연아도 심히 걱정된다. 스폰서십 계약이야 활동에 도움이 되는 것이니 당연한 것이고 광고 출연으로 그간의 고생을 보상받을 수도 있다. 나라도 광고 찍겠다. 그러나, 솔직히, 이 어린 선수는 뜨자마자 너무 많은 광고와 스폰서십 계약을 맺었다. 김연아의 주변을 둘러보라. 온통 돈이고 이해관계다. 내년 밴쿠버 올림픽에서 금메달을 따지 못할 경우에 대비해 미리 벌어두자는 것인가. 스무 살도 되지 않은 아마추어 선수의 '관계'가 온통 돈 관계뿐이다. 돈으로만 관계를 맺어놓으니 이런 일도 생기는 것이다.

참고할 만한 사례가 있다. 박세리가 미국 진출 후 대박을 터뜨리면서 그의 주변엔 날파리가 꼬이기 시작했다. 당시 박세리 후원사는 삼성물산이었는데 박세리가 예상 밖 대박을 터뜨리자 어찌해야 할지를 몰랐다. 박세리는 온갖 이해관계에 얽히게 됐고, 곧 그녀의 골프가 흔들리기 시작했다. 결국 박세리를 담당했던 당대 최고의 골프 코치 데이비드 리드베터마저 포기하게 만들었다. 리드베터는 이례적으로 기자회견을 통해 그녀와의 결별을 발표했는데, 분한 듯 '비속어'까지 사용하며 불만을 터뜨린 그는 그녀의 코치로 일했던 기간을 '고통'에 비유하기까지 했다. 그때 나왔던 그의 이야기 중 하나가 바로 선수 하나에 이렇게 많은 이해관계가 얽힌 경우는 처음이라는 것이었다.

김연아 역시 과거 박세리 못지않게 주변이 복잡해졌다. 어머니,

소속사, 스폰서, 광고주, 광팬들, 언론, 그리고 그에게 열광하는 국민들이 서로 얽히고설킨 상황이다. 그러나 김연아의 어머니가 딸의 광팬들에게 저주를 퍼부은 것에서 보듯 우리는 이 복잡하고 어지러운 그림 속에서도 간단명료한 흐름 하나를 발견할 수 있다. 김연아 측이 쫓는 바가 무엇인지, 그들의 '선택'이 무엇인지 말이다. 재미있게도 그의 선택은 추락하던 영국 프로 축구의 선택과 동일하다. 바로 '팬'과 단절하고 '고객'을 선택하는 것이다. 어디를 가든 쫓아다니며 '깽판' 치는 팬, 요란하긴 한데 돈은 되지 않는 팬을 버리고 자신을, 자신의 상품을 구매해줄 수 있는 고객customer 말이다.

김연아를 둘러싼 전투錢鬪가 치열하다. 등장인물들이 정말 많다. 우리는 쇼 구경만 하고 있고, 그저 광대를 보며 환호할 뿐이다. 누가 광대 걱정을 하겠는가. 보고 즐기다 가면 되지 누구 뭐랄 것 없다. 꼭 집어 뭐라 말하기 쉽지 않은, 서글픈 영화 같다.

챈호, 명예를 위해 뛰는 노병

2008년 5월 18일, 박찬호는 1년 만에 선발 등판했다. 퇴물 소리를 듣던 그가 얼마 전 옮겨 간 '옛 고향' LA 다저스의 유니폼을 입고서 말이다. 4이닝 3안타 3삼진 2실점(1자책)으로 팀의 6 대 3 승리에 발판을 놓았을 뿐 아니라 구속球速 95마일에 더해 관록까지 보여준 피칭이었다. 4회 1루수의 송구 실책으로 그 회에만 37개의 공을 던져 투구 수가 급격히 늘어나는 바람에 5회에는 등판하지 못해 승리 투수가 되진 못했다. 아쉽지만 최근 그의 투구 수를 감안하면 당연한 결정이었다.

어쨌든 많은 언론이 그의 부활을 예고하고 있다. 이적 후 패전 처리 투수로 마운드에 오르기도 했지만 현재 방어율은 2.16으로 수준급이고 최근엔 선발 로테이션에 합류할 것이라는 이야기도 나온다. 한때 LA 다저스 부동의 에이스였던 스물여덟 청년이 2002년 텍사스 레인저스로 이적한 후 이 팀 저 팀 떠돌아다니다 서른여섯에 고향에 돌아와 마지막 불꽃을 태우려는 것이다. 그런 그에게 지난 18일 경기는 추억을 되새기게 하는 경기가 아니었을까. LA 다저dodger로서 2001년 10월 6일 이후 7년 만의 선발 등판, 그것도 다름 아닌 LA 에

© REUTERS

2008년 6월 5일, 박찬호 선수가 샌프란시스코 자이언츠를 상대로 투구하는 모습.

인절스를 상대로.

리그가 다른 두 팀이지만 다저스와 에인절스는 LA를 연고지로 하기에 피할 수 없는 숙명의 라이벌이다. 양 팀 경기장이 고속도로로 연결된다 해서 프리웨이 시리즈라 불리는 두 팀 간 인터리그 경기는 연중 가장 중요한 경기일 뿐 아니라 굉장히 거친 경기다. 최근 다저스는 에인절스에 6연패 중이었는데 이번에 박찬호가 그 연패를 끊어준 것이다. 그래서 더 옛 생각이 난다.

원래 다저스는 가장 먼저 인종의 벽을 허물어버린 팀이다. 1949년(브루클린 다저스 시절) 메이저 리그(Major League Baseball: 미국 프로야구. '빅 리그'라고도 한다.) 최초로 흑인인 재키 로빈슨을 출전시켰고 1980년대엔 라틴 열풍을 몰고 온 페르난도 발렌수엘라를, 1995년엔 최초의 동양인인 일본인 노모 히데오를 팀의 간판으로 키웠다. 이 때문에 '인종의 벽을 허물었다'는 찬사와 '인종 문제를 마케팅에 활용한다'는 비난을 동시에 받기도 했다. 어쨌든 다인종 팀이라는 전통이 오랜 팀이었지만 최초의 한국인 메이저 리거였던 박찬호가 팀에 적응하는 데는 짧지 않은 시간이 필요했다.

1994년 미국에 건너온 애송이(?) 박찬호는 외로운 마이너 리그 생활 끝에 메이저 리그에 합류하긴 했지만 벽안의 동료들과 친해지는 게 그리 쉬운 일은 아니었다. 게다가 동료들과의 사이를 더 벌려 놓은 사건까지 있었다. 다저스엔 신참 투수가 메이저 리그 첫 승을 올리면 동료들이 라커룸에 먼저 가 옷을 찢어놓는 일종의 통과의례(신고식!)가 있었는데, 1996년 메이저 리그 첫 승을 거둔 날 박찬호는 찢어진 자신의 옷을 발견한 뒤 참지 못하고 라커룸에서 난동(?)을 부린 덕에 동료들의 눈 밖에 난 것이다. 갓 스물 넘어 미국으로 건너간 이후 마이너 리그에서 무시무시한 고독감과 싸우고 인종 차별까지 경험하면서 '한 번 얕보이면 평생 무시당한다'는 것을 체감한 그였기에 한편으론 이해할 만한 행동이었지만 그 후유증은 꽤 오래갔다.

특히 그와 배터리를 이루던 프랜차이즈 스타 마이크 피아자는 가끔씩 그를 무시하는 듯했다. 다른 선수들도 투수로서의 담력과 리더십에서 박찬호의 능력을 의심했다. 팀 분위기도 최악이었다. 무능한 감독에 선수들과의 말싸움도 사양치 않는 단장, 개성 강하고 서로 잘났다는 선수들, 투수들 험담하고 다니는 포수. 분란이 끊이지 않던 당시 다저스의 분위기를 상징적으로 보여주는 사례가 바로 '다국적군'으로 구성된 선발 투수진이었다.

박찬호가 선발 로테이션에 합류한 1997년 선발진에는 국적이 같은 투수가 없었다. 제1선발에 라몬 마르티네스(도미니카공화국), 제2선발 노모 히데오(일본), 제3선발 톰 캔디오티(미국), 제4선발 이스마엘 발데스(멕시코), 제5선발 박찬호. 포수였던 마이크 피아자로서는 투수들과의 커뮤니케이션이 고역일 수밖에 없었겠지만 그는 언론에 "다국적 문화로 인해 팀 분위기가 좋지 않다"며 외국인 선수들을 탓하는 듯한 발언을 하기까지 했다. 당시 다저스는 한마디로 '콩가루 집안'이라 하겠다.

1997년 다저스는 팀 내 극심한 불화로 시즌 중반까지 하위권을 헤매고 있었다. 이때 박찬호는 동료들의 눈을 휘둥그레지게 만들며 팀을 뭉치게 했다. 바로 에인절스와의 원정 경기였다. 선발로 등판한 그는 에인절스의 간판타자 토니 필립스에게 1회부터 홈런을 맞는 등 2안타 3타점을 내준 상황이었다. 세 번째로 등장한 그에게 박찬호는 93마일 강속구를 머리를 향해 던졌다. 평소 '악동'으로 소문났던 필립스는 풋내기 투수가 위협구를 던지자 욕설을 하며 마운드를 향해 걸어 나갔는데, 박찬호는 이에 물러서지 않고 마중(?)나갔다. OK 목장의 결투마냥 말이다.

양 팀 선수 50명이 홈 플레이트 근처에 몰려들어 일촉즉발의 몸싸움이 있은 후 속개된 경기에서 박찬호는 다시 몸 쪽 강속구를 던져 결국 필립스를 삼진으로 잡는다. 이후에도 그는 안쪽 공을 계속 던졌고 이때부터 동료들은 그를 다시 보게 된다. 결과는 역전승. 다저스는 2연전을 싹쓸이한다.

이 경기 이후 다저스는 연승 가도를 달려 리그 밑바닥에서 수위까지 치고 올라갔다. 당시 베테랑 1루수이던 에릭 캐로스(18일 경기의 폭스 TV 해설자)는 "만약 꼭 이겨야 할 단 한 경기(예를 들어 월드 시리즈 7차전)가 있다면 선발 투수로 누굴 원하느냐"는 기자의 질문에 "챈호"라고 답했다. 1997년 시즌을 제5선발로 시작한 박찬호는 이렇게 해서 라몬 마르티네스와 노모 히데오를 제치고 팀의 실질적 에이스가 됐을 뿐 아니라 팬들에게도 강한 인상을 남겼다.

2년 후 역시 에인절스와의 홈경기. 초반에 난타당하며 만루 홈런까지 얻어맞아 0 대 4로 뒤지는 상황에서 박찬호는 타자로 나서 보내기 번트를 대고 1루로 달렸다. 그런데 공을 잡은 상대 투수 팀 벨처가 글러브로 박찬호의 가슴팍을 밀어제쳤다. 이때 기분이 살짝 나빠진 박찬호는 자신보다 열 살 많은 에인절스의 간판 투수 벨처에게 "What's up?(왜 그래)"이라고 했는데(참고로, 영어엔 존댓말이 없으니 이해하시라.) 벨처는 "Fuck off(우리말로 '꺼져, 이 ××놈아.' 쯤 될라나?)"라고 되받았다.

듣지는 못했겠지만 수많은 관중과 TV 카메라가 벨처의 입을 보았을 것이다. 선택이 요구되는 순간이었다. '한 번 얕보이면 평생 무시당한다'는 생각이 몸에 밴 박찬호는 지체 없이 팔꿈치로 벨처의 목 부분을 밀어버렸다. 그러자 벨처는 박찬호의 왼발을 들어 올려 쓰러뜨리려 했는데, 곧 뒤로 쓰러져 벨처 밑에 깔릴 상황이 예약됐던 박찬호가 남아 있는 오른발로 벨처의 옆구리를 가격한 것이다. 그 유명한 박찬호의 발차기.

경기장은 아수라장이 됐고 박찬호는 퇴장당했다. 그런데 이게 웬걸. 이후 다저스는 불꽃 타격으로 0 대 4로 뒤지고 있던 경기를 뒤집어버렸다. 박찬호가 퇴장당한 다음 공격에서 동료들이 팀 벨처에게 만루 홈런을 선사한 것이다.

그런데 발차기의 후폭풍은 만만치 않았다. 주먹싸움에만 익숙(?)했던 미국인들인지라 싸움이 났는데 발을 썼다는 데 특히 놀라는 듯했다. 그러나 동료들은 달랐다. 그의 행동에 환호했고 칭찬 일색이었다. 자신은 퇴장당했지만 동료들에겐 승리에 대한 투지를 심어주고 나간 것이다.

우리 쪽 반응도 크게 다르지 않았다. 당시 박찬호는 국가적 아이콘이었기에 기사뿐 아니라 사설, 논평, 칼럼을 통해 그를 나무랐다. '나라 망신'을 염려한 듯했다. 그러나 이틀 정도 지나자 국내 분위기도 달라졌다. 누리꾼의 80% 정도가 그를 지지했다. 한 누리꾼은 이렇게 썼다. "박찬호는 잘 못했다. 얼굴을 찼어야 했다." 하여간 공식은 만들어졌다. '박찬호가 사고 치는 날, 다저스는 승리한다.'

그는 1997년 14승, 1998년 15승, 1999년 13승, 2000년 18승, 2001년 15승의 성적을 이어가며 다저스의 실질적인 제1선발이 된다. 특히 1998년 마이크 피아자와 노모 히데오가 떠나고 같은 해 1억 달러를 넘게 주고 데려온 케빈 브라운이 부상으로 제몫을 못하게 되면서 그는 팀 내 부동의 리더가 된다. 1997년 시즌 다저스의 선발 투수진 다섯 명 중 2001년 시즌까지 계속해서 다저스의 마운드를 지킨 투수는 박찬호가 유일하다.

그의 위상을 잘 보여주는 사례가 있다. 1998년 다저스는 선수 7명을 주고받는 초대형 트레이드를 통해 피아자 등을 내보내고 게리 셰필드를 받았다. 셰필드는 내셔널 리그 최연소 타격왕 출신으로 LA 이적 후에도 4년 연속 3할 타율, 3년 연속 30홈런, 구단 역사상 최다인 시즌 43홈런 등을 기록한 특급 강타자였다. 특히 박찬호가 등판할 때면 적시에 홈런 등을 터뜨려 '찬호 도우미'로 알려진 선수다.

그런 셰필드가 2000년과 2001년 미 프로 야구계를 떠들썩하게 한 적이 있다. 자기 실력에 비해 연봉이 맘에 들지 않으니 연봉을 올려주던지 아니면 다른 팀으로 트레이드 시켜달라는 것이었는데 그 방법이 좀 요란했다. 구단에 인종 차별 혐의를 씌운 것도 모자라 몇몇 선수를 지목하며 형편없는 실력에 비해 과한 연봉을 받고 있고 그 때문에 자기가 제대로 대접받지 못한다고 주장한 것이다. 그런데 그는 이런 좌충우돌, 막말에 가까운 발언을 하면서도 굳이 한 가지는 확실히 하고 넘어갔다. "챈호 빼고."

박찬호 연봉의 적절성 여부를 떠나 이는 팀의 리더에 대한 존경respect의 표시였다. 그가 나중에 마음을 바꿔 팀에 남기로 결정하면서는 또 이렇게 제안했다. 구단이 박찬호를 잡을 수 있도록 자기 연봉을 1,000만 달러에서 800만 달러로 깎을 수도 있다는 것이었다. (결국 박찬호는 텍사스 레인저스와 5년간 6,500만 달러라는 '대박'을 터뜨리며 떠났고 셰필드도 이적했다.)

박찬호는 스타 중 스타다. 광고 회사에 있는 필자의 친구는 박찬호의 전성기 시절 그와 박세리를 '단군 이래 최고의 상품'이라 잘라 말했다. (박세리의 경우 1999년 현지 언론과의 인터뷰에서 미국과 유럽 선수만 출전할 수 있는 솔하임컵 출전을 위해 미국 시민권 취득을 고려하고 있다고 말한 것으로 알려지면서 큰 파문이 일었다. 당시 영어가 짧던 그의 진의가 잘못 전달된 것이었지만 그의 이미지는 단숨에 추락했고 이미 찍어놨던 광고까지 폐기 처분 해야 했다.) 물론 그 말고도 선동렬, 박지성, 이승엽처럼 해외 무대 진출에 성공한 선수들이 있다. 그러나 그에겐 뭔가 특별한 게 있다. 경기를 지배하는 능력, 혼자서 경기의 흐름을 바꿀 수 있는 능력이 있었다. 소수자라는 정체성에도 불구하고 경기장에서뿐 아니라 라커룸과 클럽하우스에서도 동료들의 존경을 받고 팀의 리더가 됐던 카리스마의 인물이었다.

또한 그는 해외에 진출한 한국 선수 중 그 지역에서 열광적 환영을 받았던 몇 안 되는 인물 중 하나다. 우리가 툭하면 떠들어대는 '국위 선양'에서도 그는 순도 100%였다. 지금의 우리가 오히려 잘 몰라서 그렇지, 외국에서 '제대로' 알아줬던 축구의 차범근(독일 및 유럽), 핸드볼의 강재원(스위스), 윤경신(독일), 배드민턴의 박주봉(인도네시아)과 함께 외국인으로 하여금 '코리아'에 대해 호감을 갖게 한 몇 안 되는 운동선수다.

스포츠는 허구다. 나는 스포츠는 종교이면서 마약이고, 상징이며 조작일 뿐 아니라 혼자만의 자위행위라는 의견에 전적으로 동감한다. 그러나 나는 동시에 자신과의 싸움에서 이기기 위해, 돈이 아니라 명예를 위해, 성취를 위해, 내가 아닌 남을 위해 땀 흘리는 운동선수들을 존경한다.

나도 한때 그가 '돈맛'에 넘어가지 않았나 했다. 1998년 아시안게임에서 금메달 따고 병역 면제 받을 때도 조금은 얄미웠다. 그러나 아시안 게임이면 아시안 게임, 올림픽이면 올림픽, 거기에 월드 베이스볼 클래식까지 지금도 부르면 달려오는 그를 다시 보게 됐다. 오히려 국내 선수들은 요리 빠지고 조리 빠지려 갖은 머리를 쓰며 이 핑계, 저 핑계 둘러대지 않는가.

그는 '먹튀' 맞다. 그러나 이제 먹튀의 기억을 뒤로하고 노병이 되어 마지막 명예 회복을 위해 패전 처리도 마다 않는다. 열성 야구팬도 아니고 그의 팬은 더더구나 아니지만 나도 그가 잘하길 바란다. 왜? 그냥 기분이 좋으니까. 그가 이기면 마흔 넷 나도 이길 것 같으니까. 그래서 또한 나는 바란다. 그가 마지막 불꽃까지 모두 태우고 멋지게 재기하길. 그것도 역전승으로.

김일, 낭만 시대를 거둬간 거인

2006년 10월 26일 프로 레슬러 김일이 세상을 떴다. 이후 며칠은 그에 대한 애도의 물결 속에서 보낸 듯하다. 그에 대한 많은 기사들은 타임머신에 우리를 싣고 '그 시절'로 데려다주었다.

김일과 함께 역도산의 수제자 3인방이었다던 '주걱턱' 안토니오 이노키와 필살기 '16문 킥'의 자이언트 바바, 그리고 '인간 산맥' 압둘라 부처는 언제나 장충 체육관을 인산인해로 만들었다. 링 위에서 그 두꺼운 전화번호부를 찢어버리던 에이껭 하루까는 우리의 입을 벌어지게 했다. 링 아나운서가 선수 소개를 할 동안 열심히 칫솔질을 해대던 물어뜯기 반칙왕 프레디 블래시의 모습도 흑백이지만 선명하게 보인다. 물론 장영철, 천규덕, 여건부도 무대의 주인공이자 든든한 우리 편이었다. 그래도 주인공은 역시 김일이었다. 어른 아이 할 것 없이 김일에 열광했던 그때, 아이들은 친구 집에 모이기만 하면 이불을 링 삼아 레슬링을 했다. 여자아이들이 남자아이들에게 도전장을 던지는 것도 예사였다.

그런데 '박치기왕' 김일이 숨을 거두었다는 소식에 '눈물이 난다'는 사람들이 있다. '웬 눈물?' 이라는 생각도 잠시, 어느덧 눈물이 차

오르는 내 모습을 발견한다.

김일의 시대는, 어른들은 '런닝구' 차림으로 동네를 활보하고 아이들은 '빤스 바람'에 콧물을 휘날리며 골목을 달리던 때였다. 입학 전이라면 '땟국물' 흐르는 런닝구에 고추는 내놓고 다니는 것도 당시엔 무난한 패션(?)이었다. 눈깔사탕이 요즘 피자보다 귀했던 그 시절, 김일은 수돗물로 허기를 채우던 우리를 웃으며 잠들게 해준 그런 사람이었다.

그런 집단적 기억은 다시없을 것이다. 이마를 물어 뜯겨 피범벅이 된 김일을 보며 온 국민은 분노하며 주먹을 쥔다. 그 순간 터지는 박치기. 이때부터는 아나운서와 삼천만이 함께하는 시간이 된다. "박치기, 박치기이~, 바악치기이이이~." 아나운서의 외침 사이사이가 우리의 함성으로 메워지는 동안 상대 선수는 이미 널브러져 있고 김일은 이를 바라보며 맹수처럼 다가가 그 위를 말없이 덮친다. 깔린 선수는 맥이 다한 생선의 꼬리처럼 버둥거려보지만 어림없다. 이젠 심판이 이끄는 온 국민의 카운트다운. "원, 투우, 쓰리이." 그리곤 화급하게 울려대던 땡땡땡, 이어지는 환호성. 김일은 그렇게 우리를 하나로 만들어주었다.

그는 역사의 상처를, 민족의 울분을 치유해준 사람이었다. 열여섯 살부터 씨름판을 휩쓸었고, 일본으로 건너가 역도산에게서 필살기 박치기를 연마한 뒤 '일본 놈'들과 '양놈'들을 메다꽂는, 당시로서는 상상하기 힘든 장면을 연출했다. 일제 강점기에 손기정은 마라톤에서, 엄복동은 자전거 경주에서 일본인의 콧대를 납작하게 만들며 민족의 기상을 떨쳤지만, 그들도 일본인을 두들겨 패가며 달렸다거나 뭐 그런 건 아니었다. 패전 후 미군정을 경험한 일본인들이 미국의 백인 선수들과 싸워 승리를 거두는 역도산에 열광했던 것처럼, 우리는 일본 선수들을 때려눕히고 머리로 받아 눕혔을 뿐 아니라 미국 선수들까지 보내버렸던 김일에 열광했다. 그의 경기는 쾌감과 카타르시스의 분출구였을 뿐 아니라 암울했던 과거에 대한 자괴감과 콤플렉스까지도 단숨에 날려버리는 민족적 배출구였다.

김일 선수가 필살기인 박치기를 하기 직전의 모습.

또한 그의 거대한 체구는 우리의 왜소함을 잊게 해주었다. 180센티미터가 넘는 키에 120킬로그램을 넘나드는 체중으로 외국 선수를 메다꽂고 그들을 도망 다니게 하는 모습에 우리는 열광할 수밖에 없었다. 일본인들이 '탈아입구脫亞入歐'의 깃발을 치켜듦과 동시에 갖게 된 외모 콤플렉스가 결국 스모 선수들에 대한 동경과 경외감으로 연결됐듯, 우람한 김일의 '사이즈'와 괴력은 주눅 들어 있던 우리의 어깨를 펴게 해주었다. '헤비급' 세계 챔피언 김일은 미들급의 김기수나 밴텀급의 홍수환과는 격이 다른 존재였다.

그를 6, 70년대의 스타라 칭하는 이가 있다. 예의가 아니다. 요즘 서로 스타랍시고 나서는 바람에 스타도 그냥 스타, 일류 스타, 특급 스타로 분화하더니 이제는 초특급 스타, 슈퍼스타까지 등장했다. 이런 마당에 박정희보다 유명했던 그를 시중에 널려 있는 스타라 칭할 수는 없다. 영웅이라는 말로도 2% 부족하다.

그는 다르다. 그의 전성기는 실상은 한국 근대사의 암흑기였다.

한국 근대 100년사 최고의 스포츠 영웅인 차범근의 전성기는 국가적 도약기였기에 이때는 국민들의 눈빛부터 달라져 있었고 신나서 일을 할 때였다. 그러나 김일의 시대는 암울하고 사방 어디에도 탈출구가 보이지 않는, 사는 게 막막했던 때였다.

40대까지 전성기를 구가하던 그의 몸을 보라. 요즘처럼 '몸만들기'에 개인 트레이너까지 고용해 돈을 처바른 '몸짱' 형 몸이 아니다. 기절할 정도로 엄청난 훈련을 감내한 몸이다. 도쿄 고라쿠엔 경기장에서 안토니오 이노키를 박치기로 링 밖으로 고꾸라뜨리고는 링 위를 홀로 어슬렁거리며 포효하는 김일의 모습은 야수의 모습이다. 어느 언론의 표현처럼 그는 '왕'이고 '전설'이다.

1929년 전라도 섬마을에서 태어난 김일. 그 시절 누구나 그러하듯 농사꾼이 되었고 일찍 결혼을 했다. 어느 날 일본 잡지에 실린 역도산의 기사를 본 그는 여수항의 선원들에게서 역도산이 한국인이라는 이야기를 듣게 되자 귀신에 홀린 듯 일본행 밀항선에 올랐다. 그때가 1956년이니까 그의 나이 스물여덟. 만화 같은 이야기다.

누구나 아픈 마음과 저린 가슴을 안고 살아가던 시절, 많은 이들이 성공을 위해 일본으로 건너갔다. 이들은 이미 오래전에 끌려온 조선인들과 함께 서러움으로 끼니를 때우며 출세를 위해 발버둥 친다. 그러나 미국의 흑인과 유럽의 아프리카계 이주민이 그러하듯 일본의 한인들에게도 출셋길은 제한되어 있었다. 그나마 가능했던 것이 바로 연예인, 운동선수, 야쿠자. 남의 땅에서는 결국 광대나 검투사 외에 다른 길은 없었다.

그는 도착하자마자 불법 체류자로 잡혀 옥살이를 하던 중 수차례 역도산에게 구원救援의 편지를 보냈다. 주소를 몰라 그냥 東京 力道山

(동경 역도산)이라 썼다 한다. 결국 역도산의 신원 보증으로 풀려나 역도산 체육관에 입문한다. 그러나 역도산은 김일을 자신의 보디가드로 데리고 다니면서도 가장 많이 때렸을 만큼 김일에게 가혹했다.

함경도 출신이었던 역도산은 남보다 앞서려면 필살기가 있어야 한다며 김일에게 평양 박치기를 수련할 것을 명한다. 그러고는 단련이라는 명목으로 재떨이와 골프채로 이마를 때려 기절시킬 만큼 혹독하게 훈련시킨다. 결국 김일은 WWA 세계 헤비급 챔피언(1963년)이 되어 밀항 10년 만인 1965년 귀국한다. 오디세이아에 버금가는 한 편의 서사극이다.

그의 삶에는 우리 민족의 현대사가 투영되어 있다. 전남 고흥의 섬마을 농사꾼이던 그는 여순 사건과 한국 전쟁 때 아는 이들에게 잠자리와 먹을거리를 제공했다가 좌익으로 몰려 고초를 겪기도 했다. 그의 이러한 좌익 전력(?)은 아들의 육사 입학에 걸림돌이 되면서 또 다른 비극을 낳게 된다. 결국 사병으로 징집된 그의 아들이 1978년 군에서 사고로 삶을 먼저 마감하게 된 것이다.

게다가 그의 말년은 불행의 연속이었다. 1987년 아내가 백혈병으로 세상을 뜨고 일본과 한국에서의 사업이 연이어 실패하면서 본인의 건강도 나빠지기 시작한다. 특히 박치기의 대가는 컸다. 선수 생활 할 때도 머릿속에서 종소리가 들리고 머리가 깨질 듯 아팠지만 그는 병원에 가질 않았다. 온 국민이 그렇게 좋아하는데 어떻게 병원에 가느냐는 것이었다. 사실 가장 하기 싫은 게 바로 박치기였다. 결국 그 고통으로 인해 은퇴 후 매일 진통제를 먹어야 했다. 박정희가 마련해줬던 김일 체육관도 소유권이 넘어가 문화 체육관으로 이름이 바뀌더니 결국에는 헐려버렸다. 이후 일본 독지가의 도움으로 후쿠

오카에서 외롭게 투병 생활을 하던 중에 그의 소식을 들은 을지 병원의 박준영 이사장과 삼중 스님의 권유로 다시 귀국하게 된다. 이들이 아니었으면 김일은 일본에서 파란만장한 생을 마감했을는지 모른다.

그는 가기 전 준비를 많이 한 듯하다. 죽기 전 2월에는 일본 도쿄에 있는 스승 역도산의 묘소를 찾았고, 또 '레슬링은 쇼' 파문(1965년, 장영철과 일본 선수의 경기에서 일본 선수가 미리 짜둔 약속을 어기고 장영철을 심하게 공격하자 후배들이 이 선수를 폭행하는 소동이 벌어졌다. 그런데 경찰 조사 과정에서 장영철이 "레슬링은 쇼"라고 말하면서 프로 레슬링은 '잘 짜인 사기극'이란 인식이 국민들 사이에서 급속히 퍼졌고, 장영철은 프로 레슬링 쇠락의 주범으로 낙인찍혔다.) 이후 41년간 등을 돌렸던 백 드롭의 명수 장영철을 김해까지 찾아가 병상에 있던 그와 화해했다. 장영철은 그 몇 달 후인 지난 8월 작고했다. 무엇보다 김일은 몰락을 거듭해 이제 선수가 스무 명도 안 되는 프로 레슬링을 위해 부지런히 다녔다. 유랑 극단 수준도 안 되는 후배들을 위해 자신이 얼굴 내밀 수 있는 곳은 지팡이를 딛고, 또 휠체어를 타고서라도 열심히 찾아다닌 것이다. 지난 1994년엔 자신의 생가 앞에 초등학교 3학년 때 일본군 방한복 재료로 순사에게 빼앗긴 진돗개를 추모하는 동상을 만들고는 '다시는 이 땅의 풀 한 포기 개 한 마리라도 외세에 희생되는 일이 없기를' 바라는 추모시를 지어 새기기도 했다. 스승에게 인사하고, 친구와 화해하고, 빼앗긴 애견의 넋을 달래고서 일흔일곱 노인은 떠나갔다.

그의 죽음은 한국의 낭만 문화의 종말을 의미한다. 그가 전성기를 구가하던 1960년대와 1970년대 초를 거치면서 우리 사회는 병영 사회로 진입하게 된다. 바로 시월 유신. 또한 중공업 중심의 급격한 산업화는 도시화를 수반하면서 사회 문화적 지각 변동을 일으키게 된다. 명동 시대, 종로 시대가 강남 시대로 바뀌면서 본격적인 '개발 시대'에 접어들게 된 것이다. 1975년 사보이 호텔에서 조양은이 신상사파를 회칼로 습격하면서 이전에 협객을 자처하던 낭만 주먹들이 종말을 고하게 된 것 또한 낭만 시대가 끝났음을 알린 상징적 사건이었다.

역도산도, 최영의도, 손기정도 사라진 이 시대, 김일마저 가버렸다. 그들처럼 〈황성옛터〉와 〈타향살이〉를 즐겨 부르는 사람을 다시 볼 수 있을까. 이제 앞으로 전설과도 같은, 외로운 영웅을 만날 수 있을까.

최첨단 하이테크가 난무하고 가짜 명품이 숭상받는 이 시대, 스타가 되어 강남에 퓨전 레스토랑 차리는 게 부러움의 대상이 되어버린 이 시대는 우리에게 추억을 허락할까. 가슴 저리면서도 소중했던 과거를 떠올릴 낭만의 기회가 앞으로 또 있을까. 하긴, 이제 동대문 운동장도 헐리고 그 자리에 '최첨단' '패션 디자인' '컴플렉스'가 들어선다는 소식이 들린다. 호젓한 곳은 찾을 수 없는데, '삘딩'이고 자동차고 한강 다리고 할 것 없이 도시는 온통 나이트클럽 조명으로 번쩍인다.

다 가져가 버렸나. 그가 가고 나니 어느새 전설도, 추억도, 낭만도 보이질 않는다. 그 영감, 욕심도 많지.

"추성훈도 저고 아키야마도 저에요."

: 조선인 아키야마 이야기

내가 추성훈의 경기 모습을 처음 본 것은 2004년의 마지막 밤이었다. 일본에서 열린 종합 격투기 대회에 처음 출전한 그는 자신보다 40킬로그램이 더 나가는 K-1의 강자 프랑수아 보타를 1라운드에서 가볍게 보내버렸다. 그리고 관중을 응시하며 두 팔을 번쩍 든 그의 모습은 휘황찬란한 경기장을 압도한다. 이를 보며 나는 생각했다. "그 고생하고 이제 성공했으니 앞으로 바다 건너 서쪽은 쳐다보지도 않겠지……."

그때 그가 남긴 이미지는 너무나 강렬했다. 재일 동포라는 그의 출신 배경과 한국과 일본을 오갈 수밖에 없었던 지난 이야기들, 그리고 짧은 은발 머리에 얼음 칼날의 강인함이 녹아든 검투사로서의 이미지는 단숨에 나를 사로잡았다. 고백컨대 이 세상 어느 여성도 이처럼 한 방에 나를 매료시킨 적은 없었다.

그런데 그는 경기장에 입장해 링에 오르던 모습 또한 독특했다. 다른 선수들은 위풍당당하다 못해 안하무인으로 혼자 걸어 들어가고 세컨드(링의 코너에서 선수를 코치하고 돌보는 사람)들은 저만치 뒤에서 물 양동이를 들고 종종걸음으로 따라간다. 그러나 추성훈은 자신의 세컨드들과 양손을 꼭 잡고 함께 들어간다. 요미우리 자이언츠의 4번 타자 기요하라 가즈히로는 뒤에서 추성훈의 어깨를 꼭 잡고 넷이서 한 덩어리로 입장했다. 기요하라 역시 추성훈과 같은 오사카 출신의 한국계로 알려진 인물.

어쨌든 그 뒤 나의 짝사랑을 전할 방도가 없어 그를 잊고 무념하게 지내던 차 1년여 만에 그의 소식이 들렸다. 그는 2005년 11월 5일 히어로즈 서울 대회에 한국 출신 선수단의 주장으로 출전해 마지막 경기에서 KO승을 거두고 관중들에게 일본으로 귀화했다고 밝히면서 이렇게 인사했다. "여기 가슴 안에 들어 있는 피는 완전 한국이에요. 더 열심히 해갖고 다시 한국에 돌아오겠습니다."

그의 이야기는 일주일 후인 13일 《KBS 스페셜》에 소개되면서 세상의 잔잔한 소란으로 이어졌다. 시청자 게시판의 의견이 무려 400여 개에 이르는데 '공영 방송의 본때를 보여줬다', '울었다', '재방해 달라', '다섯 번 봤다' 등등 시청률이 바닥을 헤매던 위기의 KBS를 구출할 기세였다. 그리고 시청자들은 유도를 위해 한국에 온 그에게 편파 판정으로 시련을 준 대한유도회의 홈페이지로 달려가 게시판을 초토화시켰다. 그를 울게 만든 또 다른 주역인 용인대도 공분의 대상이 됐다.

세 살 때 유도를 시작한 재일 교포 4세 추성훈. 그는 한국 국적을 포기하지 않아 일본 대표로 국제 대회에 출전할 수가 없었다. 세계 최고가 되고 싶었던 그가 그때 선택한 것이 할아버지의 나라 한국이었다. 그의 여동생 정화도 같이 부산에 와 유도를 하기 시작했다. 1998년 스물넷 나이에 생전 처음 찾은 할아버지의 나라에서 그는 한국말과 문화를 배우면서 일취월장하여 유도 81킬로그램급의 최고수로 성장했다.

문제는 국제 경기에 출전했다 하면 연이은 한판승으로 우승도 하는데 유독 국내 대회, 특히 가장 중요한 대회인 올림픽, 세계 선수권, 아시안 게임 선발전에서 항상 판정 시비 끝에 고배를 들어야 했다는 점이다. 간단히 말해 추성훈에게는 건져 먹을 게 많은 '주요 대회' 출전권은 줄 수 없다는 '그분들'의 심보 때문이었다.

2001년 결국 그는 "(국적을) 바꿔야지. 말을 해도 안 됩니다. 여기서는."이라는 씁쓸한 말을 남기고 일본으로 돌아가 귀화한다. 당시 인터뷰에서 그는 같은 체급의 조인철 선수가 은퇴하면 기회가 있지 않겠느냐는 기자의 질문에 "제 체급에 용인대 선수가 몇 명 있어서 힘들다"고 대답한다.

당시 같이 부산 어느 대학에서 유도를 하던 여동생도 역시 한국 생활에 염증을 느끼고 돌아가 오빠와 함께 귀화한다. 가족들도 말리지 못했다고 한다. 바로 다음 해 일본 대표로 출전한 아시안 게임에서 그는 한국의 안동진을 누르고 금메달을 목에 건다. 그때 할 말은 한다는 어느 신문사는 '조국을 메쳤다'는 기가 찬 제목을 뽑아 다시 한 번 나를 씁쓸하게 만들었다.

그는 일본에서의 차별보다 한국에서의 차별이 더 가슴 아프다고 했다. 또 "나는 한국인도 일본인도 아니었다"고도 했다. 참으로 아이러니하다. 4대에 걸쳐 한국 국적을 지켰을 때는 괄시받더니 일본 국적으로 바꾸고서야 한국 사람 대접을 받고 있으니 말이다.

어느 사회나 소수 집단의 미래는 막막하기만 하다. 주류 사회에 진입할 수 없으니 변방을 떠돌게 마련이다. 미국의 경우 다수의 흑인 청소년들이 그들의 미래상으로 생각하는 역할 모델role model은 연예인, 스포츠 스타, 갱단이다.

일본 최대의 소수 집단인 재일 교포 청소년들의 역할 모델은 이 셋 중 하나만 다르다. 연예인, 스포츠 스타 그리고 야쿠자. 이방인의 팔자는 어딜 가나 그게 그거란 말이다. 일본에는 실제 많은 수의 한국계 스타들이 있지만 본인들이 먼저 입을 열지 않으면 일본 언론도 굳이 먼저 까발리지 않고 비밀 아닌 비밀로 남겨둔 채 인정해준다.

확실히 우리 사회는 폐쇄적이다. 2차 대전 종전 직후 같은 시기에 미군정을 경험했던 일본과 비교해보아도 외국인에 대한 차별은 우리가 훨씬 더 심하다. 흑인인 K-1의 '야수' 밥 샙도 일본에서는 최고 인기인 중 하나다. 그러나 우리 경우는 혼혈이라는 사실만 밝혀져도 2003년 탤런트 이유진의 경우처럼 자신의 피의 색깔에 대해 울면서 고백하는 기자회견 쇼라도 해야 '통과' 된다.

배타적으로 형성된 민족적 경계는 서양인에 국한되지 않는다. 세계에서 차이나타운 없는 유일한 거대 도시가 바로 서울이다. 노골적 차별을 서럽게 버텨내던 1970년대, 이국에서의 애환을 나누고 재한 화교들의 구심적 역할을 하던 명동의 어느 중국집이 ㄹ호텔 때문에 헐리게 되자 그들은 미련 없이 떠났다. 그때 중국집 주인이 이 땅만은 못 판다고 버티자 호텔 지으려던 그 재벌은 청와대로 달려갔다지 아마. 요즘 인천이 자장면 축제도 하며 차이나타운 살리기에 나섰다 한다. 그러나 이도 관광객 호주머니나 노리는 지자체의 상술일 뿐이다.

이러한 배타성은 결국 같은 피조차 구별 짓게 한다. 그 대상은 바로 비극적 근대사 속에서 고국을 떠야 했던 재일 교포들이다. 우리는 이들에게만큼은 '귀화' 라는 잣대를 막무가내로 들이밀고 이를 지키지 못하면 린치를 가했다. 비이성적이리만큼. 파리 제8대학의 고자

카이 도시아키 교수는 그의 저서 『민족은 없다』에서 재일 교포의 90%는 일본서 태어나 일본말밖에 모르고, 80%는 일본인과 결혼하며, 그 대부분이 일본서 죽을 것이라고 했다. 그런데도 재일 교포의 4분의 3에 가까운 65만 명이 남한 또는 북한 국적을 유지하고 있다. 재일 한국인의 귀화율은 미국에 사는 한국계나 유럽에 사는 알제리계, 모로코계 등에 비해 비정상적으로 낮다. 이런 이들을 친일파, 매국노, '쪽바리' 라고 매도하는 게 우리다.

우습다. 우리는 히딩크의 '귀화' 를 외쳐댔다. 국내 프로 리그의 외국 선수들이 귀화하면 이를 호의적으로 보도했다. 일화의 사리체프도 김치찌개 좋아하고 한국말 열심히 배우고 귀화 시험을 준비한다며 화면에 담아 흐뭇하게 내보냈다. 이와 대비되는 소동이 있었다. 1999년 초 당시 영어도 짧던 박세리가 미국 기자의 질문에 별 고민 없이 의례적으로 "미국 영주권을 고려해볼 수도 있겠다"고 한 것을 두고 온 나라가 시끌시끌했다. 박세리를 매국노, 양키의 딸이라 몰아붙이고 저주까지 하며 온 국민이 단번에 내동이친 것이다. 이 난리에 기겁을 한 삼성전자는 이미 찍어놓은 미방영분까지 포함해 박세리가 출연한 모든 광고를 폐기 처분 하고 그 대신 가장 '안전한' 모델 안성기로 바꿔 내보낸 바 있다.

도대체 어느 귀화는 축하해야 할 것이고 또 어느 귀화는 저주해야 할 것인가. 박세리의 경우야 성공해서 돈 벌러 미국에 간 본인의 의사와 상관없이 어쨌든 '대한의 딸' 로 포장됐던 경우니까 그렇다 치자. 그 옛날 아픈 가슴 부여안고 일본으로 건너가야 했던, 그리고 그나마 지금은 평범하게 사는 재일 동포들에게 우리는 왜 유독 이리도 엄격한가. 귀화에 대한 우리의 이중성과 자기 분열이 나는 놀랍기만 하다.

한국 사회에서 귀화는 '시민권 취득'이나 '국적 변경'과 같이 가치 중립적인 단어가 아니다. 사실 이제까지 귀화라는 단어가 언론에 등장하며 논란이 됐던 경우는 재일 교포가 일본 국적을 취득할 때뿐이었다. 한 비평가의 말대로 여기엔 일본에서의 차별에 떳떳이 맞서 한국인으로 남아주길 바라는 민족적 강요가 스며들어 있고, 따라서 '조국'과 '배신'이라는 단어와 직결되는 것이다.

우리는 '하나 됨'에 대한 이상한 강박이 있다. 월드컵의 광기에 질려 소곤대다 끝났지만 우리가 목격한 '전 국민의 붉은 악마화'는 섬뜩했다. 전체주의에 국수주의의 냄새까지 풍기기 시작했다. 그래서 이어령 교수가 꼬집었다. '닫힌 우리'의 모습이었다고. 외국 언론들은 "월드컵에 월드는 없고 한국만 있었다"며 비아냥댔다. 같은 해 부산 아시안 게임은 북한 응원단 단독 공연으로 만들어버렸고, 당시 외국 선수단과 언론의 불평과 이의 제기는 민족의 자존심으로 무시했다. 그러더니 2003년 대구 유니버시아드 대회도, 역시 북한 선수단과 응원단 때문에 단숨에 동네잔치로 전락시키는 괴력을 발휘했다.

'하나' 되는 데에서 이제까지 우리에게 선택의 여지는 없었다. 강요됐을 뿐이다. 느닷없는 구호에 잽싸게 동참하지 않으면, 그래서 그 '하나'에 끼지 못하면, 거기에 억압과 차별이 싹튼다. 인간이 영리해지면서 인간을 분류하기 시작했다. 분류하고 갈라놓는 버릇이 소멸하면 대립도 차별도 없을 것이라고 어느 역사가가 쓰고 있다.

세계화를 외쳐대면서 우리 안은 왜 이리도 복잡한가. 우리는 '소수 정예'로 세계를 상대할 것인가. 왜 엄연한 우리 편마저 싫다 하는가. 그러니 일본에서 조선학교 다니는 학생이 그러지 않는가. "우리는 어디를 가도 손님입니다."

언론의 박지성 장사, 그 불편한 진실

2008년 4월 14일 새벽 벌어진 영국 프리미어 리그의 맨체스터 유나이티드와 아스널의 경기는 축구 경기의 진수였다. 잔디가 패일 정도로 선수들은 치고받듯 부대끼며 쉴 새 없이 뛰어 다니고 눈이 어지러울 정도로 원터치 패스가 사방으로 이어진다. 여기엔 인간 대 인간의 경쟁만 있는 게 아니다. 인간 대 축구공의 경쟁도 보인다. 인간이 더 빠른지 공이 더 빠른지 내기하듯 선수들은 속도의 한계에 도전하는 듯했다. '공보다 더 빠르다' 던 차두리의 전설(?)이 괜히 나온 게 아니었다.

세계 최고라는 호날두와 루니가 사정없이 나동그라지는 축구, 횡패스 없이 전진 패스만 존재하는 축구, 작전도 필요 없는 축구다. 그렇다. 선수 교체가 유일한 작전이다. 사실상 '막축구' 다. 그러나 이렇게 아름다운 막축구를 보는 것은 행운이다. 한국처럼 실수하면 감독 눈치부터 살피는 나라에선 꿈도 꿀 수 없는 축구다. 여기에 박지성이 있다. 최근 네 경기 연속 출전이란다. '드림 컴 트루' 다. 이쯤 되면 '자랑스러운 한국인' 나올 시간이 됐다.

[홍재민의 현장속으로] **박지성**은 맨유 떠나는 마지막 선수될 것 네이
11:18
'동에 번쩍 서에 번쩍'**박지성**,호날두.루니와 함께 평점7점 소비자가

박지성 선발경기 '맨유 100% 勝'…'승리 보증수표' 자리매김 네이버
프리미어 리그, '더블' 쟁탈전 열기 화끈, **박지성** 우승메달 기대 만발
'**박지성** 선발=필승' 공식 지속...맨유, 아스널에 2-1 역전승 네이버
박지성 "이영표 PSV 복귀도 나쁘지 않은 선택" 네이버 경향신문 [
박지성 2년 연속 EPL 우승메달 눈앞 네이버 pho 노컷뉴스 [스포츠]

<맨유-첼시 '더블' 각축..**박지성** 우승 메달 희망> 네이버 pho 연합뉴
'**박지성** 승리견인' 맨유, 아스날에 2-1 역전승! 네이버 pho 스포츠서
박지성, 아스날전 역전승…호날두·루니와 동일평점 네이버 pho 머니
英 기자 "**박지성**, 긱스를 넘어섰다" 네이버 pho 일간스포츠 [스포츠]
맨유, 아스널에 2-1역전승…**박지성** 선발출전 네이버 pho 데일리안

박지성 55분 풀타임 선발…팀 아스날에 2-1 완승 네이버 pho 스포츠
박지성 "영표형 아인트호벤행 나쁘지 않은 선택" 네이버 pho 일간스
[인터뷰] **박지성** "내 주전경쟁의 무기는 팀플레이" 네이버 pho 일간
박지성, 4게임 연속 출전...맨유 역전승 네이버 YTN [스포츠] 200
'**박지성** 선발=100%승리?'…맨유 2-1 역전승! 네이버 pho 데일리안

2008년 8월 14일 맨체스터 유나이티드와 아스널의 경기가 펼쳐진 뒤 쏟아져 나온 언론 기사들.

아니나 다를까 영국에선 지금 "박지성에게 칭찬이 쏟아지고 있다"고 한다. 연일 그에 대한 극찬이 이어지고 있고, "맨유에서 그야말로 '박지성 열풍'이 몰아치고 있다"(『마이데일리』)고 한다. 사실 후반 교체 출전이 주된 임무였던 박지성이 부상에서 돌아와 일주일 전 AS 로마와의 유럽축구연맹 챔피언스리그 준준결승에 선발로 출전하게 되면서부터 「용비어천가」 뺨치는 기사들이 등장하게 된다. "'박지성 아주 훌륭한 선수' 맨유, 칭찬 릴레이"(『경향신문』), "'승리 보증 수표' 박지성 …… 맨유 칭찬 릴레이"(『연합뉴스』), "퍼거슨 칭찬에 '산소 탱크' 박지성도 춤 췄다"(『동아일보』). 칭찬 릴레이에 춤까지 춘다니 이거 무슨 TV 오락 프로 중계 아닌가 싶다. 사실 이 정도는 양반이다.

어느 기사는 퍼거슨 감독이 박지성 등 AS 로마전 출전 선수들에 대한 평가 절하를 강하게 부정하고 '경고'까지 했다는 아리송한 이야기를 전하고, 어떤 기사는 박지성이 "테베스와 동급"이라 '강변'한

다. 건드리면 다치는 분위기다. 또 어떤 기사는 퍼거슨이 "최고의 선수인 루니와 호날두를 박지성과 견줌"으로써 박지성의 진가가 확인됐단다.

심지어는 어느 영국 기자가 박지성에게 "애정이 듬뿍 담긴" 표현을 한 것도, 영국 라디오 중계 팀의 입에 그의 이름이 "끊임없이" 오른 것도 뉴스거리가 된다. 덕담 아니면 안주거리 정도의 이야기라도 박지성이면 기사화되는 분위기다. 눈물겹다. "스타인 웨인 루니의 골을 도왔고, 또 그와 격렬히 포옹하면서 동료들 사이에서 그가 차지하는 위치를 분명하게 알렸다."고도 한다. 낯 뜨겁다. 그가 "전 세계 최고 인기 구단 맨체스터 유나이티드의 당당한 일원"임을 '깐 데 또 까는 식'으로 줄기차게 증명하고 알리려는 우리 언론의 노력 말이다. 이런 걸 '안습'이라고 하나. 뭘 그렇게 입으로 증명하려 하나.

나는 축구는 좋아하지만 어느 선수의 팬 되기를 즐기는 편은 아니다. 그래도 박지성은 막연하게나마 좋아한다. 잘하길 바라고 맨유에서 성공하길 바란다. 그가 시즌 중인데도 대표 팀 경기 때문에 한국에 오는 것이 달갑지 않을 정도다. 그러나 별의별 치졸한 말장난으로 박지성을 띄우려는 언론의 모습은 한마디로 눈꼴시다. 세계 최고 수준에 근접한 그에 대한 기사를 수준 미달의 기자들이 써대니 박지성 기사는 분석다운 분석도 없이 현지 언론의 꽁무니만 쫓아다니는 수준이다. 대부분이 안면몰수 '뻥튀기'에 가깝고 '한민족 띄워주기'에 다름 아니다. 서양인들에게 인정받기 위한 투쟁이라 해야 하나. 아니다. 이건 구걸이다. 그런데 이마저도 우리끼리 하고 있으니 이 얼마나 코미디인가.

기자가 '오바'를 불사하며 선정적인 제목 붙이고 '오병이어의 기적'에 버금가는 '뭐든 가져다 붙이기' 식의 기사를 쓰는 것도 문제지만 아예 왜곡으로 가버리면 이는 정말 심각한 문제다. 이는 '기사'를 가장한 '거짓말'에 다름 아니기 때문이다. '박지성 우상화'의 강력한 근거는 아마 퍼거슨 감독의 발언일 것이다. 그는 박지성에 대한 칭찬을 많이 했는데, 요 며칠 새 그 중 눈에 띄는 것은 "퍼거슨 칭찬 세례, '박지성 뜨면 맨유 불패'"(『스포탈코리아』), "퍼거슨 감독 '박지성이 나서면 우리는 패하지 않는다'"(『노컷뉴스』) 같은 것이었다.

호기심이 발동했다. 그래서 기사의 출처인 맨유 홈페이지에 들어가봤다. 퍼거슨이 발언했다는 '박지성이 나서면 우리는 패하지 않는다'는 표현은 없었다. 퍼거슨은 대신 "그는 우리를 실망시키지 않는다He never lets us down."라고 했을 뿐(?)이다. 그런데 무슨 심보였는지, 아님 중국말로 영어를 배워서인지 한 언론이 이를 왜곡 번역하니 다른 언론들까지 모두 이를 따라 베껴버린 것이다.

이 와중에 누리꾼들 간 시비가 붙었나 보다. 4월 11일 MBC 해설위원인 『스포탈코리아』의 서형욱 편집장은 '박지성을 애써 폄하하는 그대들에게'라는 장문의 칼럼을 인터넷 포털사이트에 게재했다. 그는 "나니가 부상이니까 '땜빵'으로 나오는 거잖아", "한국 선수라고 너무 띄우지 마라", "호날두나 루니에 비하면 보잘것없는 선수다" 등의 의견이 못마땅하다고 했다. 너무 "패배주의적"인 게 아니냐면서.

그는 칼럼에서 박지성은 맨유에 걸맞은 선수라는 것을 참으로 많은 사례와 비유를 들어가며 증명하려 한다. 앞에서 언급한 여느 기자들의 글과는 확연히 대비되는 그의 글에는 옳은 지적도 꽤 있다. 그러나 그의 글에서도 몇 가지 문제가 눈에 띈다.

우선 서 편집장처럼 특정 선수에 대한 호불호를 문제 삼는 것은 그야말로 문제다. 물론 누리꾼들이 특정인의 인격이나 사생활을 침해하는 것은 비판하고 계도해야겠지만, 개인에 대한 선호를 가지고 왈가왈부하는 것은 너무 나간 듯하다. 그는 루니, 호날두는 물론 차범근, 나카타까지 등장시켜 박지성의 '탁월함'을 강변하는데, 이는 일사불란을 강요하며 정답 보여줬으니 입 다물라는 소리 같아서 듣기에 영 거북하다.

또한 그는 '같은 한국 사람이라는 이유로 박지성의 가치를 스스로 폄하하는 반응들'을 문제 삼았다. 그러나 나 역시 똑같은 논리로 서 편집장에게 질문을 던지고 싶다. 혹시 '같은 한국 사람이라는 이유로' 박지성의 실력을 과대평가하는 것은 아닌지. 박지성을 축구 선수로서보다 한국 사람으로 먼저 보는 것은 아닌지 말이다.

한 가지 더. 사실 박지성이 '괜히 싫은' 누리꾼도 있을 것이다. 유명해지면 안티도 생기게 마련이라지 않는가. 하지만 이른바 '박까'들 중 상당수는 앞서 언급한 수준 이하의 뻥튀기 번역 기사들의 결과물이기도 하다. 아스널전 직후 『일간스포츠』는 "英 기자 '박지성, 긱스를 넘어섰다'"는 제목의 기사를 내보냈다. 1990년 입단한 후 맨유 최전성기, 최고의 선수였던 라이언 긱스를, 이제 곧 은퇴하면 맨유의 전설이 될 긱스를 박지성이 넘어섰다는 내용이다. 한 누리꾼이 이렇게 댓글을 달았다. "'저따구'로 쓰니 안티가 생기지."

여기서 궁금한 게 하나 생긴다. 서 편집장은 같은 한국 사람이라는 이유로 박지성을 폄하한다고 했다. 그런데 대비되는 것은 우리가 차범근, 박찬호, 박태환, 김연아를 놓고 (적어도 경기력 면에서) 이렇게 심한 논란을 벌인 적 없다는 점이다. 이들에 대해서는 거의 일사불란했다. 그렇다면 박지성을 프리미어 리그 최고의 선수로 자리매김하기엔 '객관적으로' 아직 뭔가 부족한 게 있다는 것이다.

불편한 진실 1. 산소 탱크

박지성을 이야기할 때 가장 많이 등장하는 것이 바로 지칠 줄 모르는 체력, 즉 '산소 탱크 스토리' 다. 그러나 그의 체력과 활동 반경은 프리미어 리그에서 선발 출전하는 미드필더 기준으론 평균치에 가깝다. 아스널과의 경기 종료 직전인 88분경 호날두는 상대 수비수 세 명에 둘러싸인 상태에서 거의 50미터를 혼자 치고 들어가다가 결국 공을 빼앗겼다. 잠시 후 90분엔 루니가 예의 그 무지막지한 달리기로 역시 약 50미터를 뛰쳐 들어갔지만 상대에게 공을 빼앗겼다. 놀라운 건 공을 빼앗긴 후 이들의 행동이다. 이들은 국내 선수들이 경기 막판 그러듯 경기는 '나 몰라라~' 하며 그라운드에 쓰러져 누워 헐떡거리지 않고 곧장 뛰어서 하프 라인을 넘어선다. 루니는 공을 뺏은 상대 선수를 30~40미터는 쫓아가 기어코 태클까지 걸었다. 불가사의에 가까운 체력이다. 이 동네는 스트라이커라 해서 왕년의 최순호처럼 어슬렁거리지 않는다. 이동국이 훈련 때 그러다 히딩크에게 잘렸지 아마.

박지성에게 산소 탱크라는 별명이 붙은 맥락도 살펴볼 필요가 있다. 그 별명은 PSV 에인트호번의 한 동료가 열심히 뛰는 박지성을 보고 등 뒤에 산소통을 둘러매고 경기하는 듯하다며 농담처럼 이야기한 것이 그 시작이었다. 그런데 이 애칭은 또한 박지성의 한계를 함축한다. 선수의 특별한 재능, 기술, 경기력과 관련된 애칭이 많을 텐데 왜 하필 산소통일까. '킬러' 도 아니고 '저격수' 도 아니고 '프리킥의 달인' 도 아니고 '폭격기' 도 아니고 '왼발의 마술사' 도 아니고, 하고많은 별명 중에 왜 '산소통' 일까.

불편한 진실 2. 이제 선발인가

올드 트래포드(맨체스터 유나이티드의 홈구장)에서 열린 AS 로마와의 2차전에서 박지성이 선발 출전한 것을 두고 우리 언론은 깜짝 카드라 했는데, 이는 퍼거슨의 입장에선 대단히 논리적인 결정이었다. 사실 박지성의 선발 출전은 많은 현지인들이 의외라 했을 뿐 아니라 염려스럽다고까지 했다. 하지만 1차전 원정 경기를 승리한 상황에서 이제 문제는 준결승 진출 여부였다. 프랑스의 스포츠 일간지 『르퀍』에 따르면 챔피언스 리그가 정착한 이래 적지에서 먼저 2 대 0 승리를 거둔 팀이 탈락한 경우는 이제까지 단 한 번도 없다고 한다. 더구나 시즌 막판 선수들은 녹초가 됐는데 며칠 후 우승을 놓고 아스널과 대격전을 치러야 한다. 퍼거슨으로서는 루니, 호날두, 스콜스 등 에이스를 쉬게 하고 대신 테베스, 하그리브스, 박지성을 선발로 투입하는 것은 어찌 보면 당연한 결정이다.

그렇다면 박지성은 이제 선발을 꿰찼는가. 아스널과의 경기에서 박지성은 "맞상대 수비수 가엘 클리쉬에 막혀 경기 흐름에 아무런 임팩트를 주지 못하고 '조용히' 있었다"(『텔레그라프』)고 한다. 『텔레그라프』와 『타임스』의 평점은 10점 만점에 5점이었고, 『맨체스터 이브닝 뉴스』의 평점은 이보다도 못한 4점이었다. (물론 한국의 언론이 경기 후 유일하게 인용했던 『스카이스포츠』의 7점도 있으니 너무 상심 마시라.) 아직 강팀과의 경기에서는 제 기량을 발휘하지 못하는 것이다. 또 작년 퍼거슨은 테베스, 나니, 안데르손, 하그리브스를 영입했는데 이들의 영입은 모조리 대성공이었다. 특히 포지션이 겹치는 나니와 안데르손 때문에 박지성이 1진의 붙박이 선발이 될 현실적 가능성은 낮다. 기존의 긱스까지 더하면 박지성이 넘어야 할 산은 셋이나 되는

데 은퇴를 앞둔 긱스는 몰라도 나머지 둘은 쉽지 않다. 게다가 퍼거슨은 내년 시즌을 대비해 미드필더를 영입하려 하고 있다.

불편한 진실 3. 멀티플레이어

내 친구 중에 어릴 때 해외 주재원인 아버지를 따라 미국, 프랑스, 일본 등지에서 자란 사람이 있다. 그 덕에 이 친구는 영어도, 불어도, 일어도 제대로 못한다. 나는 체육 교육학과를 나온 덕에 태권도 수업도 들었고, 유도 수업도 들었고, 체조 수업도 들었다. 그 덕에 나는 태권도도, 유도도, 체조도 어느 하나 제대로 하는 게 없다. 우리는 박지성을 멀티플레이어라 부르며 그가 바로 미래가 요구하는 선수상이라 이야기한다. 그러나 멀티플레이어는 팀 사정이 엉망인 감독에게는 요긴하겠지만 선수 본인에게 그다지 좋은 게 아니다.

그의 플레이 스타일엔 분명한 한계가 있다. 우선 그는 프리미어 리그의 공격수가 되기엔 개인기가 부족하다. 이는 드리블하다 공을 뺏기면 감독 눈치부터 살펴야 하고 라커 룸에서 쥐어터지는 한국 축구 시스템의 결과물이다. 이에 더해 자신에 대한 믿음 즉 자신감이 부족하다. 최고의 선수에겐 찰나의 순간에 승부를 거는 담력이 필수다. 그러나 그는 수비수가 앞을 가로막으면 발재간으로 제치며 치고 들어가기보다는 동료에게 패스를 한다. 그의 이러한 플레이 스타일은 그가 페널티 박스 중앙에서 특히 골을 등지고 공을 받았을 때 잘 드러난다. 그 경우 그는 열이면 아홉 패스한다. 사이드라인을 타고 들어가는 경우가 아니면 돌파를 하지 않고 패스를 하는 그의 스타일은 현지에서도 익히 알려진 그의 단점이다. 프리미어 리그에서 양보는 미덕이 아니다.

불편한 진실 4. 긱스를 넘어서다? 차범근과 동급?

최근 긱스는 부진을 면치 못하고 있다. 감독에게 잔소리를 듣고 언론도 은퇴를 대놓고 말할 정도다. 그러나 박지성이 긱스를 넘어섰다는 둥 긱스가 박지성 때문에 은퇴를 고려한다는 둥의 이야기는 '뻥'일 뿐 아니라, 그게 만약 기자의 주장이라면 그 기자의 '버릇'부터 고쳐야 한다. 긱스가 어떤 선수인가. 그는 1990년 맨유에 입단해 당시 그저 그런 팀이던 맨유를 뉴욕 양키스보다 비싼 팀으로 만든 장본인이다. 세계 최고의 왼쪽 윙 플레이어였던 그는 에릭 칸토나에서부터 데이비드 베컴, 그리고 호날두, 루니와 함께 맨유의 최전성기를 이끌며 1999년 이른바 '트레블(FA컵, 챔피언스 리그, 자국 리그를 동시에 우승하는 것)'을 달성한다. 특히 그때 FA컵 아스널과의 준결승에서 연장전 10명이 싸우는 절대 열세의 상황에서 긱스는 중앙에서부터 50미터를 치고 들어가며 아스널 수비수 4명을 제치고 기어코 결승 골을 넣어 맨유를 챔피언으로 이끌었던, 영웅 중의 영웅이다. 그와 지금의 박지성은 한마디로 '비교 불가'다. 박지성은 은퇴를 앞둔 긱스를 넘어설 게 아니라 부상에서 돌아올 나니와 안데르손을 넘어서야 한다.

또 어떤 이는 박지성을 차범근과 비교하는데 역시 비교 불가다. 차범근이 누군가. 1979년 당시 최고의 리그였던 분데스리가(당시 영국 축구는 유럽에서도 이류로 추락했을 때였다)에 입성하자마자 12골로 득점 7위, 1980년 세계 축구 베스트 11, 1985~1986 시즌 득점 랭킹 4위, 동 시즌 일간지 선정 분데스리가 MVP, 『키커』지 선정 '1980년대 가장 위대한 선수', '20세기 세계 축구를 움직인 100인'에 선정됐다. 당시 하도 그가 뛰는 모습을 보고 싶다는 이들이 많아 MBC에서 비디오테이프를 공수해 매주 그의 경기 모습을 보여주기까지 했다. 흑백 화면 속의 '갈색 폭격기' 차범근을 기억하는 필자는 박지성을 놓고 최고네 아니네 하는 논란이 귀엽기만 하다. 물론 아직 젊고 성장할 여지가 있지만 아직 박지성에게는 차범근의 결정력이나 과거 메이저 리그에서 박찬호가 보여줬던 지배력이 없다.

언론은 여론을 반영한다고 배웠다. 그런데 요즘은 언론이 아예 여론을 만들어버린다. 그런데 만들어도 곱게 만들지 않고 '뻥'을 치고 뒤틀고 살짝 거짓말까지 한다. 그 바람에 난데없이 박지성 '안티'가 생기고 누리꾼끼리 치고받는다.

요즘 참 기사 쓰기 좋다. 박지성, 김연아, 박태환, 이승엽만 쓰면 된다. 현장 취재도 없이 현지 언론 기사를 번역한 뒤에 제목만 간교(?)하게 뽑아서 내보내면 된다. 이는 최근 뉴스 공급 체제가 전통적 매체인 신문이나 TV에서 인터넷으로 바뀌면서 새롭게 등장한 '언론 풍속도'다. 인터넷 미디어 시대에 수많은 매체가 난립하고 감당하기 힘들 정도로 많은 뉴스가 쏟아지는 가운데 사람들은 객관적인 기사, 균형 잡힌 기사보다는 자극적인 기사, 자신이 '원하는 기사'만을 읽으려고 한다. 원하는 기사를 찾아다니기까지 한다. 더욱이 늘어난 매체 수만큼 경쟁이 치열해지면서 기자들은 기사의 내용보다는 '제목'에 승부를 걸게 되고 정작 내용은 '왜곡'을 살짝 가미하며 '창조'하기에 이르렀다. 결국 기사의 제목과는 전혀 상관없는 기사마저 등장하고 있는 것이다. 이제 뉴스 경쟁은 '특종' 경쟁, '속보' 경쟁이 아닌, '낚시' 경쟁이다.

그런데 이런 '낚시 전문 기자'들에게 온 국민의 사랑과 관심을 받는 스포츠 스타는 그야말로 최고의 미끼다. 그중에서도 서양의 최고

리그, 최고 팀에서 뛰는 박지성은 게으르고 취재 능력 떨어지는 기자들에겐 '최고의 선물'이다. 그래서인지 많은 기자들이 요 며칠 박지성이 선발 출장했다고 갖은 의미를 덕지덕지 붙이고 상상의 나래를 펼쳐가며 기사를 써대고 있다. '박태환 장사', '김연아 장사', '이승엽 장사'가 파리 날리던 중 박지성 경기가 많아지니까 본격적인 '박지성 장사'에 나서 그에게만 매달리는 꼴이다. 선거 때만 되면 박근혜 치맛자락 붙들고 늘어지는 한나라당 의원들 같다.

적당히 감격하자. 외국에서 국산 차 봤다고 감격하는 '민족적 호들갑'과는 이제 이별할 때도 되지 않았나. 월드컵에 이어 또 등장했다. "같은 한국인이라는 게 자랑스럽다"는 사람들 말이다. 그럼 이호성이 같은 한국 사람이라는 건 어떻게 생각하시나.

박지성도 가끔 못할 때가 있다. 그런데 맨유에 입단한 지 3년이 넘어가는데도 이제까지 '부진했다'는 경기가 어떻게 단 한 경기도 없나. 마지막으로, 박지성 선수는 여기서 우리끼리 아웅다웅하는 거 신경 쓰지 말고 최선을 다해 바라는 바를 한 치의 부족함도 없이 다 이루길 빈다.

미국에 상륙한 한류, '바짓바람'
: '왕따 골프' 이야기

어느 방송인과 이야기하다가 이런 얘길 들었다. "우리나라 사람들은 스포츠를 좋아하는 게 아니라 이기는 걸 좋아하는 거 같아요."

생각해보니 맞는 이야기다. 사실 우리는 스포츠에 열광하지만 '내가 하고 내가 즐기는 스포츠'에 열광하는 게 아니라 '미디어가 보여주는 스포츠', '외국을 무찌르고 세계를 정복하는 스포츠'에만 열광한다. 그저 이기길 바랄 뿐이다. 다른 나라에선 경기에서 지더라도 드라마가 있고 감동이 있게 마련인데 우리의 경우 스포츠의 감동은 이길 때만 허용된다. 그리고 세계를 상대로 무찌르고 격파하면, 호들갑을 떨며 감동을 쥐어짜다가 급기야는 무아지경에 이른다. 그 다음은 못 말리는 자화자찬이다. 사실상 '우리들만의' 열광이다.

이렇듯 우리가 스포츠에서의 승전보에 열광을 넘어 '자뻑'하게 되면서 특히 심해진 증상(?)이 바로 과정에 대한 '완전 무시'다. 결과에 집착하고 우리를 '뿅~' 가게 해줄 결과만 찾아다니다 보니, 어떻게 해서 이기게 됐는지 그 중간에 무슨 일이 벌어졌는지에 대해서는 한마디로 '개무시'다. 안에서 새는 스포츠, 밖에서도 샌다던가. 외국을 나가서도 도대체 변함이 없다.

최근 몇 년간 한국 여자 골프 선수들의 기세는 그야말로 파죽지세다. '한국 낭자군'이 LPGA를 압도하면서 특히 2007년엔 US 여자 오픈이 사실상 US '한국' 여자 오픈이 돼버리기도 했다. 156명의 출전 선수 중 한국 국적 선수가 35명이었고 한국계까지 합하면 45명으로 출전 선수의 약 30%였다. '김씨'만 열 명이었다. 어느 대회는 톱 10에 한국 선수들이 무려 일곱 명이나 오르기도 했다. 미국인들도 인정하듯 LPGA는 사실상 한국 선수들이 접수했다.

그러나 한국 선수들에 대한 현지의 반응은 꽤 쌀쌀맞다. 우선 표면적으로는 한국 선수들 때문에 백인, 특히 미국 선수들의 우승이 힘들어졌기 때문이다. 스웨덴의 안니카 소렌스탐이나 호주의 캐리 웹까지는 외국 선수이긴 해도 같은 백인이니 별 문제가 없는데, 피부색이 아예 다른 한국인들이 거의 절반의 대회를 휩쓸자 스폰서가 빠져나가기 시작한 것이다. 와스프(WASP: 백인 중산층)에 의존하는 미국 골프 시장의 어쩔 수 없는 현실이다.

사실 이러한 현상의 원인을 따져본다면 여기에 미국인들의 유색인종에 대한 인종 차별은 기본적으로 깔려 있다 해야 할 것이다. 그러나 인종 차별의 문제를 인정하더라도 LPGA에서 활동하는 한국 선수들이 오직 이기는 것에만 관심을 가질 뿐 미국 문화는 물론 골프 예절과 특히 골프 규칙조차 무시하는 행동을 계속 반복하는 것 역시 심각한 문제다.

우선 한국 선수들은 그곳 선수들과 별로 교류할 생각이 없어 보인다. 우리 선수가 우승을 하면 축하하는 이는 온통 한국 선수들뿐이다. 우승자에게 샴페인을 뿌리는 장면을 보라. 외국 선수를 한 명이라도 본 적이 있는가. 또 시원찮은 영어 실력일지라도 영어로 인터뷰

하는 외국 선수들과는 달리 우리 선수들은 우승 소감도 한결같이 한국말로 하는 바람에 미국 골프 팬들의 냉담한 반응을 자초하고 있다. 이는 미국인들이 우습게 보는(?) 멕시코 출신이지만 미국 언론이 호감을 가지고 비중 있게 다루는 로레나 오초아와는 꽤나 대비되는 현상이다.

그리고 프로 선수라면 당연히 가져야 할 소속 리그에 대한 배려와 애정이 없다. 미국 프로 골프 대회는 대부분 대회 전날 일종의 전야제 성격의 프로암 대회를 갖는다. 지역 주민과 대회 스폰서들이 출전 선수들과 한 조를 이뤄 라운딩 하는 것이다. 프로 골프를 홍보하고 특히 지역 주민과 스폰서들에게 일종의 팬 서비스를 선사하는 것으로 참가자는 별도의 참가비까지 내고 참여한다. 그런데 상당수 한국 선수들은 같이 라운딩 하는 사람을 무시하듯 냉담하게 대해 참가자들이 라운딩 후 주최 측에 항의하는 일이 종종 있어 LPGA를 곤혹스럽게 하기도 한다. 결국 미국 선수 잰 스티븐슨이 "아시아 선수가 투어를 망친다"고 한국 선수들을 비난하기까지 했다.

특히 문제는 미국에서 '골프 대디'(번역하면 바짓바람?)라는 신조어까지 만들어낸 한국 아버지들이 경기 중 딸에게 수신호와 한국말로 코치하는 등 규정 위반을 하고 또 이를 문제 삼는 외국 선수들과 시비까지 벌였다는 점이다. 논란이 심해지자 LPGA는 한국 선수들에게 코스에서 부모와 한국말로 이야기하지 말라는 권고를 했다가 인종 차별 시비에 휩쓸리기까지 했다. 그래서 2003년 골프 100대 뉴스에는 한 중견 골퍼와 에티켓 논쟁을 벌인 미셸 위의 아버지 위병욱을 비롯한 한국의 골프 대디가 48위에 오르기도 했다.

'골프 대디'는 매우 독특한 존재인데 한국 여자 선수들의 아버지들이 딸과 함께 미국으로 건너가 종횡무진으로 활약(?)하는 데엔 몇 가지 사회 문화적 요인이 있다. 우선 골프의 경우 미국에 진출하려면 일종의 로드 매니저가 필요하다. 프로 선수가 미국에서 캐디와 함께 움직이려면 일 년에 15만 달러 정도는 예상해야 한다. 아버지가 딸의 캐디가 되는 첫 번째 이유는 바로 이 비용을 줄이기 위함이다. 두 번째 이유는 밖에 내보내는 딸을 당연히 자기가 지켜야 한다는 매우 아버지다운 염려 때문이다.

그런데 한국의 골프 대디들에겐 또 다른 '특성' 이 있다. 사실 1990년대 중반만 해도 부모의 눈에 차는 변변한 코치가 없었다. 한국 골프는 역사도 짧고 선수층도 얇기 때문에 몇몇 이름 있는 선수는 있어도 권위 있는 코치는 존재하지 않았다. 또 코치라고 해봐야 어차피 싱글 수준인데 역시 싱글 수준의 아버지라면 당연히 자기가 더 낫다는 생각이 왜 안 들겠는가. 그래서인지 박세리의 아버지는 세계 최고의 골프 코치라는 데이비드 리드베터가 딸의 스윙을 지도할 때도 '내 딸은 내가 안다' 며 과도한 열의(?)를 보이다 결별의 단초를 제공하기도 했다.

골프 대디의 이러한 열의는 한편으론 이해할 만하다. 한국에서 자식에게 골프를 시킨다는 것은 사실상의 투자다. 일단 발을 들여놓게 되면 그곳엔 '사생결단' 만이 있다. '올인' 하는 것이다. 따라서 가족의 희생을 요구하게 되고 오직 승리를 위해 학업은 포기하고 '골프 기계' 가 된다. 아버지가 직장을 관두는 것도 흔한 일이다. 스폰서 계약도 직접 챙겨야 하고 이역만리에서 대륙을 횡단하며 대회에 출전해야 하는 딸을 위해 핸들도 손수 잡아야 한다. 결국 아이의 미래는 부모의 욕망, 가족의 미래와 등치되면서 독립적이고 자율적인 주체로 성장하는 것이 아니라 가족 공동체의 브레드위너(breadwinner: 생계 책임자)의 역할을 떠안게 되는 것이다.

어쨌든 LPGA를 한국 여자 선수들(과 그 아버지들)이 주름잡게 되면서 LPGA는 위기에 봉착했다. 주름을 잡아도 너무 잡으면 문제가 되는 법. 미국 사람들이 한국 선수가 우승하는 것 보려고 TV를 볼 리 없다. 여성 스포츠 중 가장 탄탄하게 성장 가도를 달리던 LPGA의 입장은 더할 수 없이 난처해졌다. 도대체 이를 어쩔 것인가. 말은 많이 나오지만 프로 스포츠인데다 대부분 오픈 대회라서 국가별 출전 선수 수를 제한할 수도 없다. 현재 중환자실에 들어간 LPGA를 회생시킬 수 있는 유일한 희망은 역설적이게도 한국계 선수 미셸 위의 부활이다.

2007년 18세가 되면서 미국의 명문 대학인 스탠포드에 진학한 미셸 위는 그러나 정작 골프에서는 끝도 없는 추락을 거듭했다. 13세 소녀였던 2003년, 메이저 대회인 크래프트 나비스코 선수권 대회에서 당당 9위에 오르며 세계를 경악케 했고, 스포츠가 아니라 세계를 바꿀 인물로 『타임』지가 주목했던 그였다. 2005년 프로에 데뷔할 때는 나이키, 소니, 오메가와 계약을 하며 약 2,000만 달러의 수입을 올려 '1,000만 달러 소녀'로 불리던 그였다. 그러나 미셸 위는 이제까지 50개가 넘는 LPGA 대회에 참가해 단 한 번도 우승하지 못했다. PGA 등 남자 대회에도 14번 도전해 성 대결로도 유명해졌지만 국내 대회 때 한 차례를 빼고는 아직 PGA 대회에서 컷을 통과한 적이 없다. 2007년과 2008년 최고 성적이 고작 공동 12위였고, 이제는 컷 통과도 마음을 놓을 수 없는 평범한 선수로 전락한 것이다.

한때 초특급 뉴스 메이커였던 그지만 이제 그의 이야기는 과거와 같은 주목을 받지 못한다. 초라한 '천재 소녀'의 모습이다. 나이키와 소니가 돈만 날렸다는 말까지 나왔다. 그런데 성적도 문제지만 미셸 위의 슬럼프와 함께 벌어졌던 일련의 사건들은 그 '질' 이 더 안 좋았다. 외국 언론들은 심지어 그를 '양치기 소녀', '미운 오리 새끼' 라고까지 묘사하기 시작했다. 그런데 미셸 위 역시 바짓바람에서 자유롭지 못하다.

미셸 위의 추락은 그의 아버지에 관한 논란의 시작과 공교롭게도 타이밍이 맞아 떨어진다. 사실 미셸 위를 둘러싼 여러 가지 논란에는 언제나 그의 아버지가 개입되어 있다. 그의 아버지 위병욱은 현재 미국의 스포츠 스타 아버지 중 구설수에 가장 많이 오르내리는 인물이다. 우선 그는 미국 언론이 키드kid 또는 걸girl이라 부르는 어린 딸을 어른도 감당키 힘든 스케줄로 몰아붙여 매니저들과 갈등을 빚어왔다. 결국 매니저 두 명이 일 년을 못 넘기고 떠나야 했다.

로스 벌린은 2006년 말 미셸 위가 고교 졸업반일 때 경기 스케줄을 놓고 부모와 갈등을 빚은 것으로 알려졌다. 사실 이때부터 미셸 위는 급격한 하강 곡선을 타기 시작했는데 당시 미셸 위는 남자 대회에 출전하기 위해 스위스로 갔다가 그 다음 주엔 또 다른 남자 대회에 출전하기 위해 미국 피츠버그로 날아가는 등 어른도 감당키 힘든 일정을 소화해야 했다. 다음 매니저인 그레그 네어드 역시 1년도 안 돼 2007년 정확한 결별 이유 없이 'Team Wie' 를 떠났다. 그러나 한 언론은 네어드가 다른 매니저들이 평생 겪을 것을 지난 일 년간 겪었을 것이라 꼬집었다.

미셸 위의 캐디 갈아치우기도 미국 골프계에서 유명하다. 2004년 아버지 위병욱이 캐디를 그만두면서부터 무려 적어도 아홉 명의 캐디를 바꿨다. 특히 일 년여를 같이 생활했던 캐디 그레그 존스턴은 2006년 브리티시 오픈 직후 매니저의 전화 한 통화로 해고했다. 존스

턴은 한 인터뷰에서 예절과 동료 의식을 유난히 강조하는 LPGA에서 이 같은 행태는 "충격적이고도 놀라운shocked and surprised" 일이라 표현했다. 엎친 데 덮친 격, 미셸 위의 코치였던 데이비드 리드베터도 결국 떠났다. "어린 선수에게 좀 더 쉴 시간을 줘야 한다"는 말을 남기고서.

미국 언론, 그리고 누리꾼의 의견을 종합해보면 두 가지다. 하나는 그가 학교로 돌아가 학업에 몰두하고 이제부터라도 혼자만의 생활을 갖고 잃어버린 성장기를 되찾으라는 것이고, 다른 하나는 "그의 부모는 이제 제발 하와이로 돌아가라"는 것이다. 골프 전문가들은 딸이 손목 부상에서 완쾌되지도 않았는데 대회 출전을 강행하는 그의 부모를 신랄하게 비난했다. 워낙 액수가 큰 계약 때문이기도 하겠지만 혹시라도 그렇다면 그건 자식보다 계약(돈)을 챙긴다는 얘기가 된다.

지금도 미셸 위는 흥행 부진의 위기에 빠진 LPGA의 최고의 흥행 카드다. 사람들은 미셸 위의 호쾌하고도 엄청난 드라이버 샷을 보고 싶어 한다. 그러나 몇 년 전처럼 '이웃집 딸' 같은 애정 어린 눈으로 대하는 것은 아니다. 동료 선수들도 점차 싸늘하게 대하기 시작했다. 이들이 미셸 위에게 등을 돌리는 결정적인 일이 벌어졌다. 그를 '양치기 소녀'로 만든 사건이었다.

2007년 6월 여자 골프 최강자인 안니카 소렌스탐이 주최하는 긴Ginn 트리뷰트 대회에 출전했던 미셸 위는 1라운드에서 16번 홀까지 무려 14오버파(86타)를 치고 결국 기권했다. 손목 부상을 이유로 내세웠지만, 많은 사람들은 미셸 위처럼 투어 카드가 없는 비회원이 LPGA 대회에서 88타 이상을 치면 시즌 나머지 대회의 출전을 금지

하는 일명 '룰 88' 때문에 경기를 포기했을 것이라 의심했다. 더군다나 그해 나머지 대회에 출전하지 못할 경우 스폰서들과의 계약상 심각한 문제를 초래하기 때문에 그의 부모가 안면몰수하고 포기를 강행했을 거라는 것이다. 아니나 다를까 미셸 위는 다음 주 열린 맥도널드 LPGA 챔피언십에 모습을 나타냈다. 이를 알게 된 긴 트리뷰트 대회의 주최자 소렌스탐은 미셸 위가 LPGA와 동료들에 대한 존중respect과 선수로서의 품위grace를 져버렸다고 공개적으로 비난하기에 이른다.

몇 달 지나지 않아 소렌스탐은 미셸 위에게 다시 한 번 일격을 가한다. 10월 15일 미국 캘리포니아 주 빅혼 골프장에서 열린 삼성 월드 챔피언십에서였다. 당시 미셸 위는 초청받은 최고수 여자 골퍼 20명만 출전하는 이 대회에서 또다시 19위라는 실망스런 성적을 내 과연 재기할 수 있을지 의구심마저 일게 했다. 그런데 문제는 그의 출전 과정이었다. 삼성 월드 챔피언십은 전년도 챔피언(로레나 오초아), 4대 메이저 대회 우승자, 유럽 상금 랭킹 1위, 그리고 LPGA 상금 랭킹 상위권자로 18명을 초청한다. 여기다 골프 명예의 전당에 헌액된 현역 선수 1명과 특별 초청 1명을 추가해 총 20명이 출전하는 대회로, 권위도 있지만 상금도 많아 선수들이 꼭 참가하고 싶어 하는 대회다. 당시 주최 측은 명예의 전당 선수로 소렌스탐을, 특별 초청으로 미셸 위를 초청했다. 논란은 소렌스탐이 이를 사양했음에도 미셸 위가 받아들이면서 시작됐다. 사실 소렌스탐은 올해 목과 허리 부상으로 부진했지만 이 대회 5회 우승자에다가 LPGA 59승 전력을 가진 절대 강자다. 그런 그도 올해 성적이 좋지 않은 자신이 출전하면 다른 선수들의 출전 기회를 빼앗는 것 같다며 고사했다. 더욱이 "동료 선수들과 LPGA에 가장 좋은 것이 무엇인지 고민 끝에 결정했다"고

'품위' 있게 고사하는 바람에 초청을 덥석 받아들인 미셸 위를 더욱 돋보이게(?) 했다. 이는 소렌스탐이 미셸 위에게 선사한 완벽한 '한 방'이었다. 이제 미셸 위는 LPGA의 '미운 오리 새끼'가 돼버린 것이다.

이렇듯 최근 미셸 위와 관련해 접하는 뉴스들은 모두 보기 민망한 것들뿐이었다. 미셸 위를 긍정적으로 보도한 기사도 없고 상당수는 경기 외적 논란과 부모와 관련된 뉴스뿐이었다. 특히 많은 미국의 칼럼니스트들은 일찍이 2003년 100대 골프 뉴스 46위에 오를 정도로 논란이 많은 아버지 위병욱에 대해 돈 때문에 자식을 혹사시킨다는 비판을 해왔다. ESPN의 에릭 에이들슨 기자의 표현대로 "미셸은 부모의 통제 속에 골프를 했다. 그로서는 도저히 감당해내지 못할 일이 많았다."는 것이다. 그래서 위병욱은 타이거 우즈의 아버지 얼 우즈와 대비되면서 자녀 망치는 아버지로 거론되기도 한다.

재미있는 것은 국내 언론은 그 정반대라는 것이다. 한국에서는 미셸 위와 그의 아버지에 대해 비판적인 언론 기사가 없다. 심지어 '미셸 위, 힘내라' 류의 기사까지 등장한다. 논란이 되는 문제들에 대해 한국 언론은 입을 꽉 다물고 있는 것이다. 잘못 보이면 다치나 보다. 우리는 미국인 미셸 위를 이야기하며 '한국의 피'를 강조하고 그의 300야드 드라이버 샷에 경탄하기만 했지 그의 성장이나 혹사 문제엔 무관심하다. 다른 것 신경 쓸 것 없고 열여덟 소녀의 '쑈'만 그저 즐기면 된다는 건가. 오히려 미국 언론이 그의 앞날을 걱정해준다.

미국 골프계에 진출한 코리안 골프 대디. 그리고 이들이 펄럭이는 바짓바람. 이것도 '한류'라고 자랑스러워 할 사람이 있을지 모르겠지만, 이 바짓바람은 그저 돈바람으로 보일 뿐이다. 한 야구 명문고의 야구부장이 이런 말을 했다. "요즘 부모들, 자식을 돈으로 봐요." 정말 그들 중 몇몇은 자식 가지고 장사하는 부모라 해도 그리 틀리지 않을 것이다. '사랑' 이라 말하겠지만 사실은 '장사' 다. 사랑을 가장한 장사 말이다. 자식 사랑 살살 하자. 애 잡는다.

자식이 돈벌이 수단으로 전락할 때 그들은 광대가 된다. 예쁘고 어린, 그러나 슬픈 광대 말이다.

촛불 정국, 보이지 않는 스포츠 스타들

1967년 6월 4일 미국의 흑인 스포츠 스타들이 한자리에 모였다. 베트남전 징집을 거부한 복싱 헤비급 세계 챔피언 무하마드 알리의 결정을 지지하기 위해 그의 징병 거부 기자회견에 함께한 것이다. NBA 역사상 최고의 선수 중 한 사람이자 프로 농구 최초의 흑인 감독(보스턴 셀틱스) 빌 러셀, 불세출의 미식축구 스타 짐 브라운, 그리고 LA 레이커스 왕조를 이끌었던 카림 압둘 자바의 모습이 앞줄(왼쪽부터)에 보인다. 스포츠 스타뿐 아니다. 뒷줄엔 흑인들의 지도자 마틴 루터 킹 목사(왼쪽에서 세 번째)의 모습도 보인다.

20세기 인물 중 무하마드 알리만큼 논쟁적인 인물도 없을 것이다. 1960년 그는 로마 올림픽에서 금메달을 따고 금의환향한다. 그러나 금메달을 조국에 바쳤음에도 동네 식당에서조차 식사 제공을 거절당하며 계속 '깜둥이'로 살아가야 하는 현실에 환멸을 느낀 알리는 금메달을 오하이오 강에 던져버린다. (IOC는 1996년 애틀랜타 올림픽 때 새로 제작한 금메달을 그에게 선사한다.) 이후 그는 '백인들이 원하는 챔피언'이 되길 거부한다. '루이빌의 입The Louiville Lip'이라 불릴 정

1967년 6월 4일, 무하마드 알리의 베트남전 징집 거부 기자회견 모습. 빌 러셀, 무하마드 알리, 짐 브라운, 그리고 카림 압둘 자바(앞줄 왼쪽부터). 흑인 지도자 마틴 루터 킹 목사(뒷줄 왼쪽에서 세 번째)도 함께했다.

도로 달변이기도 했지만 미국 사회를 향한 독설도 마다하지 않았다. 우리에겐 '떠버리 알리'로 알려진 그다.

프로로 전향한 알리는 1964년 1 대 7 열세라는 도박사들의 예측을 비웃으며 소니 리스튼을 KO로 누르고 헤비급 세계 챔피언에 올랐다. 1960~1970년대 그의 인기는 '예수보다 더 유명하다'던 (그러나 사실 서구 세계에 한정된) 비틀즈의 인기를 뛰어넘는 유일한 인물이었다. 당시가 미디어의 유아기였던 점을 감안하면 그의 전 지구적 인기는 가히 괴력으로 표현할 수밖에 없다. 미국의 작가 노먼 메일러는 20세기 가장 위대한 천재로 찰리 채플린과 알리를 꼽았고 '나비처럼 날아서 벌처럼 쏜다'던 그의 경기 모습은 예술의 차원에서 논해야 할 그런 것이었다.

베트남전이 격화되던 1967년, 알리는 징집 통보를 받는다. 권투를 예술의 차원으로 승화시킨 불세출의 복서이자 최고의 인기 스타였던 그도 전쟁을 피할 수는 없었던 것이다. 하지만 그는 죄 없는 젊은이들을 사지死地로 내모는 그런 전쟁에 자신이 왜 가야 하냐면서 기자들을 향해 "이보쇼, 난 베트콩하고 싸울 일 없어요I ain't got no quarrel with them Vietcong."라는 유명한 말을 남긴다. "베트남 사람들은 나를 깜둥이라고 부르지도 않고 해를 끼치지도 않는다. 나는 그들에게 총을 들이댈 이유가 없다."는 이유에서였다.

징병 거부가 불량한 것으로 여겨질 뿐 아니라 죄악시되던 당시 사회 분위기에서 알리의 징병 거부는 반전 운동의 불씨가 된다. 그는 영화, 음악, 스포츠 등 분야를 망라해 징병 반대와 반전의 기치를 내걸었던 최초의 인물이었고, 결국 반전의 상징적 존재가 된다. 그러나 그 대가는 엄청났다. 챔피언 벨트는 물론 선수 자격까지 박탈당하고 무려 3년 6개월간 링에 오르지 못하게 된다. 그러나 그는 타협하지 않았다. 징병 거부로 5년형을 선고받았지만 대법원까지 가는 법정 투쟁 끝에 결국 무죄 판결을 받는다.

1974년, 링에 복귀한 알리는 자이르(현 콩고민주공화국) 킨샤사에서 26세의 챔피언 조지 포먼과 '세기의 대결'을 벌인다. 당시 전문가들은, 알리가 40전승 37KO를 기록하며 헤비급 역사상 최고의 하드 펀처hard puncher로 인정받던 포먼의 주먹에 맞아 죽을지도 모른다는 염려까지 했다. 알리의 담당 의사는 만일의 사태에 대비해 스페인의 뇌수술 전문 병원으로 알리를 실어 나를 비행기를 킨샤사 공항에 대기시켜놓기도 했다. 그러나 알리는 로프에 기대어 포먼을 탈진시킨 뒤 8회 불꽃같은 원투 펀치를 포먼의 얼굴에 작렬해 격침시켜버린다. 20세기 가장 위대한 스포츠 스타가 탄생하는 순간이었다.

한편 알리가 징집을 거부하며 미국 정부와 한판 승부를 벌이던 1967년, 미국의 흑인 선수들은 캘리포니아대 버클리 캠퍼스 사회학과 교수인 해리 에드워즈의 주도 하에 '인권을 위한 올림픽 프로젝트 Olympic Project for Human Rights: OPHR' 라는 단체를 결성한다. 에드워즈 교수는 그 자신 대학 시절 풋볼, 농구, 육상 스타로서 미네소타 바이킹스와 샌프란시스코 포티나이너스의 스카우트 지명을 받기도 했지만 학업을 계속해 교수가 되었고, 미국의 인종 차별을 세계에 알리기 위해, 궁극적으로는 흑인 선수들의 올림픽 보이콧을 위해 OPHR을 결성케 된 것이다.

참가냐 보이콧이냐를 두고 선수들 간 논란이 있었지만 올림픽 메달 외에는 지옥과도 같은 미국 사회를 돌파할 방도가 없었던 이 흑인 선수들은 결국 1968년 멕시코 올림픽에 참가하기로 결정한다. 그러나 그들은 '화이트 아메리카' 의 광대가 되길 거부했다. 이들은 대회에 출전하며 세 가지를 요구했다. 첫째는 인종 차별주의자였던 당시 IOC 위원장 에이브리 브런디지의 퇴진, 둘째는 악명 높은 인종 차별 국가인 남아프리카공화국과 로디지아(현 짐바브웨)의 올림픽 출전 금지, 그리고 무하마드 알리의 복권이었다.

그리고 이들은 자신들의 의지를 행동으로 표현했다. 육상 200미터 금메달리스트인 토미 스미스와 동메달리스트 존 카를로스는 목걸이와 검은 스카프를 목에 두르고 양말 차림으로 시상대에 올라 미국 국가가 울려 퍼지고 성조기가 오르는 동안 고개를 숙인 채 주먹 쥔 손을 들어올렸다. 신발을 신지 않은 것은 흑인의 빈곤을, 목걸이는 백인에게 린치와 죽임을 당한 흑인들을, 스카프는 자부심을, 검은 장갑은 '블랙 파워' 의 위대함을, 오른손은 흑인의 힘을, 왼손은 흑인의 단결을 상징하는 것이었다.

이들이 시상대에서 보여준 행동은 당연히 IOC와 미국 사회에 격한 반응을 불러왔다. 결국 그들은 자신들이 인생을 걸고 얻어낸 소중한 메달을 박탈당했고 선수촌에서도 쫓겨났다. 미국에 돌아와선 직업을 구할 수도 없었고 살해 위협에 시달리기도 했다. 그러나 이들의 행동은 다른 한편으론 미국 사회의 지지와 각성을 불러일으켰다. 400미터 계주 우승자인 와이어미아 타이어스는 자신의 금메달을 이들에게 바친다고 발표했고, 전원 백인으로 구성된 미국 조정 팀은 "우리의 동료가 불공정과 불평등을 알리기 위해 한 행동에 지지를 표한다"는 성명을 발표하기도 했다.

© AP

1968년, 멕시코 올림픽 육상 200미터 시상식에서 미국 선수 토미 스미스(가운데)와 존 카를로스(오른쪽)가 자국 내 인종 차별을 반대하며 고개를 숙인 채 주먹 쥔 손을 들어올리고 있는 모습.

한편 당시 이런 상황을 알지 못한 채 시상식에 참여했던 은메달리스트 호주의 피터 노먼도 입장하기 전 스미스와 카를로스의 의중을 헤아리고는 여기에 동참하기로 한다. 그는 관중석에서 동그란 OPHR 배지를 얻어 가슴에 달고 시상대에 함께 오른 것이다. 이들의 시위는 미국의 인종 차별 문제를 전 세계에 알린 최초의 사건이었다.

스미스는 "우승을 하면 미국인이 되고 그렇지 못하면 '검둥이'가 되는 현실"을 그냥 두고 볼 수는 없었다고 말했다. 이들은 경기장에서는 미국 시민으로 미국을 위해 뛰지만 집에 오면 시민으로서의 권리를 빼앗기는, 그런 거짓과 기만의 일부분이 되는 것을 거부한 것이다.

2005년 캘리포니아대 산호세 캠퍼스는 이 두 사람의 모습을 동상으로 재현했는데 학생회는 "두 사람의 행동을 세상에 널리 알려야 한다"며 이들의 행동을 기념했다. 이에 스미스는 "우리가 죽더라도 역사는 남는다"고 화답한다. 카를로스와 스미스의 이른바 '침묵시위'는 '20세기 TV 명장면' 여섯 번째에 오르게 된다.

알리나 스미스, 카를로스보다 더 적극적으로 정치적 행동에 나선 선수들이 있다. 바로 역사상 최고의 축구 선수 중 한 명인 프랑스의 지네딘 지단과 그의 동료들이다. 2002년 4월에 치러진 프랑스 대통령 선거 1차 투표에서 극우파 정당인 국민전선의 장 마리 르펜은 사회당의 조스팽을 누르고 결선 투표까지 올라갔다. 인종 차별주의자 르펜은 지단을 비롯해 데사이, 비에라, 앙리 등 아프리카계 선수들을 대표 팀에서 몰아내야 한다고 주장하는 정치인이었다. 이에 샤를 드골에 견줄 프랑스의 영웅 지네딘 지단은 "나는 프랑스인이라는 것이 자랑스럽지만 요즘 일어나는 일은 전혀 만족스럽지 않다. 프랑스의 가치와 동떨어진 당에 투표하는 것이 가져올 심각한 결과를 직시해야 한다. 르펜에게 반대표를 던져야 한다."고 했다.

그는 기자회견에서 국민들에게 "르펜을 택할 것인가, 나를 택할 것인가." 물은 뒤 르펜이 당선된다면 2002년 월드컵에 출전치 않을 것이라 선언했다. 또 투표 기권율이 30%에 그칠 경우 매우 위험하다면서 투표에 나설 것을 촉구하고, 국민전선을 찍는 것은 매우 심각한 결과를 초래할 것이라 경고하기까지 했다. 극우 인종 차별주의자 르펜에 대항해 중도파와 좌파의 결집을 촉구한 것이다. 지단의 뒤를 이어 대표 팀 동료인 마르셀 데사이는 '르펜은 파시스트' 라고 비판했고, 로베르 피레는 지단과 마찬가지로 '르펜이 집권하면 월드컵에 불참할 것' 이라 발표하기도 했다. 이들뿐 아니라 럭비 국가 대표 팀도 극우파 집권 반대 운동에 동참했다.

2005년엔 프랑스에 거주하는 아프리카계 이주민들의 대규모 소요가 발생했는데 당시 도미니크 빌팽 총리는 이를 인종이나 계급의 문제가 아닌 치안 문제의 차원에서 접근했고, 당시 내무 장관이었던 니콜라스 사르코지 대통령은 '인간쓰레기' 라는 표현까지 썼다. 이에 대표 팀 수비수인 릴리앙 튀랑은 "나는 인간쓰레기가 아니다"면서 "정말 중요한 문제는 치안 부재가 아니라 실업"이라며 정부는 "이번 소요 사태에 참가한 사람들을 단순 폭도로 몰고 가고 있다"고 맹비난했다.

이들은 축구 대표 팀이 1998년 월드컵과 2000년 유러피언컵에서 연이어 우승하자 '톨레랑스' 를 외치면서도 실상은 허구적인 국민 통합에만 골몰하는 프랑스의 국가 정책을 정면으로 비판했다. 사회 문제의 본질은 외면한 채 시위 군중을 폭도, 인간쓰레기로 몰고 가려는 정부의 꼼수에 제동을 건 것이다.

스포츠는 사회를 반영하기에 스포츠 공간 역시 종종 투쟁의 공간으로 변모한다. 스포츠를 통해 억압하기도 하고 또 스포츠를 정치 도구로 활용하면서 평등과 통합을 가장하기에 체육인들은 저항한다.

지금은 아무렇지도 않게 보이는 여자 마라톤도 수십 년간 여자 선수들이 가부장제에 저항하고 투쟁한 결과물이다. 스포츠 선수들은 또한 체제에 저항하기도 한다. 테니스의 여왕 마르티나 나브라틸로바는 조국 체코의 사회주의 정권에 맞섰다. 당연한 것에 도전하기도 하고 포기를 거부하기도 한다. 알리는 "나는 당신들이 하라는 대로 하는 사람이 아"니라고 했고, 사이클의 랜스 암스트롱은 "나는 내 삶의 스타일에서나 옷을 입을 때나 사회에 순응하지 않는 편"이라고 했다.

물론 마이클 조던처럼 백인들의 품에 안겨 '백인 같은 흑인', '백인이 원하는 흑인'이 된 이도 있다. 그러나 어느 나라든, 어느 인종이든, 어느 종목이든 주변을 돌아보고, 변화를 꾀하고, 사회 정의를 추구하고, 때론 희생까지도 감내하는 체육인들이 있어왔다.

작금의 촛불 정국엔 많은 유명인들이 함께하고 있다. 많은 가수, 배우, 영화인 들이 자신의 블로그에 광우병 쇠고기 문제에 대한 의견을 올리기도 하고, 촛불 문화제에 참가해 자신들의 생각을 밝히고 있다. 세상은 이렇게 함께 만들어가는 것이다.

그러나 체육인, 스포츠 스타는 얼씬도 하지 않는다. 선수도 없고 감독도 없다. 너무 바쁘셔서들 그런가. 너무 귀한 몸이라서 그런가. 원래 이쪽이 보수적이긴 하지만 그래도 어떻게 단 한 명의 목소리도 들리지 않는가. '스타' 중에서도 '스포츠 스타'는 예외로 쳐야 하는 것인가. 체육인들은 언제까지 남들이 만들어놓은 세상을 즐기기만 할 것인가.

지금의 문제는 다름 아닌 쇠고기 문제다. 쇠고기. 운동선수들 힘낼 때 먹는 게 쇠고기 아닌가. 열심히 뛰어 승리하고 메달 따려면 쇠고기는 필수 아닌가. 운동선수에게 먹는 것만큼 중요한 것이 또 있을까. 태릉 선수촌엔 한우만 골라 들여보낼 자신이 있어서 그런가. 선수들은 내장 안 먹어 문제가 없는 것인가. 아, 그리고 힘낼 때 보양식은 꼬리 아니던가, 소꼬리. 꼬리곰탕 없이 어떻게 금메달을 딸 것인가. 그런데도 광우병 걱정은 도통 안 하는가. 혹, 미친 소 먹고 '미친 듯' 달려서 메달 따려는 것은 아닌가 말이다.

사실 이 모든 게 이들을 세상과 단절시킨 채 운동만 시킨 우리 선배들 문제이긴 하다. 하지만 지금이라도 늦지 않았다. 우리나라의 스포츠는 바뀌어야 한다. 더 자유로워야 하고 더 발랄해져야 한다. 그리고 세상을 둘러볼 줄 알아야 한다. 그래서 자신의 소신과 신념에 따른 자신의 발언을 해야 한다. 조직이 요구하는 '금기'를 깨고 나와야 한다. 한국 사회의 미래에 관심을 갖는 박지성, 친구들과 함께 청소년 문제에 대해 고민하는 김연아, 사회적 약자에 대해 발언하는 박태환, 물 대포에 맞서 시위대의 선봉에 선 최홍만……. 이런 그림을 기대한다면 무리일까.

로이스터, '통' 했는가

2008년 10월 11일 롯데와 삼성의 준플레이오프 3차전이 결국 롯데의 역전패로 끝나면서 시즌 내내 맹렬하게 달리며 한국 프로 야구의 구세주로 등장했던 롯데의 2008년은 아쉽게도 일찍 막을 내려야 했다. 그런데 경기 종료 후 승자와 패자의 희비가 엇갈리는 가운데 로이스터 감독을 찍은 사진 한 장이 뇌리에 선명하다. 아마도 대구 구장까지 와서 열심히 응원해준 팬들에게 박수를 보내는 모습을 찍은 것으로 보이는 이 사진은 '감독 로이스터'를 함축하는 듯하다. 'No Fear(두려워하지 말라)'라는 문구가 새겨진 유니폼을 입고 눈물을 흘리는 그의 모습. 너무나 대비되는 'No Fear'와 눈물. 그러나 이게 바로 '로이스터 야구'다.

그가 롯데에 부임하면서 강조한 말은 바로 두려워하지 말라는 것이었다. 그는 주눅 든 선수들에게 경기 중의 실수를 질책하지 않았고, 공격적 플레이를 시도했다면 실수를 하더라도 그의 플레이를 칭찬했다. 그러는 사이 롯데 선수들은 바뀌어갔다. 오자마자 훈련량도 확 줄였고 자율 야구를 강조했다. 처음엔 선수들이 불안해 할 정도였다. 그러나 로이스터는 선수들을 믿었다. 한두 번 실수했다고, 나쁜 결과가 나왔다고 선수들을 나무라거나 내치지 않았다.

시즌 초 임경완이 마무리 투수의 역할을 제대로 못해 말들이 많았을 때에도 고집스럽게 그를 마운드에 올려 보냈다. 준플레이오프에서 조성환이 혼자 죽 쑤고 있을 때에도 그 흔한 타순 조정조차 없었다. 다른 감독 같았으면 급한 마음에 3번 타자 조성환을 하위 타선으로 보내고 6번 강민호를 상위 타선으로 올려 보냈을 것이다. 또 그는 정말 놀라울 정도로 선수들을 칭찬했다. 그가 롯데 돌풍의 주역이 되면서 수많은 인터뷰를 했지만 단 한 번도 선수들을 탓하는 발언을 하지 않았다. 선수들에게 향하는 비난의 화살을 잘라버리며 보호했고 항상 그들의 장점만을 강조했다.

© OSEN

2008년 10월 11일, 삼성과의 준플레이오프 3차전에서 패배한 뒤 응원해준 롯데 팬들에게 박수를 보내는 로이스터 감독.

히딩크와 로이스터의 리더십을 비교하는 것도 의미 있을 듯하다. 우선 히딩크와 로이스터의 공통점은 그들의 고집이다. 두 사람 모두 이방인이기에 국내파 감독들의 질시를 받았고, 훈련 방법, 경기 운영과 관련해서도 비난이 끊이지 않았다. 2001년 언론은 히딩크를 낙마시키려고 작심하고 그를 '오대영'이라 부르며 끈질기게 시비를 걸었다. 로이스터에게도 우리나라에서 미국식 야구는 맞지 않는다는 이른바 '야구 전문가' 들의 조소 어린 비평이 계속되었다. 이런 분위기로 인해 처음엔 롯데 선수들조차 그들의 감독을 못미더워했다. 특히 로이스터가 대표 팀 감독도 아닌 프로 구단의 첫 외국인 감독으로 부임하게 되자 일자리를 빼앗긴 국내 야구인들의 불만은 상당했다. 미국은 메이저 리그만 30개의 감독 자리가 있고 일본 프로 야구는 12개가 있지만 한국은 8개 밖에 없는 상황에서 혹 그가 성공하면 실직자 신세가 될 국내파 감독이 더 늘어날 수 있기 때문이다. 그래도 로이스터는 뚝심으로 밀어붙여 롯데를 전혀 다른 팀으로 만들었다.

또한 항상 목표를 높게 잡는 것도 이들의 공통점이다. 줄기찬 동기 부여다. 한국이 월드컵 8강에 진출하자 많은 이들이 8강이니 됐다, 4강은 좀 미안(?)하지 않겠느냐며 '다~ 이루었다' 는 분위기가 지배적이었지만 히딩크는 오히려 "I'm still hungry(나는 아직도 배고프다)."고 받아쳤다. 로이스터 역시 롯데의 플레이오프 진출에 만족하지 않느냐는 이야기가 나오면 항상 '우리 목표는 우승' 이라고 일축했다.

또 다른 공통점은 이름값에 연연하지 않고 신인들을 선발하는 데 주저함이 없다는 점, 그리고 그들의 실력을 '확' 키워버린 점이다. 2002년의 박지성, 이영표, 설기현, 이천수, 송종국, 김남일이 그랬다. 2008년엔 장원준, 강영식, 김주찬, 이인구, 박기혁, 손광민, 김이슬이 그랬다. 그 결과 롯데의 팀 타율은 0.282에 팀 방어율은 3.68이다. 전체 구단 중 각각 1, 2위 성적이다.

물론 이들 둘은 다른 점도 있다. 로이스터 역시 히딩크와 마찬가지로 카리스마를 보여줬지만 조금 다르다. 히딩크 부임 당시 많은 사람들은 이동국이 없는 공격진은 '앙꼬 없는 찐빵' 이라 생각했지만 히딩크는 그를 가차 없이 내보내버렸고, 이에 겁먹은 '긴 머리 소년' 안정환은 머리를 짧게 볶아버리고는 외제 차를 집에 두고 트레이닝 센터로 걸어 들어갔다. 이렇듯 히딩크의 카리스마가 강력한 권위주의적 카리스마라면, 로이스터의 카리스마는 온화한 카리스마라 할 수 있다.

히딩크는 부임하자마자 체력 훈련을 강조하고 기록을 측정, 비교해 긴장감이 흘렀지만, 로이스터는 오자마자 자율 훈련을 실시하고 즐거운 훈련 분위기를 조성했다. 선수들의 가족 이름까지 외우려 했고 오늘 간식은 누가 살 차례냐며 선수들과 직접 소통하고 어울렸다. 물론 만날 잘해주기만 해서야 되겠는가. 그는 선수들의 자세가 마음에 들지 않으면 경기 중 선수들을 집합시켜 쓰레기통을 걷어차기도 하면서 다그치기도 했다. 그러나 이 역시도 특정 선수를 향했다기보다는 팀 전체의 분발을 끌어내려는 충격 요법, 다른 말로는 '쑈'였다.

히딩크는 선수들을 통제했고 때론 냉정했지만, 로이스터는 선수들을 믿었고 온화했다. 이러한 차이는 당연한 것이다. 히딩크의 경우엔 각자 최고로 잘났다고 목에 힘이 잔뜩 들어가 있는 국가 대표 축구 선수들을 다뤄야 했고, 로이스터는 오랜 세월 '꼴데'(꼴찌 롯데)라 불리며 '밑바닥 생활'에 주눅이 든 롯데 선수들을 다뤄야 했기 때문이다. 두 사람은 자신이 이끌어야 할 팀을 잘 이해했고 거기에 적절한 리더십을 채택한 것이다.

하지만 준플레이오프에서 예상 밖 3연패로 롯데가 탈락하자, 요 며칠 사이 많은 야구 전문가들이 '스몰 볼'을 잘 모르고 데이터 야구를 무시하는 야구의 한계라며 로이스터를 열심히 씹고 있다. '정규

시즌대로' 준플레이오프를 대하는 '무대책 야구' 로는 롯데가 질 수 밖에 없고, 또 그 '고집' 을 버리지 않으면 내년 전망도 어둡다고까지 한다. 롯데가 시즌 중에 신나게 달릴 때는 그를 찬양하는 기사만 쓰다가 한 시즌 126경기의 결과는 다 어디로 보내버렸는지 세 경기만 가지고 별 소설을 다 쓴다. 로이스터가 '준비' 를 안 했다는 말까지 등장하던데 도대체 전력이 앞서는 팀인데 왜 팀 구성을 뒤죽박죽으로 만드는 그런 '준비' 를 해야 하나. 어떻게든 조그만 가능성이라도 찾아내 작전을 건다는 의미의 '준비' 는 열세에 놓인 팀이 하는 거다.

롯데의 3연패는 한마디로 운이 따르지 않은 탓이다. 올림픽 직후 슬럼프에 빠졌던 롯데가 시즌 후반 11연승을 거둔 것 역시 당시엔 운이 따랐기 때문인 것처럼 말이다. 선동렬 감독과의 벤치 싸움에서 졌다는 얘기가 많이 나오는데 역시 동의하기 힘든 이야기다. 스몰 볼과 빅 볼의 차이는 기본적으로 이런 거다. 스몰 볼은 감독이 자신의 능력으로 경기를 이기려 들 때 등장하게 된다. 당연히 선수들의 실력이 못 미더운 감독이 시도한다. 반면 빅 볼은 선수들의 능력으로, 선수들로 하여금 이기게 한다. 우리나라의 경우는 일본 야구의 영향도 있지만 또 오랜 세월 감독이 무소불위의 권력을 휘두르는 환경이 지속됐기에 스몰 볼에 익숙하고 빅 볼은 어색하다. (사실은 모르는 거다.) 특히 이기면 감독 탓이고 지면 선수 탓으로 돌리는 한국 야구의 오랜 관행은 감독으로 하여금 스몰 볼을 더욱 애용하게 만드는 텃밭이 됐다.

몇몇 야구인들 역시 단기전은 데이터 야구에 기반 한 스몰 볼이어야 한다고 이야기하는데 기억을 한 번 더듬어보시라. 실력이 뒤지는 팀이 변칙 위주의 스몰 볼로 성공한 사례가 머릿속에 강렬하게 남아서 그렇지 결국 원래 실력대로 판가름 난 경기가 훨씬 더 많다. 감독이 자꾸 작전 걸면 성공한 확률은 얼마나 될까. 김인식 감독은 자서전에 이렇게 썼다. "진 경기를 감독이 이기게 하는 경우는 드물지만, 감독 때문에 다 이긴 경기가 뒤집히는 경우는 숱하게 봤다."고 말이다. 또 '자율 야구', '신바람 야구'로 'LG 신드롬'을 일으키며 우승을 차지한 이광환 감독이나 이른바 '휴먼 야구'로 WBC에서 미국, 일본을 연파하며 돌풍을 일으킨 김인식 감독의 경기 운영 방식이 김성근, 선동렬 감독의 그것보다 쳐지겠는가.

나는 당신이 지금 이 순간 던질 질문을 알고 있다. 한국 야구가 철저한 스몰 볼로 미국, 일본을 이긴 것은 뭐냐는 것 말이다. 그걸 몰라서 묻는가. 그쪽 선수들 중엔 올림픽 출전에 시큰둥하거나 부상 염려하며 '살살' 뛰는 선수들이 상당수다. 그렇다면 한국 선수들은? 걱정 마시라. 죽을힘을 다해 뛴다. 병역 면제를 위해. 지면 군대 간단 말이다. 박찬호는 1998년 아시안 게임에서 어깨도 안 좋았는데 사력을 다해 던져 자기 문제 스스로 해결했고, 올해 베이징에서 이승엽이 대회 중반까지 부진으로 인해 극도의 스트레스를 받은 것도 다 군 면제 대상 후배들 때문이었다. 기억나는가. 그가 역전 홈런 소감을 묻는 취재진의 카메라 앞에서 눈물을 펑펑 쏟았던 것을 말이다.

이번 준플레이오프를 보자. 많은 이들은 롯데 타자들이 삼성 투수를 공략하는 데 실패했기 때문에 3연패를 했다며 타자들 이름까지 거명하고, 또 단기전의 특수성을 모른다며 로이스터의 한계를 지적했다. 참으로 황당무계한 해석이다. 롯데 타자들은 제대로 쳐냈다. 삼성을 상대로 1차전 9안타, 2차전 12안타, 3차전 9안타를 쳤다. 아쉬운 점은 그러는 동안 3점, 3점, 4점 밖에 얻지 못했는데 삼성은 19안타에 12점, 9안타에 4점과 6점으로 타격에서 집중력을 보였다는 점일 것이다.

롯데의 결정적 패인은 선발 투수진이 무너진 것이다. 사실 점수는 선발 투수진이나 불펜 투수진이나 구별 없이 내줬지만 5회를 버틴 선발 투수가 한 명도 없었다는 것이 첫 번째 결정타였고, 두 번째 결정타는 준플레이오프 들어 갑자기 '볼넷 공장'이 돼버린 것이다. 1차전 7개, 2차전 8개, 3차전 9개로 모두 24개의 사구를 내줬다. 로이스터의 말대로 사구를 이렇게 내주면 그 누구도 이길 수가 없다.

얼마나 동의할지 모르겠지만 또 하나의 결정적 요인은 선수들의 긴장인데 특히 (올해 롯데 돌풍을 이끈 본인에겐 좀 미안한 이야기지만) 경기 전 기자 회견에서 조성환이 한 발언이다. 롯데 주장인 그가 "많이 긴장되지만 내일 경기에서는 절대 긴장하지 않겠다"고 말하자 삼성 주장인 진갑용이 "막상 경기에 들어가면 엄청나게 긴장될 것"이라며 "나는 매년 큰 경기를 해왔기 때문에 자신 있다"고 선방을 날린 것이다. 진갑용의 재치는 둘째 치고 조성환은 주장으로서 그런 얘기를 사석에서도 해서는 안 된다. 물론 선수단의 평균적(?) 긴장도는 무려 8년 만에 포스트시즌에 진출하는 롯데가 당연히 높았을 것이다. 그렇다 하더라도 롯데 선수들은 기세 등등 준플레이오프에 진출했고 결전의 날을 기다렸을 텐데 조성환의 이 발언은 선수들의 긴장감을 증폭시키는 작용을 한 것이다. 아니, 모르던 긴장감을 알게 해준 꼴이었다. 선수들은 이 둘 간의 대화를 곱씹게 마련이고 그렇게 되면 긴장은 자동화(?)된다. 롯데의 선발 투수진이 초반부터 헤매고 특히 제구력 불안으로 사구를 남발한 것은 스포츠 심리학에서 이야기하는 초킹(choking: 숨 막힘 또는 목 메임. 경쟁 상황에서 지나친 긴장으로 제 기량을 발휘하지 못하는 상태를 뜻함.) 상태에 들어간 게 아닌가 싶다. 축구의 페널티 킥에서 골키퍼보다 키커가 더 부담을 갖듯이 야구에서도 타자보다는 투수가 더 긴장하게 마련이기 때문이다.

'패인'이라고 하긴 그렇지만 또 하나 잊을 수 없는 사실은 이해하기 힘든 롯데의 홈경기 성적이다. 원정 경기 성적은 37승 26패인데 반해 홈경기는 32승 31패라는 점은 프로 야구단의 성적으론 생각하기 힘든, 어쩌면 있을 수 없는 성적이다. 특히 플레이오프에서 홈경기는 무조건 이겨야 한다. 미국의 경우 NBA 플레이오프나 월드 시리즈의 최종전 7차전까지 가는 접전이라면 대부분 홈경기를 네 번 하는 팀이 홈경기만 쓸어 담아 승리하게 마련이다. 일본도 다르지 않을 것이다.

그런데 롯데가 원정에서 더 힘을 내고 홈 승률이 반타작에 그치는 이유는 무엇일까. 나는 롯데 팬의 너무나도 열광적인 응원을 한 번 생각해본다. 선수들 중엔 경기에 집중하기 위해 인스턴트커피 다섯 봉지를 (한꺼번에 털어 넣어) 단번에 쭈욱 들이키고 나서는 이도 있다. 이렇듯 선수들은 절정의 집중력이 절실한 상황인데도 롯데 팬들은 타석에 들어서는 모든 롯데 선수에게 응원가를 사직 야구장이 떠나갈 정도의 앰프 반주에 실어 보낸다. 사직 구장을 두고 지구상 최대의 노래방라고 하는데, 이는 관중들의 스트레스 해소를 위해서는 '딱'이겠지만 선수들에겐 그다지 도움이 되지 않는다. 도를 넘는 응원이다. 과유불급이란 이런 게 아닐까. 기계까지 동원해 응원하는 것은 그렇지 않아도 예민해져 있는 선수들이 경기에 집중하는 것을 방해하고 오히려 경기력을 끌어내리는 역할을 할 수도 있는 것이다. 외국의 경우도 경기 막판 결정적인 순간쯤 돼야 관중들이 박수와 함성을 보내는 정도이지 대부분의 경우 노래를 부르지도, 거기에 앰프를 사용하지도 않는다. 아마도 일본이 노래와 구호를 좀 활용할 것이다. 이렇듯 외국은 물론 국내 타 구단도 '어쿠스틱 응원'을 하는데 롯데는 유난히 '일렉트릭 응원' 을 한다. 절박한 순간에 앰프 소리에 맞춰 3만 명이 온 힘을 다해 노래를 부르면 선수는 정신없다.

나는 로이스터가 어떤 비판에도, 어떤 스몰(?)스러운 기사에도 흔들리지 말고 2008년과 같은 운영 방식으로 롯데를 이끌었으면 한다. 당장의 성적에만 급급해 선수 육성은 물론이고 부상 선수 관리도 제대로 안 하는 한국 야구에 제대로 된 팀 재건Rebuilding이 무엇인지 한 수 가르쳐줬으면 하는 바람이다. 사실 야구뿐 아니라 프로 스포츠를 통틀어 한국에서 프로 구단다운 운영의 가능성을 가진 팀은 롯데뿐이다. 부산시와의 조화가 어느 정도 잘 이루어질지가 관건이겠지만 한국 스포츠 최초의 상품다운 상품이 될 가능성을 지닌 구단이다. 롯데는 지금까지의 '짠돌이 구단' 이라는 오명을 억울해 하지만 말고 롯데를 한국 최고의 프로 구단으로 만들어야 한다.

여기에 성적까지 따라주면 금상첨화다. 젊은 선수들이 일취월장했고 새로 합류한 홍성흔이 제몫만 해주면 롯데는 우승 전력이다. 조성환은 우승 팀 주장이다.

‘타이거-오바마네이션’의 탄생

미국 사회에서 ‘흑인됨being black’이란 때론 모호하다. 인종적으로 혼란스러우면서도 때론 희미하게 묘사되는 흑인의 개념은 스파이크 리의 1989년 영화 《똑바로 살아라Do the right thing》가 잘 보여주고 있다. 문제의 장면은 무키(스파이크 리가 연기한 흑인 피자 배달원)가 피노(이탈리아계 피자집 주인의 아들)가 가진 흑인에 대한 편협하고도 모순된 태도를 놓고 그와 설전을 벌이는 장면이다.

무키: 피노, 네가 좋아하는 농구 선수는 누구야?
피노: 매직 존슨.
무키: 네가 좋아하는 영화배우는?
피노: 에디 머피.
무키: 네가 좋아하는 록 스타는 누구야? 프린스, 맞아, 너 프린스 팬이지.
(……)
무키: 피노. 너는 만날 말만 했다 하면 ‘이 깜둥이nigger’, ‘저 깜둥이’ 그러는데, 네가 좋아하는 사람들은 모두가 다 ‘깜둥이’

들이잖아.

피노: 이건 달라. 매직, 에디, 프린스는 '깜둥이'가 아니야. 내 얘긴, 그들은 흑인이 아니야. 내 말은, 내가 다시 설명할게. 그들은 완전히 흑인은 아니야. 내 얘긴, 그들은 흑인이야. 그렇지만 그들은 정말 흑인은 아니야. 그들은 흑인 이상이야. 이건 달라.

무키: 달라?

피노: 그래, 내겐 달라.

미국 사회의 인종적 잣대는 이렇듯 다중적이다. 노스이스턴대의 앨런 클라인 교수는 마이클 조던, 타이거 우즈, 알렉스 로드리게스 같은 유색인 슈퍼스타들이 사실 인종적으로는 중립이라고 주장하기도 했다. 미국의 백인들은 흑인이 자신이 흑인임을 노골적으로 내세우지 않고 백인의 취향과 생활 습관을 실천한다면 그를 받아들이고 '화이트 아메리카'에 편입되는 행운을 선사하는 것이다.

OJ 심슨은 NFL 역사상 최고의 러닝 백으로 은퇴 후 영화배우, 광고 모델 등 만능 엔터테이너로 활발하게 활동했던 인기인이었다. 1994년 여름엔 전처와 그 남자 친구를 살해한 후 LA 고속도로에서 경찰과 벌인 추격전과 이어진 형사 재판에서의 무죄 판결 등으로 미국 사회를 들끓게 했던 인물이기도 하다. 그런 그의 선수 생활 중 벌어졌던 상황은 미국 사회의 인종적 이중성을 명백히 드러낸다.

1970년대 후반 버펄로 빌스 선수 시절, 흑인인 그는 동료 흑인 선수 두 명과 함께 온통 백인뿐인 파티에 참석했다. 술에 취한 백인이 파티에 등장한 그들을 보고 내지른 말이 절묘하다. "저거 좀 봐! OJ

잖아! 근데 쟤 지금 저 '깜둥이' 들이랑 뭐하는 거야?" 유색 인종 스포츠 스타들은 이런 식으로 그들의 정체성을 넘나들게 되는 것이다.

전통적으로 흑인들에 대한 묘사는 지극히 인종 차별적이었다. 지저분하고, 게으르고, 위협적이고, 폭력적이고, 무절제하고, 비이성적이며, 비도덕적이라는 단정적 인식 외에도 관능적, 이국적, 호색적, 비정상적 과다 성욕, 동물적인 운동 감각 등 흑인에 대한 우리의 편견은 이들의 인간성을 왜곡시키는 것뿐이었다.

그런데 이들이 미국인(백인)의 '동의' 를 얻고 '선택' 을 받아 주류 사회에 편입하기 위해서는 이러한 인종적 편견과 단절해야 했지만 그 편견이 워낙 뿌리 깊기에 결국 '흑인됨' 자체와의 단절 외에는 방법이 없었다. 결국 자신의 정체성을 부인하는 것이 '아메리칸' 이 되는 거의 유일한 통로였던 것이다.

1945년 재키 로빈슨이 인종의 벽을 허물고 최초로 메이저 리그 브룩클린 다저스에 입단한 이후 많은 흑인 선수들은 백인이 원하는 방식으로 스스로를 재구성했다. 그 정점에 있는 인물이 바로 마이클 조던이었다. 당시 화목한 '미국적 가정All-American Family' 의 가장으로서 친절하고 신사적인 모습만을 보여줬던 조던은 대다수 백인들의 우려나 불편함 없이 미국의 주류를 이루는 중산층 와스프WASP: White Anglo-Saxon Protestant의 지지와 인기를 얻을 수 있었다.

'흑인' 이 아닌 '아메리칸' 의 모습만을 보였던 그는 '백인 조던' 으로서의 면모를 완성하면서 백인이 원하는 아이콘이 됐다. 그 덕에 그는 온갖 광고에 출연했는데 특히 어린이가 주 고객인 맥도날드와 휘티스 시리얼 광고, 주부가 대상인 볼파크 소시지 광고에까지 출연했고, 백인이 주 고객일 뿐 아니라 광고 모델의 외모나 피부색에 꽤나 예민할 수밖에 없는 헤인즈 속옷 광고의 모델이 되기도 했다. 흑인이 미국 사회에서 성공하기 위한 전제 조건이 바로 인종적 중립이고 결국엔 '백인 같은 흑인'이 되는 것이었다.

담론의 차원을 '흑인 차별'에서 한 단계 높인 이가 바로 타이거 우즈였다. '다인종', '문화적 다양성'으로 초점이 전환된 것이다. 흑인 아버지와 태국인 어머니를 둔 그는 1996년 스탠포드 대학을 중퇴하고 프로로 전향하자마자 골프계뿐 아니라 미국 사회의 영웅으로 부상했다. 그렇다면 그를 미국의 영웅으로 만든 '성분', '타이거 열풍'의 주성분은 무엇이었을까. 물론 그의 엄청난 경기력이 그의 인기의 전제다. 그러나 경기력만으론 골프 영웅은 될지언정 미국의 영웅은 될 수 없다.

타이거 우즈 열풍의 핵은 바로 혼란스러우리만치 복잡한 그의 인종적 계보다. 피가 많이 섞이면 섞일수록 미국인들은 호들갑을 피우며 열광한다. 미국인들의 '원죄' 때문이다. 이제 인종 차별 없는 미국, 능력 사회 미국, 희망의 나라 미국을 증명하기 위해서라도 열광해야만 한다. 미국의 '영웅 만들기'가 제대로 작동할 수밖에 없다. 그리고 그를 부자로 만들어줘야만 했다.

타이거 우즈 열풍으로 미국이 들썩이는 가운데 그의 첫 번째 TV 광고가 나왔다. 나이키의 '헬로, 월드' 광고였다. 여덟 살 때 70대 타수, 열두 살 때 60대 타수, 열다섯 살에 US 주니어 아마추어 우승, 역사상 유일한 US 아마추어 3연패 등 경이적 경기력을 스스로 소개하곤 그는 갑자기 "미국엔 아직도 제 피부색 때문에 들어갈 수 없는 골프장이 있습니다. 여러분은 저를 맞을 준비가 되어 있습니까?"라는 도발적 질문을 던진다. 적어도 겉보기에는 미국 사회에 대한 노골적 도전이다. 그러나 사람들은 우즈가 5년간 4,000만 달러라는 떼돈을 선물한 나이키의 품에 안겼다는 사실을 잘 알고 있었다. 이 광고는 우즈의 분노를 오히려 자유로운 의사 표현이 가능한 미국, 다양성의 나라 미국, 진보와 평등으로 진군하는 미국을 확인시키는 증거로 전환시켜버렸다. 이미 엄청난 부자가 된 우즈가 당당하게 시청자를 응시하며 던지는 이 질문은 오히려 많은 미국인들을 자랑스럽게 했을 것이다. "뭐! 아직도 그런 데가 있어?" 하는 반응과 함께.

그러나 나이키가 유색인 우즈를 활용해 골프 시장을 공략하기는 쉽지 않았다. 결국 나이키는 골프 산업의 모든 것을 결정하는 백인 중산층 골프 애호가에게 어필하기 위해 (중가 의류 브랜드) 갭보다는 아르마니에 가까운 고급 브랜드 이미지 구축에 주력하게 된다.

이후 언론이나 광고에 등장하는 우즈의 모습에서 그 어떤 저항성도 발견할 수 없었다. 필드에서도 보수적 옷차림을 유지했다. 완전히 백인 사회에 귀순(?)한 모습이었다. 동시에 그는 미국의 다인종, 다문화, 다원주의의 상징으로 활용됐다. 급기야 1997년 오프라 윈프리는 그녀의 토크 쇼에서 타이거 우즈를 옆에 앉혀놓고 그가 미국 사회 인종적 다원주의의 살아 있는 증거임을 강조하며 '미국의 아들America's son' 이라고 선언한다.

윈프리: 이제 정리해볼까요? 당신은 스스로를 어떻게 부르겠습니까? 아프리카계 미국인이라 하나요? 저는 당신이, 당신의 아버지가 반은 흑인, 4분의 1은 중국인, 나머지 4분의 1은 아메리칸 인디언이고, 당신의 어머니는 반은 태국인, 4분의 1은 중국인, 4분의 1은 백인이라고 알고 있어요. 그렇다면 당신은, 바로 그 때문에 미국의 아들인거죠.

우즈: 그렇습니다.

윈프리: 당신은 미국의 아들이에요.

우즈는 그의 세 번째 나이키 광고에서 순종적이다 못해 굴복에 가까운 모습을 보이게 된다. 한층 더 경건하고 겸손해진 "나는 행운아입니다I'm lucky" 광고에서 그는 "(벤) 호건도, (샘) 스니드도, 잭 (니컬러스)도 알고 있죠. 내가 행운아라는 사실을 …… 내가 가진 모든 것은 골프 덕분에 얻은 것이고, 그렇기 때문에 나는 행운아입니다."라고 고백한다. 인종 차별이 극심했던 시대 백인들만의 귀족 스포츠였던 골프, 그리고 당시 최고수 백인 골프 선수들에게 존경을 표하며 우즈는 백인 사회로 '귀화' 한 것이다. 2000년 나이키는 우즈에게 5년간 1억 달러의 재계약을 선물한다.

결국 저항적 출신 배경을 잠재적으로 가지고 있던 우즈도 이러한 방식으로 기업 자본주의의 힘에 의해 그 잠재적 저항성마저 거세당하게 된다. 뿐만 아니라 대중 매체의 상투적 조작을 통해 '미국의 아들' 이 되었고 그의 업적은 자연스레 '미국의 업적' 으로 연결된다. 나이키의 이미지 조작에 의해 인종 차별의 현실이 역설적으로 '인종 초월의 능력 중심 사회' 라는 미국의 허상에 권위를 부여하게 된 것이다.

흑인이 화이트 아메리카에 귀순하여 '축복받은 미국' 의 상징이 된 가장 극적이고 감동적인 장면은 무하마드 알리가 올림픽 성화에 점화하는 순간이었다. 1996년 인종 차별의 본고장인 미국 남부 애틀랜타에서 열린 올림픽 개막식의 스타는 알리였다. 30여 년 전 미국을 백인이 지배하는 인종 차별 국가라며 비난했던 그는, 백인들의 종교라며 기독교를 거부하고 무슬림으로 개종했을 뿐 아니라 노예의 이름인 '캐시어스 클레이'를 버리고 '무하마드 알리'로 개명한 인물이다. 또 베트남전에 징집됐지만, 무고한 흑인들을 사지로 내몰고 베트남 양민을 학살하는 전쟁에 가느니 "행복하게 감옥에 가겠다"며 참전을 거부한, 20세기 미국 사회에서 가장 논쟁적 인물이다. 조던이나 우즈처럼 백인 사회에 순응했던 인물이 아니었다.

그런 알리가 성화를 점화하자 어느 평론가는 "한 세대 전 (마틴 루터) 킹이 꿈꾸었던 세계가 모든 관중의 눈앞에 되살아났다"고 썼고, 알리가 무슬림 이름으로 개명한 후에도 이를 인정치 않고 수년간 '캐시어스 클레이'라 불렀던 『뉴욕 타임스』는 "완벽한 감동"이라 평했다. 흑인인 애틀랜타 전 시장 앤드류 영은 무하마드 알리가 성화를 점화하자 "알리의 존재야말로 힌두교도, 무슬림, 가톨릭교도, 유대교도 모두가 손에 손을 잡고 있다는 상징"이라며 감격스러워 했다.

이때야 말로 미국인들이 감동해야 할 '타이밍'이다. 여기서 감동하지 않으면 미국 사람 아니다. 여기엔 공식(?)이 있다. 우선 이 감동은 알리가 한평생 저항한 흑인이었기에 가능한 것이지만 동시에 그가 지금은 나이 들고 파킨슨씨병에 걸려 몸조차 가누기 어려워진 '안전한' 알리이기에 미국인들은 그가 등장하면 안심하고(?) 열심히 박수를 칠 수 있다. '원죄'가 생각나기에 더욱 열심히 쳐댄다. 유명한 흑인, 성공한 흑인은 미국의 자부심이자 상징이다. 올림픽 개막식장을 가득 메웠던 백인들의 박수는 그래서 감동적이면서도 정치적인 것이다. '정치적 감동'이자 '정치적 박수'다.

수백년에 걸쳐 흑인이 떠안아야 했던 질곡의 역사는 21세기 들어 신기원을 열게 된다. 이제 정치적 담론이나 허구가 아닌 새로운 현실과 질서가 탄생한 것이다. 바로 미합중국 제44대 대통령 버락 오바마.

오프라 윈프리는 오바마의 가족을 '미니 유엔' 이라고 칭하기도 했다. 케냐인 아버지와 백인 어머니, 그리고 어머니가 인도네시아인과 재혼해 낳은 인도네시아인 동생을 둔 오바마. 그는 미국 시민권도 없는 아버지를 둔 전무후무한 대통령 후보였고, 과연 이 시점의 미국에서 흑인 대통령이 가능하겠냐는 의문도 많았다. 그러나 최근 미국의 상황에서 오바마가 민주당 대통령 후보로 등장하는 순간 이미 그는 대통령이 된 것이나 마찬가지였다. 여기에도 하나의 공식이 작동하고 있다. 바로 〔미국의 '원죄' + '백인' 오바마 = 흑인 대통령〕이라는 공식 말이다.

우선 오바마 당선은 미국의 '원죄' 가 작용한 결과다. 그를 외면하고 매케인을 대통령으로 선택하는 순간 미국은 또다시 화이트 아메리카의 '본색' 이 폭로될 것이고 세계인들의 냉소와 질타를 받게 될 것이라는 불안감이 미국인들의 마음 한구석에 자리하고 있지 않았을까. 그래서 오바마 당선 뒤에 온 세계가 칭찬과 부러움의 눈길을 보내는 걸 보고 미국인들은 스스로 안도하며 대견해하지는 않았을까.

다른 한편, 오바마 부부는 끊임없이 '화이트 아메리카' 에 대한 그들의 충성심을 증명했다. 성인이 된 뒤 처음으로 애국심을 느꼈다는 아내 미셸의 발언이 '논란' 을 일으키기도 했지만 이도 얼마 가지 않았다. 일단 오바마의 어머니가 백인(!) 미인이었다는 점과 오바마와 미셸이 동부의 명문 사립대 컬럼비아, 하버드, 프린스턴을 나왔다는 사실은 꽤나 유효했던 '안전판' 이었다. '백인됨' 을 증명함으로써 오바마에게 그의 검은 피부색은 역설적으로 그가 대통령이 되는 데 일등공신 노릇을 한 것이다.

이번 미국 대선의 쟁점은 정서적으로는 이라크 전쟁이었고 현실적으로는 경제 위기였다. 그 덕에 역대 대통령 선거에서 늘 쟁점이 됐던 교육, 복지, 범죄 문제 등은 크게 부각되지 못했다. 그러나 엄밀히 말해 이라크전이나 경제 위기보다는 오바마의 피부색, 더 엄밀히는 과연 미국 최초의 흑인 대통령이 나올 것이냐에 관심이 집중되면서 다른 정치, 경제, 사회적 쟁점들은 폭발력을 잃어버렸다. 특히 휘발성 강한 논쟁거리로 역대 선거마다 모든 대통령 후보들에게 비수처럼 날아들었던 낙태와 동성애 문제는 이번 선거에서는 자취를 감춰버렸다. 특히 민주당 후보로서 상대적으로 진보적인 오바마는 자신의 피부색이 쟁점이 되면서 이러한 예민한 검증 과정을 피해갈 수 있었다. 게다가 피부색이 논란이 되면 될수록 부각되는 것은 오바마였고, 또 그러면 그럴수록 미국은 오바마를 거부할 수 없게 되는 연쇄 반응이 더 뚜렷해졌다. 일흔이 넘은 백인 매케인은 처음부터 적수가 되지 못했다.

오바마가 주장한 '변화Change'는 대세였다. 미국에는 인구의 12%를 차지하는 흑인과 14%를 차지하며 흑인을 훌쩍 뛰어넘은 히스패닉, 그리고 5%의 아시아인이 있다. 멕시코 음식인 나초를 찍어 먹는 살사 소스가 프렌치프라이를 찍어 먹는 토마토케첩 판매량을 월등하게 눌러버린 지 이미 오래다.

결국 미국은 시대의 흐름을 받아들여야 했다. 그럼에도 오바마 대통령의 당선을 가져온 미국인들의 선택은 다분히 '정치적' 선택이다. 우즈에 열광하고 알리에게 박수를 보냈던 것처럼 말이다. 그리고 이는 부시 8년간 이라크전이라는 골칫덩이 때문에 베트남전 이후 최대의 치욕을 경험한 백인들의 동의가 있었기에 가능한 것이다. 역시 '백인의 동의'가 있었기에 '미국의 선택'이 가능한 것이었다.

2부 — 금메달 뒤에 가려진 괴물의 얼굴

한국 야구가 '사고' 치는 이유

3년 전 1회 대회 당시의 광분을 넘어설 분위기다. 언론은 한국 팀의 승리를 찬양하는 기사를 마구 토해내고 있다. 특히 '외신' 이 많이 등장한다. 언론에 따르면, 외신들이 준결승 경기 결과를 '일제히 크게 보도했다' 는데 '한국 야구에 대한 놀라움이 곳곳에서 터져 나왔고, 한국 야구의 위용에 세계가 깜짝 놀라고 있다.' 고 한다. 세계가 경악했단다.

이럴 때가 바로 우리 언론에겐 '외신 배달 시즌' 이다. 지금 한국 언론에게 주어진 최고의 임무는 '외신 전하기' 가 아닌가 싶다. 한국 팀이 승리한 후의 기사는 대부분 그냥 '외신 짜깁기' 다. 문제는 짜깁기를 해도 꼭 일제 시대 신파극 조調의 짜깁기만 한다는 것이다. 뭐 그리 놀라고 경악할 일이 많은가. 그리고 경악을 해도 왜 꼭 '세계가 경악했다' 는 터무니없는 거짓말을 하나. 그냥 '미국 야구계가 참으로 놀랐다' 그러면 되지, 무슨 놈의 세계? 우리나라 언론은 이웃집 김씨가 놀라도 '세계가 경악했다' 고 하나?

한반도에 서구의 스포츠가 들어온 지 100년, 스포츠는 민족적 콤플렉스를 치유해주고 '자랑스러운 한국인' 임을 확인시켜주는 '집단 세례' 의 기능을 해왔다. 그런데 100년의 세월이 흐르는 동안 스포츠는 '이성의 영역' 에서 점점 더 먼 쪽으로 흘러갔다. 21세기 한국의 스포츠는 아직도 자기만족, 자아도취의 세계일 뿐 아니라 대중 마취와 집단 환상을 조장하는 대중 종교의 성전이고 집단 자위自慰의 집결지가 되어가는 듯하다. 대중문화를 아편에 비유한 학자들이 있는데 그렇다면 한국 사회에서 스포츠는 '국민 히로뽕' 이다.

마침 대회 기간 중에 미국에 있게 된 관계로 여러분께 이곳 현지 소식을 전할 수 있게 된 것을 매우 기쁘게 생각한다. 미국은…… 조용하다. 놀랐다는 사람도 아직 못 봤다. '경악' 했다는 그 '세계' 는 어느 동네에 붙어 있는 세계인지 잘 모르겠다.

WBCWorld Baseball Classic가 시작한 이후 꽤나 많은 이곳 사람들에게 물어봤지만 대부분은 그런 대회가 있다는 정도만 알지 뭐가 어떻게 돌아가는지 아는 사람은 드물다. (참고로, 내가 만나는 사람들은 대부분 스포츠와 관련된 사람들이다.) 궁금했다. 저녁 무렵 스포츠 바에 가봤다. 실내 여기저기에 TV가 열 개쯤 매달려 있다. 온갖 스포츠가 중계되고 있었지만 스포츠 바에서도 미국 대표 팀 경기가 아니면 WBC는 볼 수 없다.

참으로 궁금해졌다. 그래서 신문을 펼쳐 봤다. 미국 유일의 전국지이자 가장 대중적 신문인 『유에스에이 투데이USA Today』를 사서 스포츠 섹션을 펼쳤다. 스포츠 섹션만 무려 열 쪽이다. 그러나 WBC 기사는 딱 내 손바닥만 했다. 사진까지 포함해서. 지난 18일 미국이 푸에르토리코를 상대로 극적인 9회 말 역전승을 거둔 기사도 내 손바닥을 넘지 못했다.

그렇다면 미국의 야구팬들은 다르지 않을까. 애석하게도 야구팬일수록 WBC에는 관심이 없는 듯하다. 미국 야구팬이란 사실상 메이저 리그 팬인데 이들에겐 메이저 리그 팀들의 스프링 캠프만이 관심사이다. 미국 팀의 WBC 우승 여부보다 이번 시즌 뉴욕 양키스 중견수 자리를 누가 차지할 것인가가 더 중요한 것이다. 그래서 WBC 2라운드 경기 대부분의 관중 수는 같은 기간 진행됐던 스프링 캠프 시범 경기 관중 수(보통 1~2만 명)에도 못 미쳤다. 사실 현재 우리 언론이 인용하는 외신 기사들도 그중 상당수는 스프링 캠프 훈련지에서 쓰였을 것이다.

그런데 한국 팀이 결승에 진출하자 이런 '외신'을 전하는 기사들도 많이 보인다. '한국, 이렇게 강한데 왜 메이저 리그에서 뛰는 빅 리거가 한 명뿐인가' 하는, 매우 훌륭한 질문이다. 미국 팀은 전원이 메이저 리거이고, 한국 팀이 10 대 2로 바퀴벌레 잡듯 눌러버린 베네수엘라는 스무 명이 넘는다. 일본도 다섯 명인데 우리는 달랑 추신수 한 명이다. 그런데도 한국 팀은 항상 이긴다. 3년 전 WBC에서 4강이었고 작년 올림픽은 전승으로 우승했다. 어떻게 이게 가능할까.

© EPA/YONHAP

2009년 3월 21일, WBC 준결승 베네수엘라와의 경기에서 3점 홈런을 치고 그라운드를 도는 추신수 선수.

메이저 리거가 많을수록 강팀이 아니겠느냐는 생각은 WBC의 경우엔 정확하게 틀린 답이다. 메이저 리거들에게 3월은 몸을 만들어야 할 스프링 캠프 기간이다. 따라서 이들의 WBC 경기 출전은 스프링 캠프처럼 몸만들기의 기능을 동시에 수행해야 한다. 그래서 선수들은 절대 무리하지 않는다. 조금만 다쳐도 나머지 경기 전부를 포기한다. 메이저 리거가 가장 많은 미국 팀에 부상 선수도 가장 많은 이유가 사실은 이 때문이다. 특히 투수들은 자신의 몸 상태에 대해 엄청나게 예민하다. WBC가 투수들의 투구 수를 제한해 초등학교 야구 같은 희한한 규정을 만든 것도 메이저 리그 선수들을 배려한 것이다.

게다가 WBC에 출전하는 메이저 리그 선수들 중엔 불안하고 찜찜하게 대회 기간을 보내야 하는 선수도 있다. WBC 출전을 위해 소속팀 스프링 캠프에 불참한 사이 팀 내 포지션에 변동이 있을 수도 있고 또 트레이드될 수도 있는 것이다. 그래서 그들의 마음은 사실상 스프링 캠프에 가 있는 것이다.

사실 메이저 리그의 세계화를 위해 출발한 WBC는 정작 메이저 리그 구단들과 선수들에겐 애매한 존재다. 우선 선수들이 WBC 출전을 꺼리는데다 구단이 선수를 보내더라도 조건까지 내건다. 구단이 정한 포지션 외에는 출전을 못하게 하는 것이다. 그래서 추신수도 외야수로만 뛰게 되어 있다. 결론적으로 메이저 리그 선수들이 많을수록 그 팀은 강할 수 없다는 게 WBC의 현재 상황이다.

이제 메이저 리거 많은 게 도움이 전혀 안 된다는 것은 알겠는데 그렇다면 한국 팀이 이 강한 이유는 무엇인가. 한국 팀이 사고(?) 치는 원인은 도대체 무엇인가. 마침 눈에 들어오는 기사가 있다. 바로 '병역 면제 추진' 기사다. 작년에 왔던 각설이 죽지도 않고 또 오듯 한국 팀이 승리를 이어가자 '또' 병역 면제 이야기가 나오기 시작한 것이다. 2006년, 한국 팀의 WBC 4강 소식에 온 국민들이 정신없이 열광하자 그 틈을 타 잽싸게 법을 고쳐 출전 선수들에게 병역 혜택을 줬었다. 하지만 형평성 논란이 일었고 그래서 정부가 법을 원상 복귀시켜놓았던 것인데, 아니나 다를까 또 그 소리가 나오기 시작한 것이다. 이거다. '병역 면제'는 한국 야구 국가 대표 팀의 '존재의 이유'인 것이다.

스포츠는 분위기를 많이 탄다. 또 경기 결과에 무엇이 걸렸느냐는 매우 중요하다. 특히 육상, 축구, 복싱 등 경기 시간이 짧거나 정신없이 뛰어야 하는 종목보다 경기 시간이 길 뿐 아니라 정지 동작이 많아 '생각할 틈'이 많은 야구는 상대적으로 실력 이외의 요인이 많이 개입한다.

베이징 올림픽 야구 준결승에서 대회 기간 내내 극심한 부진에 시달렸던 이승엽은 일본을 상대로 8회 극적인 역전 홈런을 날려 승리의 일등공신이 됐다. 그런데 그간의 마음고생이 얼마나 심했던지 경기 직후 인터뷰에서 그는 울면서 간신히 말을 이어갔다. "그동안 후배들한테 너무 미안해서……." 국민한테 미안한 게 아니고 후배들한테 미안했단다. 그 후배들이란 어떤 후배들? 바로 메달을 못 따면 군대 끌려가야 할 후배들이었다. 그래서 강민호도 귀국 후 "군대에 가야 한다는 압박감이 컸는데 승짱이 홈런을 쳐 울었다"고 했다.

군대 문제는 이렇듯 피 끓는 스물넷 청년과 관록의 서른셋 사나이를 울린다. 이들이 3월에 하는 야구는 배 나온 메이저 리거들이 하는 몸 사리는 야구와 다를 수밖에 없다. 게다가 2012년 런던 올림픽부터 야구가 퇴출되는 바람에 이들이 군 면제를 받을 기회는 더욱 줄어들었다. WBC는 그래서 한국 선수들에겐 절박한 대회가 되는 것이다.

2006년 WBC 출전에 냉담하던 선수들이 결국 마음을 바꿔 참가하기로 하면서 KBO에 내건 조건도 바로 4강 이상 진출 시 병역 면제였다.

결국 2006년 WBC에서 한국 팀의 연전연승에 온 국민이 홀리는 바람에 얼떨결에 병역 규정까지 바꿔가며 선수들에게 병역 면제를 선물했으나 국제 대회 때마다 분위기에 휩쓸려 병역법이 요동쳐서는 안 된다는 지적에다 특히 비인기 종목이나 다른 예술 분야와의 형평성이 문제가 돼 정부는 곧 WBC를 병역 면제 대상 대회에서 제외시켰다. 그러나 우리 국민은 역시 '기분파' 아니던가. 분위기만 한 번 타면 또 모를 일이다. KBO 입장에선 'AGAIN 2006'이 간절했을 것이다.

따져보자. 전 세계에서 야구 제대로 하는 나라가 몇이나 되나. 스무 나라 정도 밖에 안 된다. 이번 대회도 출전국 수가 총 16개에 불과하다. 또 WBC는 과연 어떤 대회인가. 그리 '반듯한' 대회가 아니다. WBC는 2005년 야구가 올림픽에서 퇴출되자 메이저 리그가 급조해서 만든 '초청 대회'다. 메이저 리그 사무국이라는, 일개 국가의 프로 리그가 만든 이 대회는 야구의 세계화를 통해 야구를 상품화, 즉 돈벌이하려는 취지로 만들어졌다. 게다가 메이저 리그는 WBC를 계속 키울 심산이다. 이렇게 되면 야구가 다시 올림픽 종목이 되는 것은 불가능해진다. 결국 한국 선수들의 정당하고 합법적인 병역 면제의 기회를 빼앗아간 것은 사실 메이저 리그인 것이다.

이런 문제 많은 대회의 성적으로 무슨 병역 면제를 논하는가. 국위 선양? 지금이 무슨 일제 시대인가 아니면 보릿고개 시절인가. 이들 덕에 정말로 덕 본 사람들이 있다면 한국 팀이 결승까지 올라가주는 바람에 광고 수입이 엄청나게 들어온 방송사와 취재거리 찾아 피곤하게 헤매는 대신 책상에 앉아 외신 번역으로 하루를 마감하는 기자들 정도일 것이다.

병역 면제받고 싶으면 메이저 리그 하라는 대로 할 게 아니라 국제야구연맹과 함께 노력해서 야구가 올림픽 종목에 다시 포함되도록 해야 한다. 왜 KBO는 허구한 날 '뒷구멍'으로만 일을 하려 하는가. 그리고 야구라면 우리나라에서 가장 복 받은 종목이고, 야구 대표 선수라면 우리나라 운동선수 중 재벌급이다. 그 정도면 감사하게 생각하고 매사에 정정당당했으면 한다. 군대 면제받아 눈물이 났다고? 다른 종목 선수들 눈에선 피눈물 난다.

MLB 제국주의에 열광하는 한국

한국의 3월을 꽉 채워줬던 WBC가 끝났다. 혼과 신을 다한 우리 선수들이 준우승의 쾌거를 이루며 대단원의 막을 내렸다. 동네 골목골목을 휩쓸고 다니던 '에이즈 공포'에도, 연예인 성 상납과 정치인 뇌물이라는 '쇼킹 번쩍'한 뉴스에도 밀리지 않고 우리 한국인들을 열광케 했던 WBC였다.

온 국민이 열광했던 WBC의 정체는 무엇일까. 2006년 시작해 이번이 고작 2회 대회임에도 WBC는 도대체 어떻게 100년 넘은 올림픽이나 70년 된 월드컵 못지않은 '국민적 열광'을 이끌어냈는가. 그리고 어떻게 우리는 빨려 들어갔는가. 거기엔 무엇이 숨겨져 있는가.

미국에서 WBC는 정말 인기가 없다. 4강에 진출했던 베네수엘라와 미국의 경기 장면을 봐도 느끼겠지만 선수들에겐 열의도, 성의도 없어 보인다. ESPN 해설자 스티브 필립스는 미국 팀에겐 경기에 집중할 수 있는 대학생 투수와 마이너 리그의 내야수가 필요하다고 주장할 정도다.

사실 WBC엔 여러 가지 문제가 있다. ESPN 칼럼니스트 제이슨 스타크는 주최국 미국에서 최고의 선수들이 나오지 않는다는 문제 외에도 3월에 열리는 WBC는 같은 기간 메이저 리그 구단들이 실시하는 스프링 캠프에 대한 범죄라고 매몰차게 몰아붙인다. 시즌 시작 전 팀 전력을 새롭게 구성하는 '팀 빌딩team building'에 임해야 하는 구단들은 주요 선수들이 돌아올 때까지 시간을 때우며 기다릴 수밖에 없다는 것이다.

또 3월에 3주간 미국에서 열리는 WBC는 미국에서도 보기가 쉽지 않다. 3월 미국의 스포츠 공간은 이미 꽉 차 있다. 프로 농구 리그인 NBA와 프로 아이스하키 리그인 NHL의 시즌 막바지 순위 경쟁이 치열할 때인 데다가 대학 스포츠 챔피언 결정전이 전 종목에 걸쳐 연이어 벌어진다. 지난 21일 한국과 베네수엘라의 경기도 ESPN이 경기 시작 시간인 동부 시간 저녁 10시부터 중계하기로 되어 있었지만 미국 대학 레슬링 챔피언 결정전 중계가 늦어지면서 결국 10시 30분에 뒤늦게 현장이 연결되기도 했다. 특히 '3월의 광란the March Madness'이라 불리는 미국 대학 농구 64강 토너먼트의 열기는 아마도 NBA와 NHL의 인기를 합한 것보다도 더 뜨거울 것이다.

그럼에도 WBC를 주관하는 MLB(Major League Baseball: '메이저 리그', '빅 리그'라고도 한다.)는 WBC의 3월 개최를 고집하고 있다. 사실 시즌 중 올스타 게임을 전후하여 휴식 기간으로 활용되는 '올스타 브레이크' 기간에 하자는 의견도 있고 월드 시리즈가 끝난 뒤 하자는 의견도 있다. 어느 시기라도 문제가 없는 건 아니지만 3월은 국제 대회를 치르기에 최악의 시기라는 것이다. 그러나 커미셔너인 버드 셀리그는 3월이 WBC를 개최할 '유일한 시기the only time'라고 못 박는다.

이렇듯 미국에서 찬밥 신세를 면치 못하는데도 불구하고, 구단의 반발과 선수들의 냉담함에도 불구하고, MLB가 WBC에 공을 들이는 이유는 무엇일까. 바로 야구의 세계화다. 야구를 모르는 나라와 이제 시작한 지 얼마 되지 않는 나라들을 끌어들여 결국에는 야구를 축구와 같은 세계적 스포츠로, WBC를 월드컵에 필적하는 대회로 만들려는 것이다.

물론 그로 인해 MLB가 얻게 되는 것은? 두말할 것 없이 막대한 중계권료와 스폰서십, 그리고 유망주를 포함한 선수 수급 등 야구 산업의 체계를 MLB가 원하는 방식으로 (재)편성하는 것이다. 물론 이러한 수입은 메이저 리그 경기를 통해 들어오는 기존 수입에 더해지는 부가 수입이 된다.

이러한 미국 스포츠의 제국주의는 그 역사가 꽤 깊다. 레이건 시절 미국 기업들이 포화 상태에 이른 자국 시장의 울타리를 넘어 세계화에 나서자 미국 스포츠도 세계화를 모색하기 시작했다. 야구의 경우 1980년대부터 중남미 국가에 야구 학교를 만들어 유망주를 키웠고, 1990년대에는 중남미 국가들의 '캐리비안Caribbean 월드 시리즈'를 히스패닉이 많이 거주하는 플로리다에서 개최하기까지 했다. 결국 1980년대 멕시코 출신의 페르난도 발렌수엘라, 그리고 1990년대 일본의 노모 히데오(이상 LA 다저스)의 대박 성공 이후 MLB는 중남미와 일본, 한국 등 아시아 시장을 손에 넣게 된다.

그러나 스포츠는 여타 미국의 대중문화 수출품인 로큰롤, 청바지, 패스트푸드, 코카콜라, 할리우드 영화, 랩뮤직 같은 수준의 현지화에 성공하지는 못했다. 미식축구는 말할 것도 없고 야구도 미국의 정치적·경제적 영향력 하에 있는 소수의 국가를 중심으로 발전했다. 농구와 아이스하키도 미국 시장 외엔 미약하다.

한때 미국 프로 미식축구 리그 NFL과 NBA가 같은 영어권인 영국을 공략한 적이 있다. 1980년대 NFL은 버드와이저 맥주를 만드는 앤호이저 부시와 함께 영국의 도시 거주 젊은이들을 집중 공략하는 마케팅 전략으로 풋볼 리그를 만들기까지 했다. 당시 대처리즘의 지배하에서는 상업주의적 미국 문화가 파고들 여지가 꽤 있었다. 1980년대 영국에서 미식축구의 인기가 확산되자 1990년대엔 NBA가 영국을 공략했다.

그러나 타이밍이 좋지 않았는지 NFL과 NBA 모두 빠르게 하강 곡선을 타기 시작했다. 우선 대처가 물러난 이후 영국에선 미국에 대한 반감이 생성됐다. 그리고 유럽에서도 이류로 추락하던 영국 축구가 1996년 영국이 축구 종가의 기치를 내걸고 개최했던 유러피언컵의 성공과 함께 다시 영국 최고의 스포츠로 자리 잡게 됐다. 이뿐 아니라 럭비 월드컵이 세계 4대 메이저 스포츠 이벤트로 성장하게 됐고 자동차 경주 F-1과 골프의 라이더컵(2년마다 열리는 유럽과 미국 프로 골퍼들의 대륙 간 대항전. 처음에는 영국과 미국의 경기였는데, 1979년부터 미국 팀과 유럽 팀 간 경기로 바뀌었다.)도 인기 대회로 부상하면서 NFL와 NBA는 결국 철수하게 된다.

유럽에서 미국에 가장 우호적이면서 특히 같은 언어권인 영국에서조차 정착에 실패한 미국의 프로 스포츠는 결국 올림픽으로 눈을 돌리게 된다. 돈이 넘쳐나고 유명한 스타도 보유했지만 세계화 측면에선 내세울 게 없던 미국 프로 스포츠는 IOC(국제올림픽위원회)가 당시 가장 원하는 것을 줬다. 바로 돈이다. 미국의 프로 스포츠들은 올림픽에 최고의 스타 선수들을 공급해 IOC로 하여금 엄청난 TV 중계권료와 스폰서십을 챙기게 해 이전과는 비교도 할 수 없을 만큼의 부자로 만들어준 것이다.

NHL은 동계 올림픽 기간엔 시즌을 중단하면서까지 최고의 선수들을 출전시켰다. 농구는 1992년 바르셀로나 올림픽에 마이클 조던과 매직 존슨으로 상징되는 드림 팀을 출전시켰다. 테니스 역시 올림픽 기간엔 대회를 열지 않고 상위권 선수들의 출전을 독려했다. 그러나 유독 여기에 동참하지 않은 종목이 있으니 그게 바로 야구였다.

야구는 1984년 올림픽 시범 종목으로 채택됐을 때부터 메이저 리그 선수들을 출전시키지 않았다. 대학과 마이너 리그 선수들만 출전시켰다. 타협도 거부했다. 축구의 경우 FIFA(국제축구연맹)는 올림픽이 월드컵을 능가하는 대회가 되는 것을 두려워했지만 그래도 23세 이하 프로 선수들과 연령과 상관없는 와일드 카드 두 명을 출전시키는 것으로 타협을 봤다. 그러나 야구는 메이저 리그 일정을 중단할 수도 없고 구단도 원치 않는다는 이유를 내세워 콧대를 높였다. 그래서 결국 야구는 한 스포츠 칼럼니스트의 표현에 따르면 올림픽 종목 중에서 '가장 표 구하기 쉬운 종목'이 됐다.

미국 메이저 리그가 올림픽 참가를 거부하는 이유는 크게 두 가지였다. 하나는 올림픽 대회 기간이 포스트시즌 플레이오프 기간과 겹치는 문제다. 올림픽에 출전하려면 플레이오프를 앞당기거나 늦춰야 하는데 이는 메이저 리그에 큰 재정적 손실을 가져다준다. 미국의 연중 스포츠 스케줄은 이미 꽉 짜여 있는데 이를 옮기게 되면 방송 스케줄에도 문제가 생기지만 또 다른 스포츠와 충돌하게 되는 것이다.

두 번째 이유는 선수 노조의 반발이다. 올림픽에 출전하려면 엄격한 약물 검사를 거쳐야 하는데 약물 복용이 거의 일상화된 메이저 리그 선수들이 이를 받아들일 리가 없기 때문이다. 메이저 리그를 상징하는 선수들인 배리 본즈와 로저 클레멘스는 약물 복용이 들통 난 데다 위증까지 해서 감옥행의 위기에 처한 상황이고, 세계에서 몸값이 가장 비싼 알렉스 로드리게스는 약물 복용을 인정했으며, LA 다저스 역사상 최고의 인기 선수라는 매니 라미레스는 결국 50경기 출장 정지의 징계를 받았다.

온갖 약물이 넘쳐나는 메이저 리그이기에 선수들도 올림픽 참가를 '정신 나간 짓'으로 여길 수밖에 없었지만, IOC도 이런 스캔들 덩어리인 야구에 더 이상 미련을 둘 이유가 없었다. 여기에 더해 9·11 이후 국제 정치에서 독주하기 시작한 부시 정부에 대한 유럽의 반감은 결국 유럽세가 결정적 영향력을 행사하는 IOC 내에 반미 정서를 형성케 했다. 결국 야구는 1936년 폴로가 쫓겨난 이후 처음으로 올림픽에서 퇴출된다. '여자들의 야구'라는 억울한 누명에 더해 같은 미국 스포츠라는 인식 때문에 소프트볼도 함께 퇴출됐다.

자크 로게 IOC 위원장이 3년 동안이나 경고했음에도 이를 무시했고 결국 2005년 IOC 총회에서 야구가 퇴출되는 데 가장 크게 기여한 게 바로 MLB다. 그 덕에 2012년 런던 올림픽 출전을 위해 준비 중이던 영국 야구 대표 팀 등 세계 야구인들을 망연자실하게 한 것 또한 MLB다. 그 MLB가 야구가 올림픽 정식 종목에서 제외되자 곧바로 WBC를 출범시켜 이제 완전히 '딴 집 살림'을 차려버린 것이다.

물론 스포츠가 제대로 된 스포츠가 되기 위해서 꼭 올림픽 종목이어야 한다는 법은 없다. 올림픽이 스포츠의 절대 가치를 판단하는 잣대는 아니기 때문이다. 문제는 MLB가 IOC는 물론 야구를 올림픽 종목으로 재진입하고자 하는 국제야구연맹의 노력조차 무시하고 자신의 장삿속을 채우기 위해 WBC를 출범시켰다는 점이다.

축구, 농구, 아이스하키, 테니스 그리고 올림픽 종목 가입을 추진하는 골프 등은 프로가 아마추어와 공동보조를 맞춰가며 발전을 추구하고 올림픽을 준비한다. 반면 야구는 오직 MLB의 이해관계가 종목의 미래를 결정한다. 그리하여 일개 국가의 프로 야구 사무국이 주관하는 대회가 이제 야구를 대표하는 대회가 돼버렸다.

MLB는 아마추어 야구, 세계 야구, 올림픽 야구를 죽이고 'MLB 제국'을 건설하려는 것이다. 더 이상 이기적일 수 없는 MLB의 욕망. 야구는 MLB가 지배한다.

이렇듯 MLB가 WBC를 출범시킨 이유는 표면적으로는 세계화이지만 그 내면에는 오로지 자신의 이익만 추구하는 지독한 이기주의가 도사리고 있다. 조금의 양보도 없다. 다른 국가에 대한 배려도, 상의도, 양해도 없다. 1회 대회 때나 2회 대회 때나 별의별 희한한 규칙들이 등장했지만 다른 참가국들과 손톱만큼이라도 상의를 했는가. 언제나 자기 멋대로 정해놓고 알아서 하라는 식이었다.

여기에 가장 열성적으로 화답하는 나라가 바로 한국이다. KBO는 축구와의 관계 때문인지, 국민들은 '세계병' 때문인지, 미디어는 돈 때문인지 참 쉽게도 열광해준다. 미국은 지금 대학 농구에 열광하고 있고, 얼마 후면 일본은 고교 야구에 열광할 것이다. 그런데 우리는 왜 만날 외제(?)에만 열광하나.

괴물이 된 이호성, 누구의 책임인가

1990년대를 풍미했던 해태의 4번 타자 이호성의 몰락과 그가 벌인 살인 행각은 우리를 혼란에 빠트린다. 은퇴 후 이호성의 인생살이는 힘들었다. 사업이 성공해 잘나가나 싶다가 부도가 나고, 이를 만회하려다 사기꾼이 되고, 그래서 도망 다니고…….

사실 '나쁜 짓'의 경중을 따지는 것 자체가 우스운 일이긴 하지만 필자는 개인적으로 '화이트칼라 범죄'를 제일 싫어한다. 학교에서 배운 것 가지고 착하고 순진한 사람들 등쳐 먹는 사기꾼들 말이다. 주가 조작 같은 게 대표적이다. 수백, 수천 명을 피눈물 나게 하고, 수많은 가정을 파탄 내며, 이를 감당치 못하는 이들은 결국 뛰어내리게 하는.

그런데 말이다. 사람이 아무리 힘들어도 절대 하지 말아야 할 일이 있는 법이다. 살인을 하다니. 그래도 한때 좋아했나 본데 그런 사람을 죽이다니. 여자를 죽이고 그 어린 딸들까지 죽이다니. 그것도 셋이나 죽이다니. 손가락으로 못을 박고도 남을 힘센 '아저씨'가 열 세 살짜리를 때려서 죽이다니. 그래 놓고 밖에 있는 스무 살짜리 여자아이를 불러내 또 죽이다니.

그는 일을 저지르고 난 뒤 시체를 가방에 담아 나르고 땅에 묻어 버렸다. 준비를 치밀하게 했다 하니 네 사람을 죽이고도 자기는 살 생각을 했던 모양이다. 그렇다면 이호성은 천성이 원래 그랬을까. 그는 '본 투 킬born to kill', 즉 죽이기 위해 태어났던 것일까. 네 사람을 죽이고 한강에 뛰어들어 두 주먹 불끈 쥐고 죽는 것이 그의 운명이었을까. 팔자였을까.

태어날 때부터 그렇진 않았을 것이다. 돈 때문이라는 관측이 지배적이지만 여러 가지 이유가 복합적으로 작용했을 것이다. 그러한 무시무시한 행위는 동기도 동기지만 수많은 상황적 요인과 개인적 경험이 동시에 작동해야 가능한 것이기 때문이다.

그중 하나는 내가 여러 차례 지적해온 스포츠계의 폭력적 환경일 것이다. 외국에서는 특히 학생이 운동을 할 경우 인성 교육이 엄격하게 이루어진다. 그리고 학생에게도 지도자에게도 엄중한 책임 의식이 뒤따른다. 그런데 우리의 교육 환경은 어떠한가. 물론 스포츠계만의 이야기는 아니지만 우리에게 인성 교육 같은 것은 존재하지 않는다. 교육 기관의 책임 의식도 보이지 않는다.

스포츠계도, 교육계도 이번 사건을 대하며 최소한의 반성은 있어야 한다고 생각한다. 이호성을 보라. 광주일고, 연세대 등 최고의 명문만 골라 다닌 그를 도대체 그 무엇이 이렇게 만들었단 말인가.

2008년 대한체육회에 등록된 초등학생부터 대학생까지의 학생 선수만 9만 5,150명이다. 10만에 가까운 이 아이들은 어떻게 자라고 생활하고 있나. 서로 때리면서 크고 맞으며 자란다. 감독, 코치도 열 받으면 팬다. 병원에 실려 갈 정도로. 애들 팬다는 소식을 듣고 교장이 (한번 패면 어떻게 패는지 알기 때문에) 기겁을 해 달려오면 문 잠가놓고 팬다. 교장이 문 열라고 두드리며 소리를 질러도 그냥 팬다.

2008년 발표된 국가인권위의 "운동선수 인권 상황 실태 조사" 결과는 충격적이다. 중고교 학생 선수 78.8%가 다양한 유형의 폭력을 경험했고 63.8%는 성폭력을 당했다는 것이다. 그리고 폭력을 경험한 학생들 중 56.4%는 "운동 그만두고 싶다"고 말했다고 한다. 초등 1년생조차 폭력의 그늘에서 벗어날 수 없었다.

빰을 때려요. …… 별 이유가 없어요. 여기 연속으로 8대나 때리고……. 초등학교 1학년짜리가 있거든요. 피하다가 고막이 나가가지고 수술했거든요. 그러면 안 때려야 되잖아요. 작심삼일이에요. 삼 일 지났다가 또 때려요. …… 비 온 뒤에 땅에 미끄러졌거든요. 그러면 왜 미끄러지냐고 때리고……. 지가 때리는 것은 상관 안 하고 우리가 성공하기를 바라면서 때린다는 거에요. 우리가 몇 대 더 맞는다고 성공하는 것도 아니고. (여중 3년생)

경고를 하시다가 이제는 때리시고……. 거기서 많이 떨어져 나가고, 그만두는 사람도 많이 생기고……. 잠이 들거나 들기 전이나 아침에 일어나서 무서워요. 또다시 그렇게 해야 한다는 그런…….
(남고 3년생)

아무리 선수라도 모르는 게 있잖아요. 이 상황에서 모르면 선생님이 가르쳐주는 게 당연한데, 선생님이 알아서 하라고 막 때렸어요. (여중 3년생)

네, 엄청 맞아봤죠. 초등학교 때는 진짜 50대 이상까지 맞아봤어요, 한 번에……. 이제 기록이 안 나오면요, 어떤 선생님은 때리는 걸루 올릴 수 있다고 생각하시는 선생님이 있구요. (여고 1년생)

이 바닥에선 인격이고 뭐고 없다. 2007년 우리나라 최고의 명문 대학 고려대 아이스하키부가 '실업 팀'과의 '연습 경기'에서 지자 감독은 땅바닥에 과자 뿌려놓고 선수들에게 뒷짐 지고 무릎 꿇고 먹으라고 했단다. '너희는 사람이 아니라 개다'라고 욕하면서. 그렇다. 고대는 사람 가르치는 학교가 아니라 개 키우는 사육장이었다. 입학 청탁과 함께 5,000만 원을 받아 불구속 기소가 되는 등 평소에도 이런 저런 문제가 있었던 그 감독은 그러나 그 사건 이후 학교로부터 해임을 당했다는 이야기를 들어본 적이 없다. 대한체육회 자정운동 본부는 해당 학교에서 알아서 할 일이라고 빼고, 고려대는 사실이 아니라면서 학생과 학부모 상대로 한 진상 조사는 하는 둥 마는 둥이다. 이거 도대체 어디에 하소연해야 하나.

2008년 신입생 대상 체력 훈련에 참가했다가 입학식도 하기 전 머리를 다쳐 결국 사망한 용인대 강모(19세) 군의 아버지는 결국 용인대 정문 앞에서 1인 시위에 나서기도 했다. 아직 입학도 하지 않은 학생이 학교에서 가혹한 훈련을 받다가 죽었는데 총장이 빈소에 조문은커녕 사과도 하지 않았다는 것이다. 그래서 그 아버지는 총장의 공식 사과를 요구하는 시위에 나섰단다. 스포츠계가 다 문제지만 학교라는 곳조차도 이런 식으로 돌아간다.

다시 이호성 문제를 생각해보자. 그가 졸업한 광주일고와 연세대는 야구에서도 명문이지만 학교 자체가 명문이다. 더 이상의 설명이 필요 없는 최고였다. 그런데 이제까지 자신의 제자들, 학생들을 도대체 어떻게 가르쳤는가. 그들은 '명문'이라는 간판만 즐겼다. 어린아

이를 데려다놓고 운동 기계로 만들었지 이 아이들의 교육은 뒷전이었다. 어떻게 열 몇 살짜리, 채 스무 살도 안 되는 아이들을 스카우트해놓고는 '그따위'로 가르쳐 내보내나. 학교 맞나. 스승 맞나. 이호성이 빚어낸 참극은 결국 광주일고와 연세대에서 싹튼 것 아닌가.

광주일고 교장과 연세대 총장은 제자로 인해 빚어진 비극에 대해 사과해야 한다. '학교'라면 그래야 한다. 스승이라면 '잘못 가르친 죄'를 뼈아프게 생각해야 한다. 외국이 모든 것의 기준은 아니지만 외국의 학교들은 그렇게 한다. 아울러 일말의 책임을 통감한다면 광주일고와 연세대 운동부는 자숙하는 의미에서 올해 모든 대회 출전을 삼가는 것도 고려해야 한다.

좀 너무한 처사라고? 아니다. 전혀 지나치지 않다. 미국 대학 농구의 강호 UNLV(네바다대 라스베이거스 캠퍼스)는 1990년 명문 듀크대를 누르고 NCAA(미국 대학체육연맹) 농구 챔피언에 올랐다. 그러나 체육부 비리가 폭로되면서 다음 해 대회 출전이 모두 금지됐다. 전년도 챔피언이 대회 출전도 못한 것이다. 또 다른 스포츠 명문 조지아대는 선수 스카우트 비리가 폭로되자 다음 해 조지아대의 모든 운동부의 대회 출전이 1년간 금지됐다. 운동부 숫자만 20개가 넘는 대학이다.

또 이 학교의 잔 캠프라는 교수는 학교가 학생 선수들을 착취한다고 비판했다가 해고당하자 학교를 고소해 결국 승소했다. 그 결과 학교 측이 취해야 했던 조치는 다음과 같다. 조지아대의 학업 발전 부총장보 해임, 교무 부총장 해임, 마지막으로 총장도 해임.

일본에서도 문제가 생기면 학교와 선생님들이 스스로를 징계하고 철저하게 반성한다. 2005년 전全 일본 고시엔 야구 대회에 코우치 현

대표로 출전한 메이도쿠 기주쿠고교는 대회 개막 전날 출전을 포기했다. 야구부 내 구타와 흡연이 문제가 되자 학교 측은 그 책임을 지고 스스로 경기를 포기하고 대회 전날 짐을 싼 것이다. 감독과 야구부장은 사과문을 발표하고 사임했다.

그해 고시엔 대회는 논란거리가 많은 대회였다. 대회가 끝난 후 우승 팀의 야구부장이 대회 참가 전 선수를 구타한 사실이 밝혀진 것이다. 협회는 우승을 인정할 것이냐를 놓고 심각한 고민을 한 끝에 결국 우승을 인정하긴 했지만 팀을 우승으로 이끈 야구부장은 야구계에서 퇴출됐다. 그뿐이 아니다. 잘못한 것도 없는 감독까지 그 사건 때문에 청소년 대표 팀 감독 자리를 포기해야 했다.

지난 2006년 일본의 검도부 감독은 검도부 학생들 간 다툼 끝에 한 학생이 사망하는 사건이 벌어지자 책임을 지고 스스로 사임했다. 그 감독은 원래 일본 국가 대표 감독으로 내정되어 있던 사람이었는데 결국 그 자리도 포기했다. 그 덕에 작년 우리 대표 팀은 한국 검도 역사상 최초로 세계 검도 선수권 대회에서 우승하는 쾌거를 이루기도 했다. (한 검도인은 만약 그가 감독으로 왔더라면 당연히 일본이 우승했을 거라고 전한다.)

이렇듯 일본은 선수가 담배만 피워도 징계 대상이고, 교복이나 유니폼 입고 피우면 그건 영구 퇴출이다. 우리는 수업 안 들어가는 걸 기본으로 생각하지만 일본에선 수업을 빼먹으면 그 팀 전체가 징계 대상이다. 특히 (이게 매우 중요하다!) 우리처럼 아이들만 징계하고 어른들은 무사한 그런 식으로 넘어가지 않는다. 감독, 교장도 책임을 지고 스스로 물러난다. 선수들이라 해도 선수이기 이전에 학생이기 때문에 스승으로서의 무한 책임을 지는 것이다. 그래서 우리와는 정반대로 일본에서 학생 시절 '운동'을 했던 경험은 취직 등 사회 진출

시에 도움이 되는 것이다.

몇 년 전 뉴스가 생각난다. 과거 이호성이 몸담았던 프로 팀의 감독이 선수가 말을 듣지 않는다고 야구 배트로 선수의 머리를 내리친 것이다. 당시 그는 헬멧을 쓰고 있었지만, 결국 과다 출혈로 병원에 실려 가 여섯 바늘을 꿰매고 한 달간 입원을 해야만 했다. 그 감독은 이렇게 해명했다. "사랑의 매였다." 사랑해서 때렸다는 거였다. 그러고 보니 스포츠계는 언어 파괴(?)가 참 빈번하게 일어난다. 선수를 자기 방으로 불러들여 성폭행해놓고는 '아이들과 저와의 스킨십', 야구 방망이로 머리를 쳐 입원시켜놓고는 '사랑의 매.'

이호성이 팀의 간판으로 뛰었던 해태, 아니 지금의 기아도 광주일고도 연세대도 이 사건에 대해 묵묵부답, 말이 없다. 사과는커녕 유감 표명도 없다. 학생들을 가르치는 교육 기관인데, 팬들을 위한다는 프로 구단인데 다들 모른 척 넘어간다. 세 딸과 함께 열심히 살아보려던 한 여성과 그 딸들이 열아홉, 스무 살 꽃다운 나이, 열세 살 호기심 많은 나이에 저 세상으로 가버렸다. 그렇게, 참 힘들게 떠났다. 얼마나 아팠을까. 얼마나 무서웠을까. 그런데도 이들에게 사과하는 사람도, 미안하다는 사람도 보이지 않는다. 그게 우리 사회다.

함께 젊음을 불살랐던 동료들조차 마지막 가는 길을 외면하는 이호성. 그는 살인을 저지른 가해자이지만 그 역시 피해자일 수 있다. 이 무시무시한 괴물 양성 시스템의 피해자. 자신의 미래는 모른 채 그 시스템 속에서 어린 시절을 보낸 아이.

참 슬프다. 떠나신 분들의 명복을 빈다.

그날, 박태환과 장미란이 사회를 본 사연

2008년 12월 8일 대한체육회는 충북 진천에서 '국가 대표 종합 훈련원' 기공식을 가졌다. 현재의 태릉 선수촌이 낡고 포화 상태에 이르러 제2선수촌을 짓게 된 것이다. 체육계의 오랜 숙원 사업이었는데 그 첫 삽을 뜬다니 기쁜 소식임에 분명하다.

그런데 고개를 갸우뚱하게 만드는 기사가 등장했다. 기공식 사회자로 장미란과 박태환을 불렀는데 본인들이 고사했음에도 결국 '주변'의 권유로 사회를 보게 됐다는 것이다. 장미란은 기공식 당일 동료들과 뉴질랜드로 전지훈련을 떠나는 데 차질이 생길 것 같아 "전문 사회자도 아닌 우리가 왜 사회를 봐야 하냐"면서 동료들과 함께 떠나겠다고 버텼는데, 체육회가 장미란을 따로 불러 설득했다고 한다.

박태환의 경우는 좀 더 눈길을 끈다. 그는 당일 기말 고사를 치르기로 돼 있어 사회 보는 것을 거절했다가 역시 '주변'의 권유로 입장을 바꿨다고 한다. 그의 아버지에 따르면 박태환도 다른 사람이 사회를 보길 원했지만 결국 참석하는 쪽으로 마음을 바꿨다고 말했단다. 시험에 관해서 아버지는 "학교 측에 적당한 조치를 취해 놨다"고 말했는데 그것이 재시험인지 리포트 제출인지에 대해서는 언급을 피했다고 한다. 선수촌 기공식이 아무리 대단한 행사라 해도 시합도 아니고 훈련도 아닌데 사회를 보게 하기 위해 시험을 봐야 하는 박태환까지 불러낸 것은 분명 심각한 문제라 해야 할 것이다.

2000년 시드니 올림픽을 앞두고 벌어졌던 '장희진 파동'이 생각난다. 8년이나 지났건만 한국 스포츠는 바뀐 게 없다. 당시 수영 국가 대표로 선발된 14세 중학생 장희진은 태릉 선수촌에 입촌하지 않고 학교를 다니면서 훈련에 참가하려 했는데 이를 괘씸하게 여긴 대한수영연맹은 그의 국가 대표 자격을 박탈한 것이다. 올림픽 개막식은 9월 15일이니까 아직 몇 달의 시간이 남았고 태릉의 모든 훈련에 참여할 테니 1학기 기말 고사 때까지라도 학교 수업을 들을 수 있게 해달라고 했지만, 선수촌과 연맹은 장희진의 요청을 묵살했다. 그리고 아예 제명시킴으로써 보복했다.

결국 여론이 들고 일어나면서 우여곡절 끝에 올림픽에 출전하긴 했지만, 그는 올림픽 다음 해에 학업을 병행할 수 없는 한국에서의 운동을 포기하고 미국으로 건너갔다. 4년 전액 장학금을 받고 명문 텍사스대 오스틴 캠퍼스에서 경영학과 정치학을 전공하는 그는 이번 베이징 올림픽에 한국 대표로 출전해 자유형 50미터에서 결승 진출에는 실패했지만 한국 신기록을 세우며 출전 선수 90명 중 31위에 올랐다.

앞으로 로스쿨에 진학해 변호사가 되는 게 목표라는 그는 한 인터뷰에서 "태릉 선수촌은 어린 학생의 미래를 염두에 둘 만큼 포용력과 융통성을 가진 곳이 아니다"라고 말했다. 그것은 사실이다. 아니, 부족하다. 실상을 표현하기에는 한참 부족하단 말이다. 장희진 파동 당시 한 체육계 인사는 국가를 위해 개인은 희생할 수도 있다고 말했다. 그깟 올림픽 성적을 위해 열네 살 소녀의 미래를 포기하라고?

마이런 롤 선수. 플로리다주립대의 최고 수비수인 그의 꿈은 놀랍게도 신경외과 의사다.

학생이 시험을 포기하고 사회를 보러 불려 나가는 안타까운 상황과 대비되는 사건이 있다. 미국 대학 미식축구 최강인 플로리다주립대FSU: Florida State University의 주전 세이프티(최종 수비수) 마이런 롤은 FSU 역대 최고의 디펜시브 백(세이프티를 포함해 상대 팀의 공격을 저지하는 후방 수비수들)으로 내년 프로 미식축구 리그 NFL 드래프트에서 1라운드 선발이 보장된 선수다.

놀라운 것은 그가 신경외과 의사를 꿈꾸는 의예과pre med 학생으로 평균 학점 3.75로 2년 반 만에 대학을 졸업할 예정일 뿐 아니라 지역 사회에서 봉사 활동도 많이 하면서 수많은 상을 받았다는 점이다. 그의 코치 중 한 명은 그가 공부를 너무 열심히(?) 한다는 불평 아닌 불평을 할 정도였다. (사실 운동도 잘하고 공부도 잘하는 외국의 학생 선수 이야기, 별로 놀랍지 않을 수도 있겠다.)

더 놀라운 것은 그가 세계에서 가장 역사가 깊고 권위 있는 장학재단인 로즈Rhodes장학재단 장학생에 지원한 것이다. 매년 미국 최고의 엘리트 대학생 1,000여 명이 로즈 장학생으로 지원하는데 이 가운데 32명만이 선발되는 영광을 누린다. 로즈 장학생에 선발되면 영국 옥스퍼드대에서 2~3년간 유학할 수 있는 혜택을 누리는데, 여기에 몇 명이 선발되느냐에 따라 대학의 평판과 후원금 규모가 달라질 정도로 상징성과 영향력이 큰 장학금이다. 클린턴 전 미국 대통령, 블레어 전 영국 총리, 호크 전 호주 총리와 이번에 UN 대사로 지명받은 미국의 수전 라이스 같은 이들이 로즈 장학생이었다. (외국에서 운동선수가 공부 잘해서 장학금 신청하는 것 역시 별로 놀랍지 않을 수 있겠다. 뭐 흔히 보는 일 아니겠는가.)

정말 놀라운 것은 이제부터다. 마이런 롤은 로즈 장학생 선발의 길고 긴 과정을 거쳐 마침내 최종 후보자 명단에 올랐고 마지막 관문인 선발위원회와의 인터뷰만 남겨놓게 된다. 장소는 앨라배마 주 버밍햄 시. 일시는 지난 11월 22일 오후. 그런데 여기서부터 문제가 발생했다.

롤이 인터뷰를 해야 할 22일 오후는 소속 팀인 FSU가 메릴랜드 대학과 원정 경기를 치러야 할 시간이었다. 메릴랜드대 정도면 예년 같으면 쉽게 이길 팀이겠지만 올해 메릴랜드의 전력이 만만치 않고 또 시즌 초 부진했던 FSU가 소속 컨퍼런스인 ACC의 챔피언 결정전에 나가려면 꼭 이겨야 하는 경기였다. 그런데 팀 내 최고의 수비수인 롤이 그 시간 1,200킬로미터 떨어진 곳에서 인터뷰를 해야 하는 것이다.

팀이 과연 그가 경기에 결장하는 것을 용납할 것인가. 그것도 챔피언 결정전 진출이 걸린 경기인데. 그것도 절박한 원정 경기인데. 그것도 방송사 ESPN이 전국에 생중계 할 경기인데.

미국의 대학 스포츠는 그 인기와 규모가 워낙 대단해서 TV 중계권료만 일 년에 수백억 원에 이르고 감독 연봉이 십억 원을 넘나든다. 미식축구 팀, 농구 팀의 한 해 성적에 따라 다음 해 신입생 경쟁률이 달라지고 동문 후원금이 널뛰기를 한다. 이러한 마당에 학교와 감독은 팀 내 최고 수비수가 그깟(?) 장학금을 신청했다고 해서 그의 결장을 허락할 것인가.

그러나 결론은 간단했다. 우선 FSU 미식축구 팀 감독인 바비 보든은 "나는 더 이상 자랑스러울 수가 없다. 이건 머리 쓸 것 없는 간단한 일."이라면서 "나는 공부가 먼저라는 걸 안다. 오직 그가 장학금을 받길 바랄 뿐이다."라고 말했다. 그의 결장을 당연시한 것이다.

로즈 장학생 선발 인터뷰와 경기 출전이라는 고민에 놓인 롤의 처지가 미국 사회에서 관심사로 떠오르게 되자 이번엔 미국 대학체육연맹NCAA과 경기를 중계할 방송사 ESPN이 동참했다. ESPN은 원래 FSU와 메릴랜드 간의 경기를 오후에 중계하기로 했었지만 그가 인터뷰 후 경기에 출전할 수 있도록 경기 시간을 저녁 7시 반으로 옮기는 것에 NCAA와 합의한 것이다. ESPN 입장에선 쉽지 않은 결정이었다. 학생 한 사람의 장학생 지원 면접을 위해 최고 황금 시간대인 주말 저녁을 내준 것이다.

거기서 문제가 끝나는 게 아니었다. 경기는 저녁 7시 반에 시작하고 인터뷰는 오후 5시경에 끝나게 되어 있으니 계산상으로는 비행기를 타고 오면 경기 중에라도 경기장에 도착할 수 있지만 정규 항공편 중엔 그 시간에 비행기가 없었다. 결국 학교 측이 롤을 위해 전세기나 대학 후원자의 자가용 비행기를 띄우기로 했다. 그런데 이는 또 NCAA 규정 위반이었다. 학교는 학생 선수에게 그 어떤 혜택도 줄 수 없기 때문이다. 그래서 FSU의 체육부 디렉터 랜디 스핏맨은 NCAA에 롤의 경우만큼은 예외로 해달라는 청원서를 올려 끝내 허락을 받았다.

이렇게 해서 롤은 22일 오후 로즈 장학생 선발 인터뷰를 마치고 바로 공항으로 이동해 비행기를 타고 메릴랜드에 도착해 메릴랜드 주 경찰이 흔쾌히 제공한 경찰차를 타고 2쿼터 경기 중인 경기장에 입장할 수 있었다. 그토록 바라던 로즈 장학생에 선발되었다는 소식과 함께.

학생 선수의 미래를 위해 경기 불참을 당연시한 감독, 인터뷰 후 경기 출전을 위해 학생에게 전세기까지 제공하는 학교, 학생 선수의 고민을 해결해주기 위해 중계 시간을 바꾼 방송사, 이 모든 사정을 파악하고 선수의 입장에서 청원을 받아들인 NCAA, 적군(?)이지만 경찰차까지 제공하며 롤의 경기 출전을 도운 메릴랜드 경찰……. 보름 전 미국 대학 스포츠는 이렇게 돌아갔다. 그리고 스물두 살 대학생 마이런 롤은 자신의 꿈을 이뤘다.

롤의 이야기가 많은 미국의 학생 선수들에게 꿈과 희망을 주던 그때, 국내에 전해진 또 다른 소식은 한국 스포츠의 암담한 현실을 다시금 느끼게 해줬다. 고교와 대학 시절 농구 선수를 했던 오바마 미국 대통령 당선자가 행정부와 백악관 요직에 역시 고교와 대학 시절 농구 선수로 활약했던 인물들을 다수 지명했다는 것이다. 에릭 홀더 법무 장관 지명자, 수전 라이스 주駐유엔 대사 지명자, 제임스 존스 백악관 국가 안보 보좌관 지명자 등이 모두 학창 시절 농구 선수였다고 한다. 여기에 고교 농구 선수 출신인 폴 볼커 백악관 경제회복자문위원장 지명자까지 가세하면, 가드 · 포워드 · 센터를 모두 갖춘 농구 팀이 결성된다니 신기하기도 하면서 부럽기도 했다. 하긴 부시 전 대통령도 예일대에서 야구 선수를 했으니 별날 것도 없다.

이런 건 미국만의 이야기도 아니다. 한국만 그렇지 않을 뿐이다. 아소 다로 일본 총리는 올림픽 사격 선수였고, 태국의 푸미폰 국왕은 동남아시아 게임 요트 금메달리스트다. 모나코의 국왕 알베르 2세는 동계 올림픽 5회 출전자다. 푸틴 총리는 상트페테르부르크 시 유도 챔피언이었고, 나우루공화국의 마루쿠스 스테픈 대통령은 자국의 유도 영웅으로 유일한 세계 선수권 대회 메달리스트다. 모랄레스 볼리비아 대통령과 오딩가 케냐 총리는 축구 선수였다고 한다.

이제 살 만한 나라는 어디든 스포츠 천국이다. 스포츠에는 감동이 있고 희망이 있고 꿈이 있다. 그런데 한국 스포츠엔 꿈이 없다. '금메달 몇 개'라는 경기 단체의 '목표'는 있을지언정 선수들에게 꿈은 없다.

외국은 운동 못하면 왕따 되는데 우리나라는 운동하면 왕따 된다. 맞는 건 기본이다. 무시무시하게 맞는다. 초등학교 여학생이 50대 맞는 나라다. 수업 안 들어가고 시험 우습게보고, 초등학생 때부터 합숙을 하니 친구도 없고 세상도 모른다. 오죽하면 학생 선수들의 존재 이유는 일반 학생들을 위해 '내신 깔아주기'란 말이 나왔을까.

운동하면 바보 된다는 말은 우리나라에만 있다. 운동선수는 무식하다는 편견, 한국 스포츠의 전매특허다. 우리나라 체육계가 학생 선수들에게 공부시키기까지는 바라지 않지만 시험을 봐야 하는 학생까지 엉뚱한 일로 부르지만 않았으면 좋겠다.

상아탑 폭력의 재구성

꽃 피는 3월이 되면 대학가엔 어둠의 그림자가 드리운다. 봄바람을 따라 숨어 들어온 폭력의 그림자다. 대학가의 봄은 폭력의 계절인 것이다. 그래서 최근 몇 년간 3월만 되면 신문 지상紙上과 TV 뉴스에 꼭 등장하는 것 중 하나가 바로 체육대학 신입생들에게 가해지는 폭력 문제다. 2007년 한 체육학과의 '신입생 환영회'는 그중에서도 특이했다. 우선 수많은 사람과 차가 지나다니는 교문 앞에서 팬티 바람 신입생의 '퍼포먼스'는 엽기적이었다. 나도 체육학과 졸업생이지만 그런 프로그램은 상상도 못했던 바다. 역시 요즘 젊은이들은 독창적이다. 그 정도의 창의력, 본 사람 있나.

매년 문제가 되고 있는 K대 체육 대학은 박노자 교수가 이미 수 년 전 염려한 바 있다.

> 필자는 국내에서 굴지의 체육 대학이 있는 곳에서 근무했었는데, 점심 먹을 때마다 체대 학생들과 마주쳤다. 한국에 오기 전까지 살아온 러시아의 문화도 민주적이지 않았지만 식당에 열을 지어 '행군'해서 들어오고 선후배 순서대로 차례로 앉고 교수가 나타나

자마자 일제히 일어났다가 일렬 전체로 착석하는 체대 학생들의 모습을 보면서 착잡한 생각이 들었다.

필자가 재직 중인 학교에도 유사한 제도(?)가 있다. 학생들뿐 아니라 교수들 사이에서도 '전통' 이라 여겨지는 연례행사인데 입학 전 '신입생 오리엔테이션' 과 입학 후 '신입생 환영회' 가 그것이다. 입학 전엔 살살 하고, 입학 후엔 제대로(?) 하는 방식이다.

이 학교에 부임한 지 몇 년이 지나서야 비로소 이 행사의 '정체' 를 알고 다른 교수들과, 그리고 학생회와 논쟁을 벌여가며 설득했다. '이상한 교수' 취급은 물론 학생회가 가장 싫어하는 교수가 된 끝에 그나마 행사 이름을 '어울림 한마당' 으로 바꾸고 행사의 '강도' 를 상당히 낮출 수 있었다. 사실 그래봐야 '얼차려 한마당' 이긴 마찬가지였지만.

그런데 그 과정에서 알게 된 놀라운 점은 나이 들고 보수적인 교수들만큼이나 학생들도 이를 지지한다는 점이었다. 우선 3, 4학년들은 압도적 지지였다. 이등병과 병장의 차이인 듯하다. '고생 끝에 복' 이 왔는데 어찌 이를 마다하겠는가. 이해하기 어려운 건 폭력의 대상인 1, 2학년생들 중 상당수도 이에 동조한다는 것이었다. 이는 폭력에 대한 순응이자 자발적 복종이며 또 폭력의 일상화를 의미하는 것이다.

세상은 많이 바뀌었다. 체대생들의 고교 학업 성취도도 과거에 비해 상당히 상승했을 뿐 아니라 성적으로만 진학하는 일부 학과를 앞서기도 한다. 그런데 이런 '민주화 시대' 에 이렇게 '무식' 한 폭력적 환영회가 어떻게 가능할까. 이들은 왜 이러한 관행이 잘못된 것이라는 데 동의하지 않고 부둥켜안고 있는 것인가.

과연 체육 대학만의 문제인가? 전혀 아니다. 체대 아닌 일반 학생들로 구성된 스포츠 동아리도 비슷한 의례를 거치는 경우가 상당하다. '운동'엔 뭐가 있긴 있나 보다. 학교 운동부든, 체육학과든, 스포츠 동아리든 말이다. 그 안에서는 그야말로 억압뿐 아니라 착취와 차별, 그리고 일상적 폭력을 발견할 수 있다. 언어폭력과 육체적 폭력, 연령과 학년 차별, 성차별 등 말이다.

운동부나 동아리에만 해당되는 것도 아니다. 예술계처럼 '집단 작업'을 하는 곳이면 어디나 교수와 학생, 그리고 선배와 후배 간 끔찍스러울 정도로 엄격한 위계가 존재한다. 어느 예술대 학생은 교수와 함께 시내를 걷다가 교수가 쇼윈도를 보며 "얘, OO야. 저 스카프 너무 이쁘지?" 하고 툭 던진 한마디에 며칠을 고민하다 결국 그 스카프를 사다 바쳤다고 한다. 무시무시한 자발적 복종이다.

예체능계의 위계는 교수와 학생이라는 도제 시스템에서만 비롯되는 것은 아니다. 학생과 학생, 즉 선배와 후배 간에는 더 육체적(?)이고 끈끈한 관계가 형성된다. 특히 체육, 무용, 연극 등 집단 작업이 많은 분야는 선후배 간 군기 잡기와 얼차려 등의 폭력이 빈번하다. 이들에게 '군기' 없는 작업은 영 더디고 답답하기만 할 뿐이다. '하나' 되길 강요하고, 일방적으로 설정한 '집단 목표'를 향해 진군할 때 그 어떤 질문이나 이의 제기도 용납하지 않는다.

캠퍼스 폭력은 여기서 그치지 않는다. 집단성이 요구되고 공동 작업이 필수적인 분야는 어디나 마찬가지다. 의대, 공대, 자연대, 농대 다 마찬가지다. 그리고 꼭 실험이나 수술이 없더라도 대학원에 가면 또 거기에 억압과 착취와 폭력이 있게 마련이다. 교수와 학생 간, 그리고 선배와 후배 간에 말이다.

어쩌다 이런 폭력적 집단주의가 소위 엘리트들의 공간인 대학 캠퍼스에서 일상화됐을까. 어쩌다 집단적 폭력이 우리 안에 내면화되고 '전통' 이 됐을까.

개화기 외국 문물을 접하게 되면서 한국인들은 자신들의 왜소함을 알았고 총칼 찬 서구인들의 모습을 보며 자신들의 미약함을 절감했다. 특히 당시 한국인들의 신체적 열등감은 거의 자학과 자포자기 수준에 이르면서 외세, 결국은 일본의 지배를 당연시하게 될 정도였다. 당시 지식인들을 중심으로 싹텄던 이러한 자학적 열등의식은 숭문을 죄악시하면서 상무에 대한 맹목적 집착으로 나아갔다. 이에 더해 분단과 전쟁이라는 '민족 잔혹사' 는 우리에게 '힘' 의 중요성을 뼈저리게 가르쳐주었다.

그러나 힘이란 본질적으로 폭력이 내재된, 폭력을 전제로 형성되는 것이다. 게다가 힘에 대한 우리의 열망은 폭력의 진수라 할 수 있는 전쟁과 집단 콤플렉스에 근거한 것이었기에 강압과 통제와 폭력이 용인되는 텃밭이 되었다. 이는 결국 이른바 '압축 근대' 로 상징되는 20세기 중후반, '조국 근대화' 와 '선진 조국 창달' 을 위해서라면 그 어떤 반지성적, 몰이성적인 국가 정책이나 폭력까지도 합리화하는 기제로 작동하게 된다.

따라서 강압적 집단주의에 기반 한 근대화, 폭력이 정당화된 근대화의 길을 질주하는 가운데 국가의 통제와 훈육은 전 방위로 이루어졌다. 코흘리개 때부터 '국민 교육 헌장' 과 '국기에 대한 맹세' 를 외우며 '조국과 민족의 무궁한 영광' 이라는 집단적 목표를 위해 '몸과 마음을 바쳐 충성을 다할 것을 굳게 다짐' 해야 했다. 교련과 체육 등 교과 수업뿐 아니라 현충사 답사, '이순신 장군 백일장' , 태권도를 통해 어릴 때부터 상무 정신에 흠뻑 젖어들었다. 사회 분위기도 집단적, 일방적, 군사주의적이었다. 남한 사회가 단기간에 이룬 '압축 근대'는 국민들의 희생을 강요하며 진행됐기에 당연히 사회 구성원들의 동의는커녕 설득 과정조차 생략됐고 대신 통제와 훈육을 통한 '국민 길들이기'와 '민족 개조'가 그 근간을 이루게 된다. 여기에서 가장 강조되는 것 중 하나가 바로 '일사불란함'이다. 그래서 청소도 새벽에 단체로 해야 했고, 초가지붕도 온 동네가 한꺼번에 뜯어고쳐야 했으며, 체조조차 온 나라 공무원이 정해진 시간에 함께 해야 했다.

이런 훈육에 길들여진 탓인지 우리는 '하나됨'을 심하게 좋아한다. 자주 듣는 구호 중엔 '뭉치자'도 있다. 흩어지면 죽는다나(?). 거역하면 왕따 된다. 그리고 그 뭉치고 하나 되자는 곳에는 항상 의식ritual이 있다. 문제가 된 체대생들도 바로 이 의식을 보다 더 '의식답게' 하려다 '오버'한 것이다. 오랜 세월 이어온 전통에 신세대답게 새롭고 참신한 프로그램을 넣어야 했기에 기예技藝에 가까운, 아크로바틱한 얼차려 동작까지 넣어 의식을 좀 더 폼 나게 만들려 한 것이다.

줄지어 터져 나오는 체대 폭력 사건은 사실 어제 오늘의 일도 아니고 이제까지 문제 제기가 없었던 것도 아니다. 그럼에도 이런 못된 관행이 이제까지 아무렇지도 않게 이어져온 것은 바로 우리 스스로 그것을 용납했기 때문이다. 사실상 불법, 탈법, 폭력, 갈취인데도 그럴 듯한 이름을 붙여 오랜 세월 이심전심 모른 척해줬다.

예를 들어 최근 십여 년 한국의 많은 남성들의 관심사였던 '원조교제'도 그런 것이다. 소머리 국밥도, 족발도, 닭갈비도 아닌 그것 어느 구석에 '원조'가 있고 '교제'가 있는가. 그러나 많은 '우리'들이 즐기고 탐닉하는 '이것'이 쑥스럽기도 하고 당장 끊기도 그러니까 '원조 교제'라는 엉뚱한 이름을 붙여 스스로 안위安慰하고 죄책감도 좀 줄여보려는 것 아닐까. '촌지' 도 마찬가지다. 사실상의 뇌물로 다른 직종이었으면 당장 구속감인데 이 사회의 선생님들은 50만 대군이라는 '빽' 을 배경으로 엉뚱한 이름을 가져다 붙여놓고는 그 단맛은 쪽쪽 빨면서도 처벌은 교묘히 회피하는 것 아니었나.

마르크스는 인류의 역사를 계급 투쟁의 역사라 정의했지만 이는 동시에 야만적 폭력에 대한 저항의 역사이기도 하다. 그러나 우리는 거시적 폭력엔 민감하게 반응하면서도 우리 주변의 일상적 폭력엔 관대하다. 또 가끔씩은 요상하고도 해괴망측한 목적을 부여하면서 폭력을 합리화한다. 그게 아니라면 가정에서, 학교에서, 군대에서 벌어지는 그 무수하고도 무시무시한 폭력이 어떻게 아직도 용인되고 있겠는가.

우리는 이제까지 일상의 폭력을 내재화하고 용인했을 뿐 아니라 이를 시간적 · 공간적으로 확산하고 재생산해왔다. 단합을 위해, 예절을 위해, 하나 되기 위해. '어울림 한마당', '하나 되는 시간', '신입생 환영회' 같은 황당한 제목을 가져다 붙이고는 문 걸어 잠그고 후배, 그것도 신입생에게 폭력을 행사하는 것은 다른 데서 온 게 아니라 모두 어른들에게서 배운 것이다.

타협의 대상도, 두 번 생각할 일도 아니다. '아름다운 살인' 이 있을 수 없듯이 선배든 남성이든 교수든 사랑을 이유로, 교육을 이유로, 하나됨을 이유로 때릴 수는 없다. 꽃으로도 때리지 말라 했다. 특히 제자들끼리 치고받고 하는 걸 모른 척하다가 군기 다 잡히고 나면 등장해서 위세 부리는 교수님들, 간곡히 바라건대 창피한 줄 아시라. 심하게 비겁하시다.

2008년 2월 12일 그렇게 기다리던 용인대 무도 대학 합격 통지를 받은 열여덟 살 강장호는 입학도 하기 전 선배들이 소집한 훈련에 참여했다가 구타 등 가혹 행위로 인해 3월 4일 사망했다. 대학 새내기가 된 친구들이 캠퍼스를 거니는 따스한 봄날, 그는 싸늘한 주검이 되어 부모에게 돌아간 것이다.

고 강장호 군의 명복을 빈다.

성폭행과 그 공범들

국가 대표 팀 감독을 지낸 우리은행 프로 농구단의 박명수 전 감독이 소속 선수 성추행으로 구속됐다. 판단이 필요하다. 그의 구속을 정신 나간 한 남자의 범죄로 볼 것인지, 아니면 이 땅의 여성 스포츠계에 만연한 구조적인 문제로 볼 것인지를 따져보는 것 말이다. 결론은 당연히 후자로 낙착된다.

이번에 드러난 박 전 감독의 행각은 필자의 눈과 귀를 의심케 한다. 선수들에게 방 청소를 시키고 자신의 짐을 싸게 하는 것은 물론 속옷을 빨게 하고 선수가 있는 데서 바지를 함부로 갈아입었다. 박 전 감독의 말대로, '아버지' 같은 존재고 선수들을 '딸' 같이 생각해서 그런 건데 그게 뭐 문제냐고? 더 들어보시라. 트레이너 만나러 간다는 구실로 선수들 방이 있는 위층으로 올라가 선수들이 알몸으로 있는데 불쑥 나타나고, 선수들에게 '뽀뽀' 하자 그러고, 일대일 면담한답시고 방문 닫아놓고 침대에서 팔베개하고 같이 눕자고 하고. 감독은 옷을 벗고 말이다.

그는 미국 전지훈련지 숙소에서 선수를 추행하려 했다가 여의치 않자 일단 보냈다가 다른 선수를 통해 다시 불러들여 폭행하려 했다.

그러자 피해 선수는 두 번째로 불려가기 전에 동료에게 자신의 위급함을 알렸고 시간이 지나도 돌아오지 않으면 와달라고 했다 한다. 그 선수가 두 번째로 방에 들어섰을 때 박 전 감독은 이미 옷은 다 벗고 수건만 두르고 있었고 피해 선수의 옷을 벗겨 더듬기 시작했다. 기다리던 동료들은 10분이 지나도 그 선수가 돌아오지 않자 방문을 두드려 결국 피해 선수를 구출할 수 있었다.

피해 선수는 다음날 그 동료와 산책을 하던 중 주차장 구석에서 마침내 울음을 터뜨렸다. 동료는 다른 건 물어보지도 않고 그랬다고 한다. "괜찮다. (넌) 잘못 없다."

박 전 감독은 이번 일이 처음이 아니었고 선수들도 이전의 일들을 알고 있었다. 다른 팀에서도 있는 일이지만 우리은행에서는 좀 더 심했다고 선수들은 증언한다. 우리는 여기서 '다른 팀에서도 있는 일이지만'에 주목해야 한다. 언젠가 어느 신문 기자가 했던 말이 기억났다. "여자 선수들 정말 불쌍해." 사연인즉 감독들에게 '당한다'는 것이다. 대회 출전과 전지훈련의 연속인 그들의 생활은 선수들에게 '절대 지존'으로 군림하는 남자 감독들의 폭력에 완전히 무방비로 노출될 수밖에 없다.

여자 선수들에게 감독은 그냥 감독이 아니다. 군주다. 신이다. 감독의 말을 거역하면 게임 못 뛴다. 더 무서운 건 다른 팀으로 트레이드되거나 잘리는 거다. 특히 박명수 전 감독처럼 국가 대표 팀 감독도 했고 한 팀에서 19년을 있으면서 선수 선발권 등 통상적 감독의 권한 외에 선수 연봉 책정 등 행정권과 재정권까지 거머쥔 감독에게 저항한다는 것은 한마디로 무모한 짓이다.

세상을 알기도 전에 농구를 시작했던 이들에게 농구 너머의 세계는 존재하지 않는다. 농구 선수 외엔 친구도 없고 편의점 '알바' 한 번 해본 적 없으며 심지어 식구마저 군인 휴가 나와 만나듯 했기에, 이들에게 농구를 그만둔다는 것은 곧 자존의 '사망'을 의미한다. 그래서 이러한 사건이 여성 스포츠계에 비일비재함에도 선수들은 울기만 하는 것이다.

그러면 도대체 왜 선수도, 그 부모들도 가만히 있냐는 질문에 한 체육계 인사는 이렇게 답한다. "일을 당하고 나면 선수도, 부모도 어떻게 해야 할지를 모르는 거예요. '큰일 났다', '이걸 어쩌냐', 고민도 하고 화도 내긴 하지만 정작 뭘 어째야 하는지 모르는 거죠. 그리고 이게 어디 소문내고 다닐 일도 아니잖아요." 바로 이거다. 감독은 이 문제가 '말 못할 고민'이라는 점을 집중 공략하면서 합의를 유도한다. 그리고는 한마디를 덧붙인다. "그래도 아이 운동은 시켜야 하지 않겠습니까"라고. 이렇게 어린 피해자의 미래를 인질 삼아 협박성 발언을 양념처럼 살짝 섞어 넣으면 상황은 종료(?)된다. 부모들도 체념하고 받아들이게 되는 것이다.

이번 피해자는 프로 선수다. 그리고 농구는 아마도 국내 여자 스포츠 중 사회의 관심과 언론의 주목을 가장 많이 받는 종목이다. 그럼에도 이런 일이 벌어진다. 믿고 싶지 않지만 감독의 여자 선수 성폭행은 곳곳에서 벌어진다. 종목을 가리지 않는다. 나이도 따지지 않는다. 그렇다면 사람들의 '관심 밖'인 종목의 경우는 어떨까. 여성 스포츠계에 성폭행이 비일비재하기 때문에 박 전 감독의 경우 참으로 운이 없다(?)고까지 할 수 있을 정도다. 사실 여자 선수들의 경우 비인기 종목일수록, 후보 선수일수록, 초년병일수록 위험에 노출되기 쉽다.

동료 선수들도 가족들도 해줄 수 있는 거라곤 옆에 있어주면서 다독이는 것 외엔 없다. 왜? 그들에겐 도움을 구할 곳이 이 세상에는 존재하지 않기 때문이다. 트레이너? 코치? 구단? 연맹? 대한체육회? 아니면 기자? 아서라. 다 한통속이다. 돌아올 것은 후회밖에 없다. 그런 걸 두고 '괜한 짓 했다' 고 하는 것이다.

그렇다면 어떻게 이런 엄청난 문제가 아무렇지도 않은 듯 이어져 올 수 있었을까. 그렇게도 빈번한 문제인데 왜 이제야 알려지게 됐는가. 여기엔 무수한 공범들이 존재한다. 이건 그냥 못 돼먹은 몇몇 감독들만의 이야기가 아니다. 여자 선수들은 그들을 둘러싼 '구조' 안에서 '조직적' 으로 당하는 것이다.

가장 먼저 지목해야 할 대상은 박명수 감독이 몸담은 우리은행이다. 우리은행은 4월 26일 박명수 전 감독의 사퇴를 발표하는 자리에서 '일신상의 이유' 라 둘러대며 정확한 이유는 모른다고 했다. 거짓말이었다. 이후 사건 내용이 알려지면서 일이 커지자 '개인의 일' 이라고 했다. 발을 뺀 것이다. 그리고는 문제가 된 감독을 마땅히 파면했어야 함에도 그의 사표를 받아줬다. 퇴직금까지 챙겨서 내보내줬다는 이야기다. 이것만으로도 '참 이상한 은행' 이란 생각이 드는데 문제는 여기서 끝이 아니다. 이번 사건은 엄연한 '직장 내 성폭력' 사건이며, 따라서 가해자를 징계하고 피해자를 보호해야 할 의무가 있다. 그런데도 우리은행은 사건 발생 이후 피해 선수에 대한 보호 조치는 물론 입장 표명조차 없다. 오히려 사건 무마를 위해 해당 선수를 회유하고 압박했다. 피해자인 선수를 보호한 게 아니라 가해자인 감독을 보호한 것이다. '참 웃기는 은행' 이다. 하나 더. 이번 사건을 강 건너 불구경 하듯 방관하는 우리은행 노조에 대해서도 심히 유감스러울 뿐이다.

이번 사건을 대하는 여자프로농구연맹WKBL의 행태 또한 한심함에서 우리은행과 쌍벽을 이룬다. 협회는 이번 일을 계기로 'WKBL 핫라인'을 개설해 이러한 문제들을 뿌리 뽑겠다고 한다. 이런 전화 신고 제도는 이제까지 수많은 체육 기관들이 무슨 사건만 터지면 지겹게 써먹던, 매우 익숙하면서도 참으로 쓸데없는 대책이다. 장담컨대 전화 한 통 놓는 그런 방식으로 뽑힐 뿌리는 이 세상에 없다. 그리고 신고자의 신분과 프라이버시는 철저하게 보장된다고 했다던데 이 또한 장담컨대 절대로 보장 안 된다. 애당초 다들 한통속이고 공범들 아니던가.

더욱 문제는 이런 심각한 사건이 발생했음에도 WKBL은 입장 표명도 없다는 것이다. 당연히 열렸어야 할 징계위원회도 열리지 않았다. 징계의 최저선은 '당연히' 영구 제명이다. 이런 와중에 박 전 감독의 코트 복귀라는 말도 안 되는 이야기까지 솔솔 나온다. 그가 감옥에서 나오면 다시 쓰겠다는 뜻인가? 원래 국회 의원들은 성추행 저지르고도 잘들 살아남는다던데 연맹 회장 역시 '국회 의원'이라 성폭력에 관대한 것인가? 우리나라 스포츠는 진정 상식에 도전한다.

필자가 주목하는 또 다른 공범은 바로 기자들이다. 앞에서 언급했듯 상당수 기자들은 이러한 스포츠계의 성폭력 문제를 알고 있다. 아주 잘 알고 있다. 그럼에도 그들은 이를 기사화하지 않는다. 무시무시한 침묵의 카르텔이다. 몇 년 전 농구 아닌 종목의 한 여자 팀 감독의 문제가 터졌으나 이는 기사화되지 않았다. 이름 꽤나 알려진 이 감독이 선수 가족과는 합의하고 기자들은 '입막음' 했기 때문이다. 이렇듯 기자들은 감독 및 구단과의 '공생 관계'를 유지하기 위해, 즉 이해관계에 따라 기사화 여부를 판단한다. 좋은 기사거리를 계속 얻기 위해서는 '좋은 관계'가 필수적일 수밖에 없다.

결국 성폭력을 비롯해 스포츠계의 문제가 터지면 구단, 협회, 기자들은 일치단결 '합심' 해서 사건 무마에 나선다. 예를 들어 이런 거다. 어느 날 여자 팀의 모 감독이 갑자기 그만둔다. 계약 만료일도 아니고, 옮겨 갈 팀을 정해놓은 것도 아닌데 사퇴한다. '일신상의 이유' 란다. 구단, 협회, 기자가 모두 입을 맞춰준다. 이런 경우 대부분 성 추문 때문이라고 보면 된다. 이번 박 전 감독의 경우도 처음 언론에 기사화됐을 때는 '일신상의 이유', '돌연 사퇴' 로 표현됐음을 잘 아실 것이다. 이들은 이런 식으로 가해자를 보호하고 피해자를 바보 만든다.

이번 사건의 피해 선수는 이 공범들이 쳐놓은 이중, 삼중의 방어막을 끝내 돌파해 자신의 억울함을 세상에 알렸다. 그렇다면 이 공범들은 적어도 자중이라도 할까. 사회가 대부분 그렇지만 특히 체육계 같은 대표적 '마초 집단' 은 반역자를 용납하지 않는다. '도전' 의 '쓴맛' 을 보여주려 하고 그 '뒤끝' 이 어떠한지 '본때' 를 보여주려 한다. 피해자를 '반역자', '배신자' 로 만들어 이지메 하고, 왕따 놓고, 바보 만든다. 피해자에 대한 이차 폭행은 가해자의 일차 폭행 못지않다. '조직의 폭력' 은 계속 이어지는 것이다.

이 사건이 터진 이후의 전개 과정은 이제까지 보아오던 성폭력 사건의 진행 과정과 너무나도 흡사하다. 가해자는 기억이 없다 한다. 피해자의 동료 선수들조차 가해자를 옹호하고 피해자를 '왕따' 놓는다. 조사 과정에서는 피해자에 대한 이차 폭력이 이뤄진다. 남자 조사관이 '신체 특정 부위 봤느냐', '특징이 뭐냐', '재연해 봐라' 묻는다. 사건이 벌어진 조직은 물론 그 감독 기관마저 피해자를 못 본 척 한다. 피해자는 직장 복귀를 두려워하게 된다.

특히 현재 피해 선수의 동료 중 절반 정도는 피해 선수를 못마땅해 한단다. "왜 이렇게 일을 크게 만들었냐", "너 때문에 우리 감독님이 감옥 가게 생겼다"면서. 우리는 여기에서 폭력에 대한 무시무시한 자발적 동의를 다시 한 번 목격한다. 그들은 오랫동안 행해진 폭력에 스스로 순응한 것이다. 그래서 피해 선수는 팀에 합류하지 못하고 현재 신경 정신과 치료를 받고 있다.

폭행의 장본인인 박 전 감독이 재판에서 내세운 변명은 한마디로 가관이다. 원래 이런 사건이 벌어지면 "저는 몰라요. 술이 그랬어요." 하면서 애꿎은 술 뒤에 숨어 필사적으로 빠져나가려는 이들을 숱하게 보아왔다. 그런데 박 감독은 이 정도로는 부족하다고 느꼈는지 술에다가 하나 더 갖다 붙였다. 바로 감기약. 그는 당시 술에 만취했고 감기약까지 먹었기 때문에 평소 하지 않던 행동을 했다면서 자신의 혐의를 부인했다고 한다. 앞으로 감기약 먹은 사람 조심하자. 감기약 먹으면 성폭행한단다.

체육계는 세상의 상식이 통하지 않는다. 꼭 성폭력이 아니더라도 구타든 금품 비리든 감독이 '범죄'를 저질렀을 때 어느 협회든 그를 '제명' 시킨 경우를 우리는 보지 못했다. 구속됐던 감독이 원 소속 팀으로 복귀하기까지 하는 게 바로 스포츠다. 언급했듯 박 전 감독의 팀 복귀라는 허무맹랑한 이야기가 설득력 있게 들리는 데가 바로 이곳이다.

특히 한국의 스포츠계에서 집중적으로 당하는(?) 집단, 가장 확실하게 착취당하는 집단이 바로 '스포츠 하는 여성들'이다. 여성 체육인들은 이 땅의 여성계가 끈질긴 싸움을 통해 스스로의 권리를 찾아가는 작금의 '현대 사회'에서도 버려진 여성들이다. 이들은 조국에

메달을 바치며 칭송을 받기도 하지만 경기장 밖에서는 어둠 속에 있다. 과거 검투사들의 '현대 버전' 이라면 과장일까.

여자의 경우는 프로 선수들조차 합숙을 해야 한다. 남자 프로 선수들은 출퇴근을 하는데 여자 프로 선수들은 결혼한 사람조차 합숙을 해야 한다. 일거수일투족을 감독, 코치, 매니저, 구단 직원, 협회 사람들에게 감시당한다. 주말엔 외출, 외박을 나간다. 군인처럼. 팀 선택이나 트레이드, 방출에서도 본인의 의향은 철저하게 무시된다. 연봉 협상? 그런 거 없다.

선수 생활을 마치면? 아무것도 없다. 그나마 몇 안 되는 감독, 코치 자리까지 모두 남자들에게 뺏긴 상황이다. 여자 프로 농구와 프로 배구의 감독, 코치 수는 현재 총 23명인데 그중 여자는 우리은행 농구 팀의 코치 단 한 명이다.

이들이 선수 생활 은퇴 후 사회에 나가서 가질 수 있는 직업은 찾기 힘들다. 아니, 없다. 결국 상당수 여자 선수들에게 은퇴란 사실상 빈곤층으로의 추락을 의미한다. 그래서 해체가 결정된 어느 실업 팀 감독은 선수들에게 눈물겨운 한마디를 한 것이다. "내가 어떻게든 노력해볼 테니 너희들 제발 술집만은 가지 마라." 어떤 종목이냐고? 말해줄까? 바로 국민 여러분이 그토록 열광했던 여자 핸드볼이다.

주전 선수 평균 연령이 무려 34세라는 '우생순' 의 그녀들이 뛰고 싶어 뛴 줄 아나? 은퇴하고 싶어도 먹고살 방도가 없어 뛴 거다. 후배도 없어 은퇴를 못해 지겹게 뛰는 거다. 골병 들 때까지 뛰는 거다. 그나마 그들은 '국가 대표' 니까 뛰는 거지만 거기에 포함되지 못한 수많은 동료 선수들은 지금 어디서 뭘 하는지 관심이나 있나. '우생순' 은 차라리 한국 스포츠의 비극이다.

사회가 하루가 다르게 변화하고 있고, 진보하고 있고, 또 여성계는 진군을 거듭하고 있지만, 여성 스포츠만큼은 높은 철조망에 둘러싸인 채 잊힌 땅, 버려진 땅이 됐다. 그리고 그 버려진 땅에서 짐승 같은 남자 감독들에게 당하기까지 했던 것이다. 그래서 운동하는 여성들을 보면 여성계의 진보가 화려한 만큼 더욱 씁쓸하고 또 그만큼 불편하다.

이번 일을 공론화시킨 젊은 선수는 참으로 보기 드문 인물이다. 솔직히 체육계엔 강고한 침묵의 카르텔뿐 아니라 '배신자'에 대한 확실한 보복 시스템이 자리 잡고 있기에 이 아성에 도전하는 순간 도태된다는 것은 세상이 다 아는 사실이다. 어떤 문제가 발생했을 때 이를 증언해줄 수 있는 사람들은 다 숨는다. 심지어 피해 당사자조차 나서지 않는다.

그럼에도 이 선수는 여성으로서는 치명적일 수도 있는 이번 사건을 정면으로 마주했다. 성폭행의 주인공인 박 전 감독을 오히려 옹호하는 몇몇 동료들의 차가운 눈초리조차 "이해한다"고 한다. 우리는 계속 그를 홀로 내둬야 하는가. 박찬숙 전 감독은 한 사람의 구속으로 이번 사건을 마무리 지으려는 분위기가 있다고 경계한다. 정말 그렇게 놔둘 것인가 말이다.

그 선수가 한 이야기가 머릿속에 계속 남는다. "그건 아니라고 생각한다."

"전 룸싸롱 안 가요."

: 행동보다 더 무서운 그들의 뇌 구조

자정 능력을 상실한 체육계가 바로 서기 위해서는 이제 외부로부터의 충격 외엔 기대할 게 없다는 생각에 이르게 됐다. 그러나 이러한 희망(?)에도 불구하고 내가 듣게 된 이야기는 국가인권위원회조차 체육계는 포기했다는 이야기였다. 어디서부터 어떻게 건드려야 할지 도대체 알 수가 없다는 것이다. 이제 희망이 없다며 자포자기하려던 차에 바로 그 국가인권위원회로부터 스포츠 인권 관련 간담회가 열리는데 참여하겠냐는 연락이 왔다. 우리은행 여자 농구 팀 성폭행 사건을 계기로 여자 선수들에 대한 폭력과 관련하여 간담회를 계획한 것이다. 이럴 때 '기쁘다'는 표현이 말이나 되는지 모르겠지만 어쨌든 먼 길 마다하지 않고 가기로 했다.

인권위에서 관심을 가져줘 다행이라 생각하면서 간담회에서 제시할 사례들을 머릿속에 차곡차곡 챙겨 넣었다. '이런 이야기 들으면 아마 그분들 뒤로 나자빠지겠지' 하며 말이다. 최대한 '충격적'이고 '파렴치'한 것으로만 골라서 서울로 갔다. 그런데 예상과는 좀 달리 일이 진행됐다.

나는 '기회는 이때다' 하는 심정으로 그 충격적이고 파렴치한 사례들을 침을 튀겨가며 쏟아냈다. 이쯤 되면 간담회 참석자들이 경악하지 않을 수 없을 것이라 확신하며 울분에 찬 발언을 마무리했다. 폭풍이 지나간 뒤의 고요. 잠시 후 간담회를 주재하는 인권위의 여성 임원이 조용히 말을 이어갔다.

그러게요. 저도 이쪽이 이렇게 심한 줄 몰랐었는데 성폭력 상담소에 있을 때 전화가 왔는데…… 글쎄 초등학생을 임신을 시켜서…… 부모가 왔더라구요…….

내가 쓰러졌다. 충격을 주려고 서울까지 올라갔던 내가 되레 충격을 받고 기차에 실려 부산으로 돌아와야 했다.

얼마 후 역시 인권위에서 학생 선수의 인권과 관련된 토론회가 열렸다. 거기서 스포츠에 관심이 많은 한 국회 의원이 여자 선수 성폭력과 관련해 "심지어 어느 학교는 감독이 여자 선수들을 모조리 건드린 경우까지도 있다"고 고발한다.

역시 이 동네는 나의 상상을 초월한다. 그런데 대한체육회가 체육계 폭력과 비리를 시정하기 위해 만들었다는 소위 자정운동본부의 장이라는 분이 쑥스러워서 그랬는지 아니면 변명 좀 해야겠다고 생각했는지, 사람들 모여 있으면 그런 일도 벌어지는 것 아니냐는 식으로 말문을 열더니 "직장 내 성폭력 같은 것"도 있지 않느냐며 스포츠계 성폭력을 합리화한다. 토론회에 참여한 사람들의 간담을 서늘케 한 희대의 궤변이요, 망언이었다.

박명수 전 감독에 이어 스포츠계의 성폭력 문제를 세상에 까발린 것이 바로 2008년 2월 방영된 KBS의 시사 고발 프로그램 《쌈》이다. 《쌈》은 스포츠계의 성 문제의 실태를 정확하게, 그리고 충격적으로 보여주었다. 그런데 나는 이들이 저지른 행위보다 이들의 사고방식, 즉 뇌 구조가 더 무섭다. 스포츠계에서 벌어지는 팩트fact보다 그 공간에 횡행하는 멘탈리티mentality가 더 무시무시하다는 이야기다.

선수를 두고 "자기가 부려야 할 종"이라니. "종인데 육체적인 종도 될 수 있다"니. 그리고 합숙소에서 여자 선수들을 하나씩 '당번'을 정해 자기 방으로 불러들여 안마를 시키고 성폭행을 했던 자가 한다는 소리가 "아이들과 저와의 스킨십"이라니. 이들의 개념 상실 행각은 여기서 그치지 않는다. 감독의 선수 성폭행 문제에 대해 기자들 앞에서 했다는 이야기는 더 가관이다. "운동만 가르치나. '밤일' 도 가르쳐야지." 숱한 여중생과 여고생이 여기에 포함된다는 믿을 수 없는 사실은 차라리 그냥 외면하시라.

이들은 자신들의 행위를 잘못된 것이라 여기지도 않는다. 황당하게도 그들의 머리에서 이러한 성폭행은 '죄' 의 카테고리에 포함되지 않는다. '감독 노릇' 의 일부분이라 여기는 걸까. 그래서인지 그들은 자신들의 성폭행 사실이 들통 났을 때 억울해 한다. 이는 박명수만 봐도 알 수 있다. 그는 구속되기 전 피해 선수의 부모와 합의를 시도하며 썼던 사과문에도 자신의 죄를 인정치 않았다. "본인의 뜻하지 않은 실수"로 인해 부모님께 "송구스럽다"며 시작한 사과문은 "죄송스럽게 생각한다"로 끝을 맺는다. '죽을죄를 지었습니다' 는커녕 '잘못했습니다' 도 '죄송합니다' 도 아니고 죄송스럽게 '생각' 한단다. 이쯤 되면 외교 문서 뺨치는 언어 구사다.

그는 왜 자신의 잘못을 인정하지 않을까. 아니 오히려 억울하다 생각할 것이다. 그에게 소속 선수들에 대한 성희롱과 성추행은 밥 먹는 것만큼이나 일상적인 것이었으니까. 아니, 자랑할 만한 것이었다. 한 기자가 그와 식사하며 들었다는 이야기가 나의 귀를 의심케 한다.

"전 '룸싸롱' 안 가요."

그런데도 '덮고 가자'는 이들이 있다. 덮고 가자니. 그게 가해자의 논리인 걸 모르는 걸까. 그러다 이 꼴 된 걸 모르는 걸까. 우리 스포츠계는 사실 이렇게 은폐·엄폐하는 데만 골몰하다보니 이렇게 뿌리까지 썩게 됐다.

문제 해결 1. 이제 제발 합숙 좀 없애자

성폭력을 근절하기 위한 첫 단추는 '합숙소 폐지'다. 《쌈》에서도 잘 밝혀놓았지만 우리나라 스포츠계의 폭력 문제는 절반 이상이 합숙에서 비롯된다. '그놈의 합숙소'에서 감독이 선수를 구타하고, 선배가 후배 때리고 돈 뜯고 공부 못하게 하고 심지어 글로 차마 옮기지 못할 유사 성행위까지 강요한다. '그놈의 합숙소' 때문에 몇 년 전 천안초등학교 축구부원 여덟 명이 그 어린 생을 마감했다. 그중엔 아홉 살 꼬맹이도 있었다. '그놈의 합숙소'에서 지금도 숱한 여자 선수들이 감독들의 성적 노리개가 되고 있다. 갓 열 살이 넘은 여자 아이들이 밤에 자는 사이 감독에게 끌려 나가지 않으려고 서로서로 손을 묶고 잤다고 하지 않는가. 어느 여고 팀에서는 3학년 진학할 때 피해를 최소화(?)하기 위해 합숙이나 전지훈련 때 1년 동안 감독님 '모실' 한 명을 아예 정하기로 했단다. 먼저 나서는 이가 없자 결국 주장이 나섰단다. 한국의 스포츠, 눈물 없인 볼 수 없다.

합숙소 없으면 안 된다고? 현실을 모르는 말이라고? 그만 좀 해라. 현실 잘 안다. 그게 다 감독과 협회 편하라고, 편하게 통제하고 쉽게 성적 올리려고 안 없애는 것 아닌가.

문제 해결 2. 검투사 기르나, 공부 좀 시켜라

인간다운 삶을 위하여, 다른 사람들과의 소통을 위하여 교육은 꼭 필요하다. 성취도의 차이는 있을지언정 사회가 요구하는 최소한의 교육 수준은 있는 법이다. 이는 양보하거나 타협할 것이 아니다.

그러나 감독들은 선수들이 수업 들어가고 자꾸 '뭔가 배우는 것'을 원하지 않는다. 자기가 가르치는 것만 받아들이게 한다. 당연히 수업 들어가도 안 되고, 집에 가도 안 되고, 운동부 외의 다른 친구들을 만나도 안 된다. 그렇게 되면 '세상'을 알게 되니까.

사실 어린아이들을 온종일 패면서 운동 시키는 것은 '수준'이 안 되는 지도자들에겐 성적을 올리는 가장 편하고 손쉬운 방법이다. 그 쉬운 걸 왜 포기하겠는가. '공부 안 하는 게 기본'이라는 논리를 감독은 물론 학부모, 그리고 경기 단체까지 당연시한다. 대한체육회 자정운동본부장은 학생 선수들에 대한 수업권 보장에 대해 이런 식으로 주장했다. "애들은 운동만 하고 싶어 하는데 억지로 공부를 하라고 시킨다면 이거야말로 인권 침해입니다."

그 아이들이 그렇게 운동해서 다들 성공한다면 내가 왜 잔소리를 하겠는가. 한둘 빼곤 다 실패하니까 문제 아닌가. 그 많은 선수 출신들이 후회하지 않는가. 그 아이들 인생을 책임질 것도 아니면서 그토록 무책임한 말을 어찌 그리도 쉽게 하는가. 아이들 공부도 안 하고 운동만 해서 좋을 사람은 결국 협회나 감독 밖에는 없다.

문제 해결 3. 죄가 있는데 왜 처벌은 없나

축구, 야구, 농구, 배구 등 인기 종목 중 'OO 신고 센터' 운영하지 않는 협회는 없다. 대한체육회에도 신문고라는 고발 게시판이 있다. 이는 세계적으로도 그 유래가 없는, 우리나라 스포츠만의 특징이다. 운동하는 데 뭐 그리 신고하고 고발할 일이 많은가. 그런데 제대로 운영되는 데 있으면 손 한번 들어보시라.

그러면 제대로 운영되지 않는 제도를 왜 자꾸 만드는가. 면피용, 생색내기용, 무마용이 필요하기 때문이다. 문제가 불거지면 납득이 가도록 일관되게, 공평하게 징계하면 된다. 그러나 체육 단체 중에 그런 곳은 매우 드물다. 왜? 그 밥에 그 나물이니까. 결국엔 '우리가 남인가', '좋은 게 좋은 거'라는 식으로 넘어간다. 지금의 제도로도 충분하다. 협회는 객관적으로 심사하고 단호하게 징계하면 될 일이지 괜히 여기저기 신고하라고 떠들 일이 아니다.

한 학교의 여자 선수 대부분을 유린해서 협회로부터 영구 제명된 자가 다시 여학교에서 가르친다는 게 도대체 말이 되는가. 성폭행 감독이 본래 팀으로 복귀하고, 다른 팀 감독으로, 협회 임원으로 버젓이 경기장에 나타나는 게 우리의 수준인가. 가해자는 아니꼽게 쳐다보고 피해자는 고개 숙여야 하는 게 우리 스포츠의 수준인가.

문제 해결 4. 여성 스포츠는 여성이 접수케 하라

우리나라엔 세계적 선수들이 많다. 그런데 여자와 남자, 어느 쪽이 많을까? 여자 쪽이다. 양궁이나 쇼트트랙도 그렇고, 농구, 배구, 핸드볼, 필드하키, 탁구 등도 그러하다. 올림픽 메달 수를 따져보면 쉽게 알 수 있다. 그런데 국가 대표 팀이고 프로 팀이고 실업 팀이고 감독, 코치는 죄다 남자들이다. 여자 프로 농구의 경우 작년 말 총 23명의 지도자 중 여성은 코치 단 한 명이었다. 그러나 세계적 수준에서 보면 어떠한가. 한국 남자 농구는 여자 농구 따라가지 못한다. 여자 농구는 올림픽 은메달까지 땄던 그런 수준이다. 그런데 왜 남자들이 감독 자리를 독식하는가.

사회가 대부분 그렇지만 특히 스포츠는 완전무결한 남자들의 세계다. 남자 농구에서 지도자 되겠다는 이들은 넘쳐나는데 이들이 서로 피터지게 경쟁하다가 그쪽에 자리를 못 잡으면 여자 농구로 흘러들어오는 것이다. 사실 여자 농구를 맡은 감독들을 보면 물론 전부는 아니지만 상당수는 남자 농구 쪽에 비해 선수 시절 '이름값'에서 뒤떨어진다. 그렇지만 직업, 즉 생계를 위해 자리가 나면 여자 팀으로 꾸준히 넘어가더니 이젠 완전히 장악해버린 것이다.

여자 팀은 여자들이 맡으면 된다. 능력 면에서 하등 뒤질 것 없다. 필기시험 한번 볼까? 구술 면접 해볼까? 남자들보다 처지는 게 있다면 술 실력과 로비 능력뿐이다.

10년 전 쯤, 애 하나 운동 시켜서 대학 보내려면 1억 원 든다는 얘기가 있었다. 지금은 더 들 것이다. 자식 운동 시키려고 집 팔고, 저당 잡힌 부모들 부지기수다. 그렇게 생고생 해가며 운동을 시키는데 자식이 툭하면 맞아서 어디론가 도망가고, 딸은 감독에게 당하기도 한다. 그러면서까지 운동을 계속 시키는 이유는 무엇일까.

공부를 진작 포기했기 때문이다. 운동에 비전이 없거나 감독이 인간으로 보이지 않으면 뛰쳐나와야 하는데, 공부와는 완전히 담을 쌓고 이미 한참을 운동만 했기 때문에 그럴 수가 없는 것이다. 운동 그만둬봐야 밑에서 전교 1등을 다툴 것은 뻔하고 선생님들도 포기했으니 아무 대학이라도 보내기 위해선 맘에 안 들더라도 감독에게 계속 매달려야 하는 것이다. 지도자들도 이러한 현실을 잘 깨닫고 있다.

그러기에 힘없는 선수들을 밤에 괴롭히고 낮엔 부모들 앞에서도 애들을 마음대로 팰 수 있는 것이다.

공부시켜야 한다. 합숙소 없애야 한다. 대회 수도 줄이고 열 살 갓 넘은 아이들 전지훈련도 없애야 한다. 그래서 그들에게도 '운동부 밖의 세계'가 있다는 것을 알게 해야 한다. 운동이 맞지 않으면 다른 꿈을 품고 훨훨 날아갈 수 있어야 한다.

체육계와 지도자들은 선수들을 자신의 '종'으로, 성공의 도구로, 생계를 위한 수단으로, 존속을 위한 방편으로 여기는 못된 버릇부터 고쳐야 한다. 이런 식이라면 협회나 학교 운동부 다 없애도 된다. 이런 야만적, 비상식적 스포츠가 도대체 이 시대에 어울리는가.

그냥 나가서 신나게 공차고 친구들과 재밌게 달리면 된다. 더 이상 무엇을 바라겠는가.

아서 애시를 말하는 이유

두 손 두 발 다 들었다. 더 이상 할 말이 없을 지경이다. 감독들이 자신이 지도하는 여자 선수들을 성폭행하고, 어떤 감독은 선수들 몫인 격려금, 포상금을 갈취하고, 협회 임원들은 선수들의 훈련비, 식대까지 떼먹고, 심판들은 돈 받고 술 마시며 부정 판정하고……. 이런 뉴스가 연이어 불꽃놀이 하듯 '빠바방' 터지는데 대한체육회는 신경 끄고 있고, 감독 기관인 문화관광부는 오래전 포기했고.

이런 걸 두고 '개판'이라 한다면 그것은 개들에 대한 모욕이다. '존경할 만한 지도자'는 고사하고 지도자 상당수가 사실상 범죄자에 가까운 이놈의 현실!

이럴 때 생각나는 인물이 한 사람 있다. 한국 사람은 당연히(!) 아니다. 왕년의 테니스 스타 아서 애시Arthur Ashe. 어떤 이는 그를 마틴 루터 킹 목사와 같은 사회 운동가의 반열에 올려놓기도 한다.

1993년 미국에서 대학원을 다닐 때였다. 집에서 여느 때처럼 종이 접시에 밥을 담아 먹으며 멍하니 ESPN 스포츠 뉴스를 보고 있었다. 앵커는 자주 보던 흑인 여성이었다. 앵커 옆으로 사진 하나가 뜬다.

많이 보던 사람이다. 1970년대 유명했던 아서 애시라는 흑인 테니스 선수였다. 그런데 뉴스를 전해야 할 앵커는 원고만 보며 말을 잇지 못했다. 그렇게 몇 초가 지나고 결국 입을 열긴 했지만 울음을 간신히 참아가며, 사실은 울면서 뉴스를 전했다. 방송 사고다. 뉴스 내용은 테니스 스타 아서 애시가 수혈로 인한 감염 때문에 에이즈로 사망했다는 뉴스였다. 그 소식을 울먹이며 간신히 전하는 모습이 보기에도 안타까웠다.

물론 아서 애시는 유명하다. 메이저 테니스 대회에서 우승한 최초의 흑인 남성이다. 그는 단식만 해도 US 오픈(1968년), 호주 오픈(1970년), 윔블던(1975년)을 우승했고 1968년과 1975년엔 세계 랭킹 1위였다. 그렇지만 아무리 그래도 그렇지, 저 사람 죽었는데 왜 앵커가 울어? "왜 저러지?" "아는 사인가?" "옛날에 애인이었나?" 별별 생각이 다 들었다. "같은 흑인이니까?" 근데 그게 꼭 흑인이라서 그런 게 아닌가 보다. 그의 사망 소식이 알려지자마자 '진정한 미국인의 영웅을 잃었다' 고 빌 클린턴 대통령이 그를 애도하고 그의 고향인 버지니아 주지사도 '정다운 친구이자 우리가 본받을 거인' 을 잃어 참으로 슬프단다. 그의 시신은 묻히기 전까지 버지니아 주지사의 관사로 모셔져 수많은 추모객들을 맞았다.

학업에 바쁘던 나는 그 이후 아서 애시가 도대체 어떤 사람인지에 대한 궁금증을 머릿속에 담아 두었다. 그때는 지금처럼 인터넷 검색으로 지식에 대한 욕망을 앉은 자리에서 '한 방' 에 해결할 수 있는 시절이 아니었기에 한 테니스 선수에 대한 미국인들의 법석(?)을 완전히 이해하는 데는 약간의 시간이 필요했다. 그리고 시간이 지나 그는 내 마음 한가운데 자리한 인물 중 하나가 되었다.

애시는 남북 전쟁 당시 남부군의 수도로 흑인들의 테니스 대회 참가가 금지됐던 버지니아의 주도州都 리치먼드 시에서 태어났다. 그는 1983년 심장 수술 때 HIV에 감염된 것으로 추측되는데 1990년에 이를 알게 된다. 지금도 그렇지만 당시 에이즈는 '저주받은 병'으로 인식되었을 뿐 아니라 감염이 곧 사망을 의미했기에, 다섯 살 난 딸의 충격을 염려한 그는 이를 비밀로 하려 했었다. 그러나 한 신문사가 이를 터뜨리려는 조짐을 보이자 스스로 감염 사실을 밝히게 된다. 그런데 그는 감염으로 인해 자신이 죽어간다는 사실을 안 이후에 전보다 더 정력적으로 사회 활동에 나섰다. 집에 앉아 죽음을 생각하기보단 불우한 이들을 위해 활동하는 게 낫다면서.

그의 오랜 관심은 인권이었다. 그는 UN 본회의에서 인권을 주제로 연설했을 뿐 아니라 남아프리카의 인종 차별 철폐를 위한 항의 시위에도 나섰고, 죽기 얼마 전엔 아이티 난민에 대한 미국의 잔인한 정책에 항의하다가 체포된 경력도 있다. 죽기 전, 그는 에이즈보다 '흑인됨'이 더 고통스러운 것이라면서 "에이즈는 나의 몸을 죽이지만 인종 차별은 정신soul을 죽인다"고 토로했다. 남아프리카공화국의 넬슨 만델라가 그의 첫 미국 방문 때 가장 먼저 만나길 희망했던 인물도 바로 아서 애시였다.

감염 사실을 공개한 이후에는 에이즈와의 싸움을 위해 하버드대와 UCLA의 에이즈연구소의 이사가 됐을 뿐 아니라 에이즈연구재단을 설립하고 에이즈를 사회에 바로 알리는 데 노력을 쏟았다. 또 죽기 전 1년은 소외된 아이들을 위해 특히 많은 일을 했다.

그가 특히 관심을 보였던 것은 교육이었다. 그는 흑인 운동선수들의 역사에 대해 저술한, 기념비적 저서 『영광으로 가는 험난한 길A

Hard Road to Glory』(전 3권)에서 이렇게 밝힌다.

> 내 인생에서 가장 기뻤던 순간은 윔블던을 우승했을 때도, US 오픈을 우승했을 때도 아니다. UCLA를 졸업하는 날 할머니에게 졸업 가운을 입혀드렸던 순간이다.

사실 흑인인 그가 테니스도 쳤고 대학까지 졸업했다 해서 나는 처음엔 그가 부잣집 아들인 줄 알았다. 그러나 그의 아버지는 경비원이었고 친척 중 대학을 졸업한 이는 그가 유일하다고 한다. 그런데도 그는 프로 전향의 유혹을 견뎌내고 졸업을 했다. 미국에서 테니스는 골프와 함께 대학생 선수의 졸업률이 가장 낮은 종목이다. 잘하는 선수들은 대학에서 1~2년 정도 기량을 다듬고는 대학을 중퇴하고 프로로 뛰어든다. 그런데 애시는 대학 때 미국 아마추어 챔피언이었지만 끝내 졸업을 한 것이다.

이러한 아서 애시의 자세는 많은 선수들에게 영향을 줬는데 그중 하나가 바로 2003년, 2005년에 이어 2007년 미국의 프로 농구 리그 NBA에서 우승한 샌안토니오 스퍼스의 특급 센터 팀 던컨이다. NBA 시즌 MVP 2회, 챔피언 결정전 MVP 3회에 빛나는 그는 고교 재학 때부터 프로 구단의 유혹을 받았다. 웨이크포레스트대학에 재학 중일 때에도 많은 또래 선수들이 프로로 전향했지만 그는 끝끝내 졸업을 하고 프로에 뛰어들어 최고의 센터가 됐다.

애시의 가치관은 던컨을 거쳐 인디애나폴리스 콜츠의 쿼터백 페이튼 메닝으로까지 연결된다. 소속 팀을 2007년 슈퍼볼 우승으로 이끌었을 뿐 아니라 NFL MVP로 세 차례나 선정됐던 메닝 역시 테네시대 입학 때부터 스카우터들의 공세에 시달렸다. 기량이 최고일 때,

부상당하기 전에, 몸값이 최고일 때 빨리 프로로 전향하라는 당연하면서도 견디기 힘든 유혹이었다. 고민하던 메닝이 던컨에게 전화로 물었다. 지금 내 사정이 이러저러한데 어떻게 생각하느냐고. 던컨이 되물었다. "너 지금 몇 학년이지?" 메닝이 대답했다. "3학년." 던컨의 대답. "그런데 뭐가 고민이야? 당연히 졸업해야지!" 이렇게 해서 매닝 역시 졸업을 하고 1998년 드래프트 1위로 지명 받은 후 NFL 역사상 최고의 쿼터백이 됐다.

아서 애시가 생전에 전국으로 강연을 다니면서 청소년들에게 강조했던 것 중 하나는 참으로 역설적인 것이었다. 운동은 건강과 취미를 위해서 하는 것이지 직업으로는 생각하지 말라는. 정신 나간 사람 아닌가. 자신은 운동선수로 성공했으면서 아이들에게는 하지 마라?

그러나 이는 스포츠계의 현실을 제대로 전해준 것이다. 농구를 예로 들면 미국 전역의 고교 농구 선수만 해도 수십만 명이 될 것인데 NBA 드래프트에서 프로 팀에 지명돼 계약에까지 이르는 선수는 100여 명 남짓. 또 그중에서 몇 년을 안정적으로 뛰면서 그래도 평생 먹고살 만큼 버는 선수는 더 줄어들게 마련이다. 그래서 애시는 운동선수가 되기보단 변호사나 의사가 되기 위해 공부하는 것이 훨씬 더 현실적이고 가능성이 크다고 강조했다. 특히 다양한 진로를 택하는 백인 아이들과는 다르게 흑인 청소년들은 스포츠 스타만 영웅시하면서 스포츠 분야로 몰려들어 결국 흑인끼리 경쟁하게 되는 불합리한 상황에서 탈피하고자 했던 것이다.

이처럼 미국 사회에서 애시가 존경받는 이유는 그의 탁월한 경기력 때문만은 아니었다. 그는 뛰어난 운동선수였을 뿐 아니라 에이즈라는 천형天刑과도 같은 운명에도 굴하지 않고 차별받는 이들을 위해

아서 애시의 고향 리치먼드에 있는 동상. 한 손엔 책을, 다른 한 손엔 테니스 라켓을 들고 있다.

싸운 행동가였다. 1993년 2월 사망한 아서 애시를 기리는 공간은 그래서 너무나도 많다. US 오픈이 열리는 미국 내셔널 테니스 센터 주경기장의 이름은 '아서 애시 스타디움'이고, US 오픈 전날에는 '아서 애시 어린이 날Arthur Ashe Kids' Day' 축제가 벌어진다. 2005년엔 그의 추모 우표가 나왔고, ESPN이 제정한 ESPY상 중에는 매년 장애자 스포츠맨의 인간 승리를 기리는 아서 애시 상이 있다.

1996년, 애시가 어릴 적 백인 어린이들과의 테니스를 금지시켰던 고향 리치먼드에 그의 동상이 세워졌다. 버지니아 주 청사에서 뻗어나간 모뉴먼트 가街에 서 있는 그의 동상은 공교롭게도 남북 전쟁 당시 남부군의 총사령관이자 영웅이었던 리 장군 등 남부 지도자들과 나란히 서 있다. 어린이들에게 둘러싸여 한 손엔 책을, 다른 한 손엔 테니스 라켓을 들고서 말이다.

마흔아홉의 아까운 나이에 세상을 떠난 그는 자신의 감염 사실을 원망하지도 이에 좌절하지도 않았다. 에이즈와 싸울 때 어느 팬이 편지에서 "왜 신은 그토록 나쁜 질병을 당신에게 줘야만 했을까"라고 물었을 때 그는 이렇게 답한다.

> 나는 내가 우승컵을 들었을 때 '왜 나지Why me' 라고 절대 묻지 않았다. 마찬가지로 내가 오늘 고통을 당한다 해서 '왜 나야' 라고 물어선 안 될 것이다. …… 나의 고통에 대해 '왜 나야' 라고 묻는다면 내가 받은 은총에 대해서도 '왜 나야' 라고 물어야 한다.

정말 우리는 존경할 만한 지도자를 가질 자격이 아직 없는가.

죽음의 거래? 스테로이드의 치명적 유혹

2007년 12월 미국 프로 스포츠가 약물 파동으로 발칵 뒤집어졌다. 이른바 '미첼위원회' 라 불리는 '메이저 리그 금지 약물 조사위원회' 는 프로 야구 선수 88명의 약물 복용 사실을 밝혀냈다. 그중에는 사이영상 7회 수상에 빛나는 미국 야구의 살아 있는 전설 로저 클레멘스를 비롯해 배리 본즈, 호세 칸세코, 제이슨 지암비, 앤디 페타이트 등 7명의 역대 MVP와 10명의 역대 홈런왕이 포함되어 있다.

이 약물 문제는 사그라질 기미를 보이지 않는다. 본즈와 클레멘스는 약물 복용에다 위증까지 더해져 감옥에 갈지도 모를 처지이고, 미겔 테하다도 약물 복용과 관련된 판결을 기다리는 중이다. 본즈가 기록한 통산 홈런 기록 762개를 경신할 유일한 희망으로 여겨졌던 뉴욕 양키스의 알렉스 로드리게스는 2009년 초 약물 복용을 인정하면서 현재 똥물 뒤집어쓴 채 경기에 출전하는 처지가 됐고, LA 다저스의 매니 라미레스는 약물 복용 사실 때문에 시즌 시작하자마자 50경기 출장 정지라는 징계를 받았다.

1990년대 말 추락하던 미 프로 야구의 인기를 다시 살려놓은 것은 1998년 마크 맥과이어와 새미 소사의 홈런 경쟁이었는데 이도 사실

'약물 경쟁' 이었다고 한다. 이들과 더불어 2001년 서른일곱 나이에 73개로 시즌 최다 홈런 기록을 다시 쓴 본즈의 공통점은 갑자기 거구가 되면서 불세출의 홈런 타자가 됐다는 점이다. 이들 모두 스테로이드를 복용하면서부터 몸이 급격하게 거대해졌고 체중이 10킬로 이상 불었다. 이는 운동만으로는 불가능한데 특히 운동을 직업으로 하는 선수들이 갑자기 몸이 불었다면 그 이유는 뻔한 것이다.

이번에 문제가 된 아나볼릭 스테로이드는 단백질 흡수를 촉진시켜 체지방의 증가 없이 근육을 크게 하고, 근력을 높일 뿐 아니라 집중력을 높여주고, 피로 회복도 빨라지며, 공격성도 증가시키는 등 효력이 탁월하다. 그래서 지금은 육상의 필드 경기와 단거리 종목, 미식축구, 수영, 스피드스케이팅, 야구와 같이 근력이 중요시되는 종목의 선수들이 많이 애용한다. 스테로이드뿐만이 아니다. 체급 경기 선수들은 체중 감량을 위해 이뇨제를, 손 떨림과 스트레스가 치명적인 사격과 양궁 선수들은 혈압 강하제의 유혹을 받는다.

그러나 얻는 것이 있으면 잃는 것이 분명 있게 마련이다. 신체의 기능과 구조를 강제로 바꾸는 데에는 혹독한 대가가 따른다. 스테로이드는 우선 간 기능을 무력화시켜 간염 및 간암을 유발하고 신장을 손상한다. 고혈압과 근육 파열을 초래하기도 하고 급성 심장마비를 부르기도 하는 치명적 약물이다. 그 외에도 녹내장, 백내장, 탈모, 유방 비대, 관절 손상, 생리 불순, 성장 저하 그리고 (짜잔~) 고환 수축 및 정자 감소. 재미있는 것은 복용 초기엔 성욕이 끓어오르다가 장기 복용하면 남성 기능 상실로 이어진단다.

미국의 미식축구 선수 중에 라일 알자도란 선수가 있었다. 1980년대 중반까지 상대 팀 선수들을 공포에 몰아넣었던 130킬로 거구의 거친 수비수였고 많은 액션 영화에도 출연했던 NFL 최고 스타 중 하나였다. 그는 스무 살 때부터 복용한 스테로이드로 인해 결국 뇌종양에 걸려 마흔셋 나이에 요절했다. 그런데 그는 자신의 삶이 얼마 남지 않았음을 알게 된 이후 강연과 방송을 통해 스테로이드 같은 약물을 복용하지 말라고 특히 청소년들에게 호소했다. 항암 치료로 다 빠진 머리에 두건을 쓰고서 말이다. 그가 밝힌 자신의 마지막 소원은 이렇다. "다른 어느 누구도 이런 식으로 죽지 않는 것No one else ever dies this way." 젊은 시절 스테로이드 복용은 결국 파우스트와의 거래였던 것이다.

다양하고도 심각한 부작용 때문에 과거 스테로이드 복용이 만연했던 동유럽 국가들에서는 현재 코치, 감독 직을 수행할 사람이 없다는 말이 있을 정도다. 약물 부작용으로 1960~1970년대 뛰었던 선수들이 대부분 요절했기 때문이란다. 당시 동독에선 스포츠 의학자들이 해독제까지 개발해가며 선수들에게 투약했다는데 해독제보다 스테로이드의 독성이 더 셌나 보다. 지금 우리나라에서 보디빌딩을 하는 사람들도 스테로이드의 부작용 중 하나인 유방 비대를 막기 위해 '놀바' 라는 약을 '충분히' 같이 복용해야 한다는데, '놀바' 가 더 셀지 스테로이드가 더 셀지는 두고 볼 일이다. 50대쯤 되서 말이다.

심하면 목숨을 잃는데도 선수들이 약물에 손을 대는 이유는 무엇일까. 1960년대 뉴욕 양키스의 강속구 투수 짐 서튼은 자서전에서 "투수들은 20승이 보장된다면 생명을 5년 단축하는 약이라도 기꺼이 먹을 것"이라고 썼다. 미국의 한 스포츠 잡지에서 국가 대표 육상 선수들에게 '이 약을 복용하면 확실히 금메달을 딸 수 있는 대신 부작용으로 7년 뒤 사망한다. 당신은 복용할 것인가.' 라는 설문 조사를 한 적이 있는데 놀랍게도 80%의 선수들이 기꺼이 약을 복용하겠다고 답했다 한다. 그렇다. 운동선수들에게 성적은 목숨과도 바꿀 수 있는 것이다.

그런데 미첼 보고서의 파장이 우리나라에까지 미쳤다. 특히 프로 야구 쪽이 의심의 눈초리를 받았다. 그래서 2008년부터 우리 프로 야구 선수들도 약물 검사를 받고 있다. 왜 당장 축구는 하지 않느냐는 이야기가 나올 수 있는데 사실 야구가 약물의 효과가 훨씬 큰 종목이다. 축구는 쉴 새 없이 뛸 수 있는 지구력이 중요하지만 야구는 순간적 파워와 집중력, 그리고 정확한 타이밍이 중요하다. 그래서 야구 선수 중엔 30~40배의 효력을 가진 고농축 카페인을 복용하는 선수들도 있는데, 어떤 국내 선수들은 그 대용으로 경기 전 일회용 커피 네댓 개를 물에 풀어 단번에 들이키기도 한다.

2000년을 전후해 한국 프로 야구에서 무시무시한 장타력을 자랑했던 롯데의 펠릭스 호세도 약물을 복용했다 한다. 그것도 사람용이 아닌 경주용 말이 먹는 스테로이드를. 죽음에 이른 사례도 있다. 2003~2004년 역시 롯데에서 뛰었던 외국 선수 이시온(마리오 엔카르나시온)은 2005년 대만 프로 야구 팀의 숙소에서 입에 거품을 문 채 싸늘한 시체로 발견되었는데 사인은 독극물에 해당하는 약물 복용이었다. 그 역시 한국에서 뛸 때부터 경주마용 스테로이드를 복용한 것으로 알려졌다.

흔히들 한국 프로 야구의 약물 문제는 이런 외국 선수들이 전파한 것으로 기정사실화되어 있는데 꼭 그렇지만은 않다. 1990년대 말 국내 프로 야구 선수들 사이에서도 이미 약물 사용은 공공연한 비밀이었다. 주장이 선수들의 신청을 받아 구해줄 정도였다. 그러다가 미국 등 외국 선수들의 국내 진출이 본격화되고 해외 전지훈련을 미국으로 가기 시작하면서부터 금지 약물에 손을 대는 선수들이 늘어났고 약물의 종류도 더 세분화되고 전문화된 것이다. 특히 FA 제도가 도입되고 대박을 터뜨리려는 선수들이 늘어나면서 그 유혹은 참기 힘든 것이 되었다. 최근엔 갑자기 몸이 두꺼워진(?) 선수들이 팀에 한두 명씩 생기면서 스테로이드 복용에 대한 의구심이 더욱 늘고 있는 상황이다.

사실 스테로이드 등의 약물 문제는 이제 우리나라에서도 광범위하게 확산되고 있다. 2007년 광주에서 열렸던 전국 체전에서 우승한 국가 대표 수영 선수도 금지 약물 복용 사실이 드러나 메달을 박탈당하고 기록도 삭제됐을 뿐 아니라 자격 정지 2년의 중징계가 내려졌다. 또한 역도 선수 두 명에겐 경고가 주어졌다.

더 큰 문제는 스테로이드의 인기가 우리가 지금 의심하고 걱정하는 수준을 넘어선다는 점이다. 이런 상황은 지난 6월 식품의약품안전청이 아나볼릭 스테로이드 제제를 오·남용 의약품으로 지정한 데서 잘 드러난다. 향정신성 의약품과 같이 반드시 의사의 처방을 받아야만 스테로이드 제제를 복용할 수 있도록 규제에 나선 것이다. 그러나 보디빌딩의 경우 코치들이 약을 구해주기도 하고 외국에 직접 주문해 받아먹기도 한단다. 결국 이들 중 상당수는 스테로이드 장기 복용으로 인한 부작용 때문에 큰 고통을 겪게 된다. 노화가 촉진되고 장기가 망가지는 것은 물론 결국에는 목숨까지 잃기도 한다. 모하메드 베나지자, 마이크 멘처, 소니 슈미트, 조니 풀러 등 1990년대 최고의 보디빌더들 대부분이 스테로이드 과다 복용으로 30대에 사망했는데, 아놀드 슈워제네거를 우상시했던 안드레아스 뮌처는 서른한 살의 젊은 나이에 '갔다.'

내가 스테로이드 문제에 주목하는 것은 이런 유명 선수들 때문만은 아니다. 청소년의 5~10%가 스테로이드를 복용하는 서구의 수준에는 아직 미치지 못하겠지만 이제 우리나라에도 스테로이드에 관심을 갖는 청소년과 젊은이들이 늘고 있다. 스테로이드가 암약(?)할 수밖에 없는 사회적 분위기가, 스테로이드를 '질러버리고 싶은' 충동을 부추기는 문화적 취향이 만들어진 것이다.

1994년 《사랑을 그대 품 안에》는 차인표를 스타로 만들기도 했지만 동시에 '남성의 몸'에 대한 한국인들의 시각을 확 바꿔버렸다. 이전엔 이대근, 백일섭 스타일의 '드럼통' 몸이 남성다움을 상징하는, 한국을 대표하는 몸이었다. 그러나 차인표가 셔츠 사이로 근육질의 웃통을 드러내고, 조명을 되받아 쏘며 빛을 발하는 그의 '갑빠'를 카메라가 클로즈업하자 이 땅의 뭇 여성들은 자지러졌고 그때부터 '바람직한 남성의 몸'은 바뀌었다.

원래 남성의 몸은 응시의 대상이 아니었다. 허름한 선술집에 걸려 있는 소주 회사의 달력은 모두 여성 모델의 농염함을 담고 있다. 야한 영화도 여성을 벗겼지 남성을 벗기는 장면은 드물었다. 그러나 차인표가 등장하고 곧이어 또 다른 차씨, 차승원이 등장하면서 남자의 몸도 볼거리의 대상이 되었다. 갑빠와 '왕王'자와 알통으로 다져진 근육질의 몸은 이제 '노가다'의 몸이 아니라 세련된 몸이 되었다. 상품이 되었다. 여성은 수영장 가겠다고 다이어트 하는 정도지만 요즘 남성은 수영장 가려고 다이어트에 더해 운동까지 한다.

남자가 머리 기르고 귀걸이에 화장도 하면서 여성화됐고 유니섹스 패션이 넘쳐나는 세상이지만 그럴수록 요즘 남자들은 '갑빠'에 집착한다. 이제 헬스클럽에 가도 건강하려고, 살 빼려고 가는 게 아니라 다들 몸 만들러 간다. 어느 트레이너가 말했다. "어떻게 오셨어요?"라고 물어보면 다들 "체중 좀 줄이려구요", "건강 챙겨야죠"라고 답하는데, 막상 운동 가르치려 하면 다들 부위별 몸만들기만 원한단다. 배에 '왕' 자 만들어주는 수술까지 있다지 않는가. 이제 스테로이드로 다듬어진 근육이 필요하다. 이게 있어야 여름철 '작업' 도 가능하고 '캐스팅' 에도 유리하다. 얼굴 성형에 지방 흡입도 하는데 까짓 스테로이드 못 먹겠나.

산업 사회에선 인간이 소외되고 후기 산업 사회에선 신체가 소외된다고들 한다. 승리를 위해, 돈과 인기를 위해, 취직을 위해, 결혼을 위해, 수영장에서의 '작업' 을 위해 우리는 우리의 몸을 학대한다. 몸 자체가 공구함 들고 덤벼들어야 할 하나의 프로젝트가 되었다. 그러나 약물로, 수술로 이런 것들을 얻겠다는 것은 위험천만한 발상이다. 스테로이드로, 다이어트 약으로, 대머리 약으로 다시 태어나겠다고 나섰다가 심한 부작용으로 복용을 후회하는 사람들이 늘고 있다.

우리나라는 '살 빼는 약' 으로 알려진 식욕 감퇴제의 소비량이 세계 3위에 오를 정도다. 그러나 그 부작용은 신경 불안, 심장 기능 이상, 두통, 구토, 설사, 고혈압에 우울증까지 정말 다양하다. 끊기가 쉽지도 않지만 끊는 경우 요요 현상에 공황 장애까지 따라온다.

얻고자 하는 바로 그것을 잃는 경우도 있다. 바로 대머리 약. 빠져가는 머리카락으로 인해 남성다움과 젊음도 함께 잃은 것처럼 보일까봐 남자들은 대머리 약을 먹고 머리숱을 늘리려 한다. 사실 여성에게 잘 보이기 위해서이다. 그러나 대머리 약의 가장 대표적인 부작용은 바로…… 맙소사, 정력 감퇴다. 역시 파우스트의 거래다. 이 얼마나 비참한 결말인가.

3부 — 아, 올림픽 없는 세상에서 살고 싶다!

올림픽은 개고생이다!

그 병이 또 도졌다. 지난 3월 대구가 세계 육상 선수권 대회를 유치하자 언론은 우리나라가 미국도 하지 못한 '트리플 크라운'을 달성했다고 호들갑을 떨었다. 또 이 대회들은 국력과 (그냥 관계도 아닌) '깊은 관계'가 있다면서, 이제 평창이 동계 올림픽만 유치하면 우리나라는 일본, 독일, 프랑스, 이탈리아에 이어 4대 스포츠 이벤트를 모두 개최하는 다섯 번째 국가가 된다고 한다. 여기에도 물론 '센스 만발'의 폼 나는 명칭이 붙는다. 이름하야 'G5.'

그 다음 달인 4월, 이번엔 인천이 2014년 아시안 게임을 유치하는데 성공했다. 역시 언론의 표현을 빌자면 '환희'와 '열광'의 도가니요, 국가적 '쾌거'였다. 경제 유발 효과, 도시 브랜드 이미지의 제고, 관광 수입 증대 등 우리에게 '천문학적' 효과가 굴러떨어질 태세다. 여기에 이 동네엔 무슨 유령이라도 사는지 '보이지 않는 효과'까지 있단다. 하여튼 폭탄처럼 떨어지는 온갖 효과에 깔려 죽지나 않을지 걱정이다.

이런 경사는 우리만 좋은 것으로 끝나지 않는다. 우리의 국제 이벤트 유치가 세계를 놀라게 했단다. 2002년엔 월드컵으로 세계를 놀라게 했고, 얼마 전엔 박태환, 김연아도 세계를 놀라게 했는데, 이제 대구와 인천이 연달아 세계를 놀라게 하더니, 평창까지 세계를 놀라게 하려 한다. 이제 '세계' 좀 그만 놀래키고 좀 쉬게 놔둬라. 세계가 짜증낼라.

20세기까지는 이해하겠는데 21세기에 들어선 지금까지 이러는 걸 보면 중증이다. 아니, 스포츠 이벤트 바이러스와 개발 민족주의 바이러스가 만나 도진 '세계 대회 병'은 이제 불치의 수준이다. 도대체 '세계 대회'에 조상님이 껌이라도 붙여놓았는가. 왜들 이리 귀신에 홀린 듯 이판사판으로 '모시려' 하는가. 세계 대회가 도대체 뭐길래.

많은 사람들이, 심지어 배웠다는 교수들조차 속아 넘어가는 이유는 세계 대회 유치라는 것이 사실상 신기神技에 가까운 뻥튀기요, 혹세무민의 경연장이기 때문이다. 어느 스포츠 이벤트에서든 대국민 '작업'의 첫 번째 단계는 '총생산 얼마, 부가 가치 얼마, 고용 유발 효과 얼마, 관광 수입 얼마……' 식으로 나가는 경제 효과 홍보다. 2014년 동계 올림픽 유치에 도전했던 평창은 부가 가치까지 포함해 최대 22조 원의 경제 파급 효과와 22만 명의 고용 창출 효과가 있다고 주장했다. 2014년 아시안 게임 유치에 성공한 인천은 약 19조 원의 경제 효과를 선전했었다.

그러나 이는 뻥튀기 중에서도 무식한 뻥튀기요, 간교한 뻥튀기다. 지자체들이 주장하는, 장밋빛 기대로 충만한 거대한 경제 효과란 대부분 경기장 건설과 도로, 통신, 항만, 철도 등 개최지 인근에 쏟아부을 토목 공사비다. 그러면 그 공사비는 누가 치러야 하는가. 재정 문제와 관련해서 모든 도시들은 시민들을 설득하며 하는 말이 일단 유치하면 국고가 나오니까 걱정 말라고 한다. 뻔뻔스런 거짓말이다. 국고는 경기장 건설에 30%, 사회 기반 시설 조성에 50%만 지급될 뿐이다. 그러니까 절반 이상은 개최 지역이 책임져야 한다는 것이다. 예를 들어 하계 올림픽을 치르는 데 요즘 물가로 50조 원 정도 필요하다면 개최 도시가 30조는 써야 하는 것이다. 그러니까 이 뻥튀기의 핵심은 동네 사람들이 지출해야 할 돈을 마치 수입인 것처럼 선전한다는 데 있다. 따라서 이들이 떠드는 경제 효과란 경제성 조사의 기본인 비용cost과 편익benefit 분석을 철저히 무시하고 지출조차 수익인 것처럼 포장한 기만적 선전술에 다름 아니다.

스포츠 메가 이벤트는 그래서 그 규모가 크면 클수록 개최 도시에겐 빚잔치였다. 올림픽 때문에 쪽박을 차게 된 기념비적 사례는 1976년 올림픽을 개최했던 몬트리올이다. 당시 몬트리올 시장은 올림픽으로 인해 재정 적자가 날 가능성은 남자가 아이를 낳을 가능성보다도 낮다고 했지만 결국 몬트리올 시는 엄청난 적자로 인해 파산 직전까지 몰렸고 그 빚을 갚는 데 30년을 허비해야 했다. 그래서 몬트리올 사람들은 올림픽 경기장을 'The Big Owe(거대한 빚)', 'The Big Mistake(엄청난 실수)' 라고 부른다.

역사상 여기에서 예외가 된 도시는 1984년 하계 올림픽을 개최했던 LA 단 한 곳뿐이다. 사실 LA 올림픽이 흑자 올림픽이 될 수 있었던 것도 몬트리올 올림픽이 폭삭 망했기 때문에 가능했던 것이다. 1976년 몬트리올이 완전히 거덜 나자 1984년 올림픽 개최지를 결정해야 할 1977년 어느 도시도 개최 신청을 하지 않는 상황이 벌어졌다. 이때 IOC의 '약점' 을 간파한 LA의 사업가들은 거의 모든 권한을 자신들이 행사하는 것을 조건으로 올림픽을 개최하는 것을 제안했고 다른 대안이 없던 IOC는 결국 이 굴욕적인 제안을 받아들였다. 이렇게 해서 LA는 경기장을 새로 짓지 않는 것은 물론 무려 61년 전인 1923년에 지은 콜로세움을 주 경기장으로 사용하는 '짠돌이 살림'을 할 수 있었고, TV 중계권료를 폭등시키고 다국적 거대 기업에 독점적 스폰서십을 팔아넘기는 등 봉이 김선달 버금가는 수완을 발휘해 최초의 흑자 올림픽을 가능케 한 것이다. 그러나 LA 올림픽은 동시에 최후의 흑자 올림픽이었다. 이후 IOC가 그 노하우를 이어받아 이익은 조직위원회가 챙기고 재정 부담은 모조리 개최 도시에 떠넘기게 되면서 개최지의 '빚잔치 퍼레이드'는 끝없이 이어지게 된다.

올림픽이 국가 경제를 완전히 망가뜨린 경우도 있다. 2004년 아테네 올림픽을 유치했던 그리스는 유치 당시 2조 안팎으로 추정했던 개최 비용이 대회 직전엔 10조 원까지 치솟으면서 정치권에서 공방이 벌어지고 대회 준비에까지 차질을 빚게 돼 세계적 뉴스가 되기도 했다. 특히 올림픽 이후 그리스의 경제 성적표는 실망 그 자체다. 2004년 4.7%이던 GDP 성장률이 2005년 3.7%로 크게 낮아졌을 뿐 아니라 소비 증가율(4.2%에서 3.0%로), 수출 증가율(11.57%에서 3.2%로), 투자(2003년 10.7%, 2004년 5.7%에서 2005년 1.5%로)까지 모조리 급락했다. 또한 아테네는 35개 경기장과 72개 훈련장 유지에만 연간 1,200억 원을 쏟아붓는 실정이다. 결국 그리스는 적게는 20조에서 많게는 50조 원에 달하는 개최 비용 때문에 국가 경제가 침체에 빠져 개최 이듬해 카라만리스 총리가 "실제 적자 규모는 아직 모른다"고 고백하며 '절망적'이라고 실토했을 정도다.

이제 올림픽으로 인한 재정 적자 문제는 굳이 올림픽 폐막 때까지 기다릴 필요도 없다. 올림픽 개최를 준비 중인 도시들의 쌀독이 이미 바닥을 드러내기 시작했다. 2010년 동계 올림픽 개최지 밴쿠버는 15억 달러에 달하는 경기장 건설 비용을 마련하기 어려울 것이라 하고,

2012년 대회를 준비 중인 런던은 기존에 계획한 45억 달러 외에 20억 달러가 더 필요한 것으로 밝혀졌다. 그래서 AP통신의 스포츠 칼럼니스트 팀 달벅은 2016년 하계 올림픽 유치에서 손을 털기로 한 샌프란시스코 시의 결정을 환영하면서 다른 도시들도 '올림픽 환상'에서 깨어나라고 주문한 것이다.

많고 많은 '빚더미 올림픽' 중에서도 동계 올림픽 삼수에 도전하는 강원도 평창이 특히 주목해야 할 곳이 있다. 1998년 동계 올림픽을 개최했던 이웃 일본의 나가노다. 일본, 아니 아시아 최대의 겨울 휴양지로 사실상 '준비된 개최지'였던 나가노는 물경 190억 달러를 투자해 올림픽을 성공적으로 치렀다. 그러나 폐막 후 다른 역대 개최지와 마찬가지로 곧장 포스트올림픽 불경기Post-Olympic Slump로 빠져들었다. 필자는 2006년 일본에서 만난 미디어 마케팅 전공 교수와 나가노 올림픽에 참여했던 세계적 광고 회사 덴츠의 스포츠 마케팅 담당 임원에게 질문을 던졌다. "나가노가 동계 올림픽을 개최한 것이 지역 주민들에게 잘된 일이었나요?" 두 사람은 입을 맞춘 듯 동시에 대답했다. "No."

그래서 어느 학자는 나가노 주민들을 '겨울날 밖에서 비 맞는 꼴'이라 했던 것이다. 그렇다. 올림픽은 밥 먹여주지 않는다. 먹던 밥도 빼앗아 간다.

그럼 여기서 스포츠 이벤트 개최를 주장하는 자들의 뻔뻔스런 '경제 효과 거짓말 퍼레이드'를 항목별로 설명하며 그 입에 엿을 넣어드리겠다.

'올림픽 경제 효과'에 관한 거짓말 중 넘버원은 바로 관광 수입이다. 온 국민이 속아 넘어간다. 2002년 월드컵과 2003년 하계 유니버시아드를 치른 대구는 당시 대회 개최의 당위성으로 관광 수입을 내세운 바 있다. 그럼 대구의 관광객이 늘었는가. 이럴 수가! 오히려 줄었다. 2001년 30만 명이던 외국인 관광객이 2002년 24만, 2003년 17만으로 쪼그라들었다. 2002년 월드컵 때도 외국인 관광객이 예년의 20~30%에 불과해 여행업계, 남대문 시장, 호텔, 면세점 등도 월드컵 특수는커녕 평년치에도 못 미치는 매상으로 엄청난 손해를 보아야 했다. 일본의 경우도 관광객 100만을 예상했으나 30만에 그쳤다.

세계적 이벤트일수록 관광객이 감소한다는 것은 이제 세계 관광업계의 정설이다. 2004년 아테네 올림픽을 앞두고 입국자에 대한 보안 검색 강화로 관광객이 급격하게 줄어들자 아테네 관광업자들은 정부에 대책 마련을 요구하며 시위에 나설 정도였고, 2008년 베이징 올림픽 때는 중국 정부가 베이징 시내로의 외국인 출입을 아예 막아버려 대부분의 호텔에 객실이 남아돌기까지 했다. 관광 수입? 이제 그만 떠들자. 큰 대회 있으면 비싸고 번잡스러운 데다 특히 9·11 이후엔 테러 등 안전 문제까지 있으니 그런 '세계적 표적'이 되는 행사는 근처에도 가지 않는다. 목숨 걸고 관광할 일 있겠는가. 관광객은 '이벤트'가 아닌 '관광 자원'이 유치한다.

얼토당토않은 올림픽 경제 효과 넘버 투는 올림픽이 수십만의 고용을 창출할 것이라는 환상적 거짓말이다. 고용 창출 효과가 설득력이 있으려면 그 수십만이 올림픽이 아니었으면 실업자여야 한다는 전제가 성립되어야 한다. 그러나 실상은 그렇지 않다. 올림픽이 아니었어도 도시 여기저기에서 벌어졌을 공사가 어차피 창출했을 고용을 특정 지역, 특정 시기에 몰아 집중시킬 뿐이다. 지역 전반적으로는 별다른 변화가 없다. 또 설사 있더라도 대부분 저임금, 단순 노동, 비정규직이다.

올림픽 경제 효과 '거짓말 퍼레이드' 넘버 쓰리. 올림픽을 개최하면 소비를 늘리고 내수를 활성화시킨다는 주장이다. 그러나 여가 오락 비용의 지출은 가구마다, 개인마다 한정되어 있고 일종의 제로섬 게임의 양상을 띤다는 것은 주지의 사실이다. 2002년 월드컵 때도 TV 판매는 늘었지만 다른 가전제품의 판매는 반대로 감소했고 붉은 악마 티셔츠와 프라이드치킨 배달 외엔 재미를 본 업종은 없다. 오히려 사람들이 텔레비전으로 축구만 보는 바람에 당시 영화, 연극, 공연, 쇼핑, 관광 모두 엄청난 손해를 봐야 했다. 결국 올림픽으로 인한 경제 효과란 돈의 일시적 집중, 또는 소비 흐름 및 지출 구조의 재편일 뿐이며 '총액'은 불변이다.

마지막으로 개최론자들이 전가의 보도처럼 마구 휘둘러대는 거짓말이 바로 도시의 브랜드 이미지를 높여 '세계적인 도시'가 된다는 것이다. 그러나 이것도 그들이 떠드는 것처럼 '오토매틱'한 것이 아니다. 질문 몇 개 던져드리겠다. 2006년 동계 올림픽 개최지는? 2006년 아시안 게임 개최지는? 2007년 세계 육상 선수권 대회 개최지는? 2009년 하계 유니버시아드 개최지는? 2005년 세계 엑스포 개최지는? 정답은 이탈리아 토리노, 카타르 도하, 일본 오사카, 세르비아 베오그라드, 일본 아이치다. 몇 개나 맞히셨는가.

그럼 이제 스포츠 메가 이벤트가 겉만 번지르르하지 실상은 빛잔치라는 것은 알겠는데, 그렇다면 그 빚잔치의 뒷감당은 누가 할까. 누가 하긴. 바로 그 지역 주민들 아니겠는가. 주민들이 치러야 할 뒤치다꺼리 중 '넘버원'은 바로 대회 기간 '열광의 도가니'였던, 그러나 폐막 후 곧 '썰렁의 도가니'가 되는 경기장이다. 건축학에서는 모든 건축물 중 경제 효과와 고용 창출 효과가 가장 낮은 건축물로 대규모 스포츠 시설을 꼽는다. 특히 단 며칠의 경기를 치른 후엔 애물단지가 되는 경기장을 두고 외국에선 'white elephant(하얀 코끼리)', 국내에선 '혈세 먹는 하마' 라고 부르는 것이다.

2002년 월드컵을 위해 지은 전국의 10개 경기장은 모조리 1년에 10~30억에 이르는 적자를 보고 있다. 상암 경기장이 유일하게 흑자라고 하는데 사실 이도 경기장과 연계된 대형 할인 마트와 영화관 등의 수입으로 그 적자를 메우는 것일 뿐이지 경기장 자체는 분명 적자다. 베이징 올림픽 당시 세계인의 찬사를 받은 주 경기장 냐오차오는 폐막 후 1년이 되도록 단 한 번도 경기나 공연을 유치하지 못한 채 2009년 10월 올림픽 개최 1주년을 기념하는 장이모 감독 연출의 푸치니의 투란도트 공연만이 예정되어 있을 뿐이다.

준비 없이 정치적 욕심만으로 이런 메가 이벤트를 개최하는 경우 해당 지역 주민들이 치러야 할 대가는 혹독하다. 과거 독재 정권이 대책 없이 88 올림픽을 유치한 후 서울시는 그 재원을 마련하고자 결국 땅장사에 나섰다. 상계동, 목동, 신정동에 살던 서민들을 서울 밖으로 쫓아내고 그 자리에 아파트를 지었다. 평당 2천 원짜리 땅에 고층 아파트를 지어 평당 200만 원에 팔았으니 천 배가 넘는 장사였다. 이때 무려 72만 명의 서울 시민이 길거리로 나앉게 되면서 서울은 세계적인 '철거 도시' 가 됐지만, 철거 깡패로 무장한 건설사들은 '돈벼락' 을 맞았다. 명목상으론 '올림픽 준비' 였지만 사실상 '계급 청소' 였고 이렇게 해서 88 올림픽은 도시 빈민 운동의 출발이 된다. 이러한 '올림픽 잔혹사' 는 지금도 올림픽 유치에 나서는 거의 모든 도시들의 유치 준비 보고서에 꼭 소개될 정도로 1988년 서울 올림픽은 '세계적' 사례가 됐다.

많은 이들이 지적하듯 올림픽 개최권은 사실상의 '토지 강탈 면허

증' 으로 빈곤층을 초토화시킨다. 베이징은 이미 125만 명을 강제 퇴거시켰고 저항하는 자는 고문까지 했다. '선진국' 도 크게 다르지 않다. 바르셀로나, 애틀랜타, 시드니, 아테네 모두 수천에서 수만 명을 강제 퇴거시켰고 노점상, 노숙인 등을 재판도 없이 폐막 때까지 구금했다. 올림픽의 혜택은 철저하게 계급 차별적이고 가난한 사람들의 돈을 부자들에게 이전시켜줄 뿐이다.

올림픽이나 월드컵 같은 스포츠 메가 이벤트의 경제 효과란 고상하게 말하면 '환상' 이고 쉽게 표현하면 '뻥' 이다. 지역 경제와 도시공학 분야의 외국 학자들은 스포츠 메가 이벤트와 지역 경제 활성화의 상관관계를 부정적으로 보고 있다. 그래서 영국 경제학자인 시맨스키Szymanski는 『월드이코노믹스』지에 실린 「월드컵의 경제 효과」라는 논문에서 "월드컵의 거시 경제적 효과는 없다" 고 결론 내리며 "국가는 스포츠 이벤트 유치에 나서면서 갖은 경제적 효과를 '창조inventing' 하는 나쁜 버릇을 버려야 한다" 고 주장했다.

그런데도 왜 우리나라 지자체들은 국제 대회를 유치하는 데 '환장' 하는 것일까. 첫째는 지자체장들, 정치인들의 욕심이다. 이들에게 이런 대규모 국제 스포츠 이벤트만큼 좋은 건 없다. 이만큼 '폼' 나는 게 없다. 방송 타고 사진 찍힐 가장 좋은 기회다. '국제적' 인물로 보이기도 한다. 그리고 외제라면 환장하고 국제도시라면 앞뒤 안 가리는 동네 사람들 허파에 바람 넣기 가장 좋다. 공장을 유치해 일자리 만드는 그런 정도에 비할 게 아니다. 게다가 일단 유치만 하면 몇 년 후인 개최 때까지 재선이고, 삼선이고 도대체 걱정이 없다. 아무런 업적이 없어 현직 프리미엄은커녕 2010년 지방 선거를 앞두고 당 공천조차 걱정해야 하는 허남식 부산 시장이나 박광태 광주 시장이 각각 올림픽과 유니버시아드 유치에 목을 매는 이유가 다른 데 있는 게 아니다.

국제 행사 유치에 일단 눈이 멀면 이들에겐 혈세도 곶감으로 보인다. 강원도는 결국 실패한 동계 올림픽 유치에 6,000만 달러, 물경 600억 원을 썼다. 아시안 게임 유치전이 막바지까지 접전을 벌이게 되자 인천시는 급한 나머지 스포츠 약소국 지원 프로그램에 2,000만 달러를 지원하고 참가국의 숙박과 항공료 일체를 부담하겠다고 약속했다. 이게 무려 400억 원어치란다. 한마디로 '묻지마 유치', '퍼주기 유치'다. 광주는 2013년 하계 유니버시아드 대회 유치에 100억 넘는 돈을 쏟아붓고도 실패해 그 돈의 출처와 사용처가 문제가 됐었는데 그 논란을 정말 끝끝내 '쌩' 까고 2009년 5월 기어이 2015년 대회를 유치하고야 말았다. 이번엔 얼마를 썼는가. 정말 누구를 위해 유치하는가.

또 다른 이유는 임기 내 가시적 업적을 만들어야 한다는 강박에 사로잡힌 시장과 (재)개발에 환장한 개발업자, 투기업자 들의 결탁 때문이다. 메가 이벤트의 개최는 평소 같았으면 감히 생각하기 힘든 도심 재개발을 가능케 한다. 주민들은 이런 국제 행사가 '우리 모두'를 잘살게 해줄 거라 굳게 믿기에 앞뒤 재지 않고 나서고 반대하는 사람을 왕따 시킨다. 도심 이곳저곳에 공사판이 벌어지니 땅값이 오른다. 사람들은 자기 집이 개발 지구에 포함되면 로또 당첨된 듯 기뻐한다. 그러나 뉴타운에서 보듯 세입자는 물론이고 주택 소유자마저 쫓겨나는 게 재개발 아니던가. 올림픽을 개최하면 거리에 돈다발이 굴러다닐 것 같겠지만 실상 그 대부분은 특히 중앙의 개발업자와 투기꾼들이 휩쓸어 간다.

외국의 도시들도 이런 스포츠 이벤트를 개최하려 하지만 시민들이 반대하면 접는다. 그리고 개최 시의 장단점을 객관적으로 판단하고 이를 공개한다. "올림픽을 유치한다고 해서 경제적인 이익이 보장되는 것은 아니며 그 이익이 꼭 필요한 사람들과 꼭 필요한 장소에 쓰인다는 증거도 없다." 누가 한 말일까. 지금 2012년 런던 올림픽을 한창 준비하고 있는 영국의 공공정책연구소의 의견이다. "올림픽은 유치 도시의 실업 문제 해결에 별 영향을 미치지 못했다." 이건 또 누가 한 말일까. 바로 런던의 시의회 보고서의 결론이다. 우리는 어땠나. 대구, 인천, 평창, 부산, 광주 모두 단 한 번의 공청회도 없었다.

그리고 외국의 도시들은 재정적으로 부담이 될 것이라는 것도 숨기지 않는다. 그래서 미국의 오바마 대통령도 시카고의 2016년 올림픽 유치 도전과 관련하여 이렇게 말하지 않았던가. "올림픽 유치에 따른 재정적 문제를 해결하기 위해 (자신의) 집을 팔 용의도 있다"고 말이다. 그러나 무책임하고 낯짝 두꺼운 우리의 시장, 도지사 들은 우리 세금 가지고 자기들 욕심을 채우고 있다. 세련되고도 간교한 거짓말로 자기 잇속만 챙길 뿐이다.

나는 올림픽 없는 곳에서 살고 싶다.

‘삼수’ 평창, 올림픽 당첨의 그날까지 달리고 또 달린다

장면 1

1954년 어느 날. 스위스 월드컵을 앞둔 우리 축구 대표 팀은 일본과 홈 앤드 어웨이로 지역 예선을 치러야 했다. 그러나 이승만 대통령은 ‘일본놈들’이 이 땅에 발을 딛는 것은 “내 눈에 흙이 들어오기 전에”는 안 된다고 고집을 부리셨다. 월드컵 출전을 포기해야 하는 순간, 재일조선인체육회가 모든 것을 책임지겠다고 간청한 끝에 한국 팀은 일본에서 두 경기를 치르는 것으로 절충됐다. 그것마저 큰 선심이라 여긴 이 대통령은 출국을 앞둔 선수단에게 무시무시한 엄명을 내린다. “지면 현해탄에 몸을 던져라.”

결과는 1승 1무. 선수들은 무사히 귀국했다. 어쨌든 그땐 좀 거친 시절이었다.

장면 2

1981년 9월. 올림픽 유치단이 바덴바덴으로 출발하기 당시 안기

부장 유학성은 유치단에게 '결사 항전'을 주문한다. 올림픽 유치에 실패하는 경우? 정주영을 위시한 유치단에게 그는 이렇게 이야기했다. "지중해 푸른 물이 기다리고 있습니다."

'광주의 피'로 권력을 잡은 전두환 군사 정권의 핵심 멤버 유학성의 지시 아닌가. 사실상 전두환의 엄명이었다. 이제 스포츠에서의 승부뿐 아니라 국제 대회 유치도 '목숨 거는' 상황이 되었다.

장면 3

2007년 12월. 2012년 여수 엑스포 유치를 진두지휘하던 유치위원장 김재철 동원그룹 회장은 한 언론과의 인터뷰에서 두 번 실패는 없다며 최선을 다하겠다고 다짐하면서 이렇게 말했다. "유치하지 못하면 유치위 관계자들은 모두 바다에 빠져 죽겠습니다."

이제 국제 이벤트에 대한 우리의 집착은 맹목 수준이다. 민주화된 21세기에 군인도 아닌, 나이 일흔이 넘은 회장님마저 직원들까지 데리고 '모두 바다에 빠져 죽겠다'고 하신다. 누가 시키고 말고가 없다. 알아서, 다 같이 죽겠단다.

장면 4

2009년 4월 23일. 평창이 KOC(대한올림픽위원회) 임시 위원 회의에서 2018년 동계 올림픽 개최 국내 후보 도시로 확정되자 김진선 강원 도지사는 "국민들에게 마음의 빚을 지고 있다"며 그 빚을 갚기 위해 "죽을 각오로 하겠다"고 다짐했다. 도지사쯤 되는 분이 이런 살벌한 표현으로 자신의 의지를 밝히는 것은 처음 본다. 그런 식이라면 올림픽 유치에 다섯 번 도전했다가 모두 실패한 미국의 디트로이트는 시장이 죄다 죽어나갔겠다.

하긴 '이번엔 정말 된다' 면서 두 번이나 도전했다가 두 번 다 물만 먹었으니 도지사 체면이 말이 아니게도 됐다. 오매불망 올림픽만 바라보다가 10년을 허송세월로 보낸 게 바로 강원도 아닌가. 이런 상황에서 세 번째로 또 도전하려니 좀 민망도 했을 것이다. 아무리 그래도 그렇지 그깟 '이벤트' 에 목숨까지 걸어서야 되겠는가. 김 지사께선 누구 들으라고 그런 '죽을 다짐' 을 하셨는지 모르겠지만 우리는 그런 빚이 있는지도 몰랐고 설사 있었어도 안 갚아도 되니까 그리 아셨으면 한다.

어쨌든 강원도의 분위기는 완전 '업' 됐다. 평창의 동계 올림픽 도전이 확정되자 강원도가 다시 들썩이기 시작했다. 평창에만 자축 현수막 200여 개, 깃발 500여 개가 내걸렸다 한다. '올림픽 개최' 가 확정된 것도 아니고 유치에 도전해도 좋다는 허락이 주어졌을 뿐인데 이들은 뭐가 그리도 좋을까. 이는 강원도의 많은 이해관계들이 '평창 올림픽' 과 직결되어 있기 때문이다.

눈에 띄는 뉴스가 있다. 올림픽의 주 무대가 될 평창의 알펜시아 리조트 분양이 탄력을 받게 될 것이라는 기사다. 알펜시아 리조트는 도대체 무엇인가. 'VIP' 도 아닌 'VVIP' 를 대상으로 한다는 알펜시아 프로젝트는 빌라 한 채가 골프장 회원권까지 포함해 44억 원에 이르는, 총예산 1조 4,000억짜리 사업이다. 강원도 연간 예산의 절반이 넘는 엄청난 사업이다. 그런데 2007년 2차 도전 실패 후 분양이 10%에도 못 미친다는 이야기가 있을 정도로 분양이 극히 저조해 강원도 경제에 심각한 타격을 줄 '애물단지'가 돼버린 실정이었다. 현재로선 유치는 둘째 치고 재도전 선언이라도 해야 알펜시아를 살릴 수 있는 것이다.

그런데 이 알펜시아 프로젝트의 내막을 들여다보면 강원도가 앞뒤 안 가리고 올림픽에 매달리는 이유를 엿볼 수 있다. 사실 2차 도전에 실패한 직후 많은 이들이 슬픔을 나누고 있는 상황에서 SBS가 1주일도 안 돼 생뚱맞게 평창의 세 번째 재도전 여부를 묻는 여론 조사의 결과를 호들갑스럽게 보도한 적이 있다. 아닌 밤중에 홍두깨다 싶었는데 알고 보니 SBS의 형님(?)이 위기에 처해 있었다. 알펜시아 사업의 시공사는 다름 아닌 SBS의 대주주인 태영건설이었다. 그런데 유치 실패로 인해 태영의 최대 역점 사업인 알펜시아 프로젝트의 부도 이야기까지 나오는 상황이었던 것이다. 쉽게 표현하자면 위기에 빠진 형님을 위해 동생이 구출 작전에 나섰던 것이다.

평창 동계 올림픽과 SBS와 태영은 어쩌다, 왜 이러한 특수 관계(?)에 빠져들었을까. 도대체 SBS와 태영의 소유주는 누구인가. 그는 바로 김 지사와 함께 평창 올림픽 유치의 쌍두마차인 윤세영 강원도민회장이다. 이쯤 되면 강원도가 10년 동안 쏟아부은 '올림픽 붐'의 동기와 작동 방식을 짐작할 수 있을 것이다. 세상일에는 다 이유가 있는 법이다.

그렇다면 이 알펜시아 프로젝트가 완료되면 과연 강원 도민들을 먹여 살릴 것인가. 강원도 경제 활성화에 기여할 것인가. 우선 이곳은 강원 도민이 와서 즐기라고 만든 리조트가 아니다. 외지인들을 위한 곳이다. 그러면 고급 빌라로 가득 찬 이곳이 과연 고용 창출 효과가 있을까? 기껏해야 빌라촌과 골프장에서 용역 회사를 통해 경비원

고용하고 캐디 고용하는 정도일 것이다. 물론 모두 비정규직이다. 또 강원 도민과 기업인들은 알펜시아 프로젝트가 강원도 경제에 큰 기여를 할 것으로 '철석같이' 믿었다. 그러나 프로젝트에 참여하는 태영, GS건설, 동부건설 등의 대기업들은 강원 도내 기업들이 생산하는 콘크리트, 기계, 플라스틱 등 자재와 광고물 등을 외면했다. 이 프로젝트는 강원 도민의 '바람'이나 '기대' 따위엔 애초에 관심조차 없었던 것이다.

평창 재도전이 주목받는 또 다른 이유는 바로 땅값이다. 이효석의 소설 『메밀꽃 필 무렵』의 무대인 평창은 두 번의 동계 올림픽 유치 도전을 거치며 땅값이 폭등했다. 재도전의 깃발이 올랐으니 평창의 땅값은 또 한 번 뛸 것이다. 그런데 강원도 땅값이 뛰어서 강원 도민들이 부자가 됐다면 또 모르겠는데 그것도 아니다. 유치가 유력하다는 소문이 돌던 2007년 평창 땅값은 무려 11%가 뛰었는데 이곳의 땅을 사들인 사람의 80~90%가 외지인이었다고 한다. 현지 주민들에 따르면 유치위 관계자들 상당수도 땅을 매입했다는 사실은 이제 비밀도 아니라고 한다. 당시 "강원 도민의 돈(세금)은 한 푼도 안 들어간다"는 새빨간 거짓말까지 섞어가며 올림픽 유치의 당위성을 역설하던 한 교수의 얼굴이 자꾸 떠오른다.

평창의 올림픽 재도전의 진짜 문제는 바로 '지역 불균형'이다. 이것은 영동 영서 갈등이라는 해묵은 갈등뿐 아니라 도내 다양한(?) 지역 갈등을 부추기는 등 심각한 문제를 낳고 있다. 우선 지난 10여 년간 강원도가 올림픽에 올인 하면서 설상 종목 개최지인 평창과 빙상 종목 개최지 강릉, 즉 영동 지역에 개발이 집중됐던 반면, 영서 지역의 대표 격인 춘천의 태권도 공원 유치는 실패하고 원주의 기업 도시 및 혁신 도시 사업은 지지부진해지자 영서 지역의 불만이 폭발 지경에 이른 것이다. 게다가 영동 출신인 김진선 지사가 도내 다른 지역의 사업을 등한시할 뿐 아니라 태권도 공원의 경우 올림픽 유치 추진을 위해 양보해버렸다는 의혹이 증폭되면서 김 지사에 대한 보이콧 움직임까지 있었다. 도비 지원에도 쏠림 현상이 일어났다. 2007년 이전 3년간 도비 현황을 보면 평창엔 160억 원이 지원됐지만 철원 · 화천 · 양구는 평창의 절반을 조금 넘는 수준에 그쳤고, 강릉에 192억 원이 지원될 때 속초에는 고작 75억 원이 배정됐을 뿐이다. 어처구니없는 사실은 강원도가 도비 지원뿐 아니라 수해 복구까지 '차별' 했다는 점이다. 2006년 대규모 수해 때 평창은 '긴급 복구' 한 반면 인제 등 북부 지역은 1년이 넘도록 방치해 도민들의 격심한 반발을 초래한 바 있다.

사실 '잃어버린 10년' 은 강원 도민들에게 해당되는 표현이다. 지난 10여 년 올림픽은 강원도의 알파요 오메가였다. 김 지사의 국내외 출장도 (특히 해외의 경우) 대부분 올림픽 때문이었다. 도대체 강원도지사란 자리가 얼마나 한가한 자리이기에 도지사가 유치 실무를 총괄하는 유치위원회 집행위원장을 겸한단 말인가. 그런데 이제 여기에 2년이 추가돼 '잃어버린 12년' 이 될 상황인 것이다.

올림픽은 과연 강원 도민들을 밥 먹여줄 것인가. 그렇지 않다. 개최 기간까지의 단기 효과가 혹 있을지는 모르지만(이 단기 효과마저도 부정하는 학자도 많다) 장기적으로 올림픽과 같은 메가 이벤트는 지역경제에 타격을 줄 뿐이다.

올림픽을 개최한다고 해서 강원 도민이 먹는 밥이나 반찬이 달라지지는 않는다. 밥그릇만 더 폼 나는 것으로 바뀔 뿐이다. 그리고 올림픽이 끝나고 나면? 그들은 그냥 주는 줄로 알고 받아썼던 그릇 값을 수십 년 할부로 갚아야 한다.

예를 들어보자. 평창유치위는 현재 빙상장이 하나뿐인 강릉에 빙상장만 네 개를 더 지어 총 다섯 개로 대회를 치른다 한다. 그중 하나는 가건물로 지어 폐막 후 원주로 이전하고 다른 하나는 컨벤션 센터로 전환시킨다고 한다. 그렇지만 인구 20만에 현재 인구가 줄고 있는 강릉에 다른 대도시에서도 연 수십억 원의 적자를 발생시켜 애물단지가 되고 있는 컨벤션 센터와 세 개의 빙상장을 존속시키겠다는 것은 참으로 무모하다는 말 외엔 할 말이 없다. 매년 수십억 원에 달하는 유지 관리비에 대해 유치위와 강원도와 강릉시 간에 어떤 합의가 있었는지도 궁금하다.

이제 주제를 바꿔보자. 그렇다면 도대체 이번엔 유치 가능성이 있는 걸까. 강원도 측은 자크 로게 IOC 위원장이 평창이 포기하기는 너무 아깝다며 재도전을 권했다는 말로 재도전 당위성과 성공 가능성을 주장한다. 이는 IOC의 속내를 모르고 하는 소리다. 이게 바로 IOC가 장사(?)하는 방법이다. 그들은 항상 이런 식으로 개최를 생각하는 도시들을 부추긴다. 하지 말란 말은 절대로 안 한다. 그런 식으로 경쟁을 붙여 자신들의 몸값을 높이고 중계권, 스폰서십까지 천정부지로 올려놓았다.

2018년 동계 올림픽을 향해 뛰는 도시로는 독일의 뮌헨, 프랑스의 안시, 중국의 하얼빈, 미국의 덴버, 불가리아의 소피아, 카자흐스탄의 알마티 등이 있는데 뮌헨과 안시가 가장 강력한 경쟁자로 꼽힌다. 뮌헨은 시설 대부분이 1930년대에 지어졌다는 게 단점이지만 BMW 본사가 있고 무엇보다 IOC 부위원장이자 차기 IOC 회장이 유력시되는 토마스 바흐 등 IOC 위원이 세 명이나 된다는 강점이 있다. IOC가 원래 유럽 중심이기도 하지만 동계 올림픽은 특히 유럽의 입김이 막강해 뮌헨이 가장 강력한 후보지가 될 것이다.

몽블랑 산 인근의 안시는 시설이 가장 뛰어나다는 강점도 있지만 프랑스가 국력을 총동원할 가능성이 크다. 프랑스는 유럽 문화의 중심이 파리라는 사실을 공식화하기 위해 2012년 올림픽 유치전에 나섰다가 앙숙 영국이 런던을 앞세워 총공세에 나서는 바람에 접전 끝에 고배를 마신 바 있다. 프랑스인들에겐 제2차 세계 대전 파리 함락에 비견되는 치욕적 경험이었는데, 당시 외신들은 이를 두고 "블레어 영국 총리가 시라크 프랑스 대통령을 꺾었다"고 평가했다. 올림픽 유치 경쟁이 국력 경쟁에 더해 점차 국가 원수들 간의 인기투표의 성격을 띠게 된 것이다. 현재 국제 무대에서 사르코지 프랑스 대통령의 인기는 미국 대통령 오바마에 못지않다. 특히 모델 출신의 아내 브루니의 인기까지 더해져 유럽에서 이들은 록 스타 같은 존재다. 따라서 이번 동계 올림픽 유치전은 프랑스로서는 설욕의 기회이자 프랑스인의 자존심이 걸린 한판 승부인 것이다. 사르코지의 위력이 얼마나 대단할지, 또 과연 '이명박 효과'가 국제 사회에서, IOC 위원들 사이에서 통할지 궁금하다.

하얼빈도 만만치 않다. 2010년 동계 올림픽 유치에 실패했던 하얼빈은 5억 달러에 이르는 막대한 예산을 쏟아부어 2009년 동계 유니버시아드를 개최했다. 2008년 베이징 올림픽 이후 딱 10년 만에 동계 올림픽을 또 개최할 수 있겠냐는 의견도 있지만 미국의 경우(1980년 동계, 1984년 하계, 1996년 하계, 2002년 동계)와 캐나다의 경우(1976년 하계, 1988년 동계)를 생각해보면 못할 것도 없다. 중국 정부가 마음만 먹는다면 얼마든지 단번에 강력한 후보 도시가 될 수 있다.

마지막으로 덴버가 있는데 덴버는 시카고가 2016년 하계 올림픽 개최에 성공할 경우 그 꿈을 접어야 하는 상황이었다. 그러나 지난

10월 3일 덴마크 코펜하겐에서 열린 IOC 총회에서 시카고가 예상 외로 1차 투표에서 탈락하면서 덴버는 올림픽 유치 도전을 향한 출구를 확보한 상황이다. 인근에 세계 최고의 스키 리조트가 몰려 있어 강력한 도전자가 될 수도 있는 덴버는 과거 올림픽을 유치했다가 반납해야 했던 뼈아프고도 황당한 역사가 있다. 1976년 개최지로 선정되었는데 정작 주민들이 자신들의 세금이 올림픽 준비에 쓰이는 것을 금지하는 법안을 통과시켜 개최권을 반납해야 했던 것이다. 사실 덴버의 경우는 세계적인 겨울철 리조트가 되기 위해 꼭 올림픽을 개최해야 하는 것은 아니라는 것을 보여주는 사례이기도 하다.

올림픽 개최지가 된다는 것은 가시밭길이면서 바늘구멍이다. 평창의 가능성은 어느 정도일까. 이를 확률로 표현하는 것은 무모한 일이다. 물론 평창은 개최 유력 도시 중 하나가 될 것이다. 그러나 개최지 선정엔 은메달, 동메달이 존재하지 않는다. 가장 대표적인 승자독식의 세계다.

그리고 올림픽 개최지는 결국 국력이 결정한다. 지난번 평창의 패인은 길게 이야기할 것 없다. 바로 국력이었다. 노무현이 푸틴에게 진 것이고 국정원이 'KGB'에 진 것이다. 한국이 러시아에게 진 것이다. 안타깝지만 국제 무대에서 아직 대한민국은 위력적 존재가 아니다. '변수'가 되지 못한다. 사실 외신을 봐도 남한이 주요 뉴스로 다루어지는 경우는 모두 북한 때문이다.

이제 강원도는 2018년 동계 올림픽 개최지가 최종 결정되는 2011년 7월 6일 IOC 총회까지 또 달려야 한다. '죽을 각오'로 달려야 한다. 3선 임기를 마치며 '용꿈'을 꾸고 있다는 김진선 지사의 중앙 정계 진출을 돕기 위해, 윤세영 도민회장이 투자비 날리는 것을 막기 위해, 수많은 땅 투기꾼들의 함박웃음을 위해, 거주민보다는 외국인들이 대접받는 사실상의 '빚잔치' 올림픽을 위해 강원 도민들은 허벌나게 뛰고 또 뛰어야 한다. 그렇다. 강원도는 올림픽 있고 사람 있다.

빗덩이 안고 '쇼' 하자?
: 스포츠와 정치의 고차 방정식

1981년 '국풍 81' 이란 축제가 있었다. 그러나 축제라고 다 같은 축제는 아니다. 우리는 전두환 정권이 광주 항쟁 1주기를 잠재우고자 만든 '국풍 81' 을 바람직한 축제로 보지 않는다. 바람직하기는커녕 속이 시커먼 저질 축제였다. 많이들 즐기긴 했다. 5일간 연 1,000만 명이 여의도 광장에서 놀고 마시고 취했다. 이 축제는 당시 가장 격렬하게 반독재 투쟁에 나섰던 대학생들을 축제 속에 매몰시키려는 여론 호도용 관제 축제였다.

사실 전두환은 문화적 소양(?)을 지닌 독재자였다. 대중을 지배하는 데 탁월한 효용을 지닌 문화의 가치를 제대로 보았다. 그래서 '전통' 과 '문화' 를 입에 달고 다녔고 지금의 프로 스포츠는 죄다 그가 만들어줬으며 올림픽까지 유치했다. 온갖 국제 행사도 열심히 지원했다. 광주의 피비린내가 채 가시지 않은 1980년 7월엔 세종 문화 회관에서 '미스 유니버스 대회' 도 열었다. '외국 손님들' 이 오셨다고 온 국민이 웃고 다녀야 했다.

지난 2008년 10월 18일 토요일 저녁, 부산 전역엔 '빠바방' 소리가 진동했다. 광안리 바닷가에서 광안 대교를 배경으로 불꽃 축제가 열린 것이다. 45분간 8만 5,000발의 폭죽을 쏘아 올렸다는데 금요일에 있었던 전야제에선 3만 발을 쏘아 올렸다니 이틀간 도합 12만 발에 육박하는 폭죽을 쏘아 올렸다. 한 언론 기사의 제목에 눈이 간다. '불꽃에 넋을 놓다.' 그렇다. 불꽃 축제는 부산 시민들의 넋이 나가버리게 했다.

ⓒ (사)부산문화관광축제조직위원회

2008년 10월 열린 부산 불꽃 축제 모습.

또 한 TV 뉴스는 "부산 광안리 밤하늘에 '희망의 불꽃'을 수놓았"다고 했다. 그러니까 불꽃 축제는 부산 시민들의 넋을 나가게 해놓고 그 자리에 희망을 들여앉힌 것이다. 씁쓸함을 금할 길이 없다. 지역의 현실은 암울하기만 한데 불꽃 축제는 '태평성대 부산'을 노래하고 있다. 이런 게 바로 '상징 조작' 아니겠나.

부산 불꽃 축제는 2005년 APEC을 유치한 것을 자축하기 위해 시작된 축제다. 45분 동안 '빠바방' 하고 끝나는 이 행사는 엄청난 예산이 들어간다. 2006년 12억 원, 2007년엔 16억 원을 쏟아부은, 대표적 '뻥이요~' 축제다. 2007년 감사원 감사에도 지적됐고 행정자치부도 과도한 예산 집행이라 해서 재검토를 지시했지만 결국 강행했던 부산시의 야심작이다.

그런데 올해 행사를 즈음해서는 예년과는 달리 지역 언론 그 어느 곳에서도 예산의 액수를 밝히지 않고 있다. 감사원, 행정안전부에 이어 시민들도 이 행사의 효용에 대해 이의를 제기하자 아예 예산을 공개하지 않기로 한 것 같다. 올해도 부산시 측에서는 규모를 더 키웠다 하니 20억 원은 훌쩍 넘었을 것이다. 과도한 예산이 낭비되는 과시적 행사라는 비판이 수년째 반복되고 있지만 오히려 규모가 커지는 이유는 무얼까. 도대체 이 행사 덕에 건더기(?)를 건지는 사람은 누굴까.

우리나라의 축제가 대부분 그러하듯 부산 불꽃 축제도 시민들은 보고 즐기다 들어가는 것으로 끝이지만 짭짤한 건더기를 건지는 이는 언제나 지자체장이다. 부산 시장은 100만 인파 앞에서 스포트라이트도 받고 개회 선언도 했으니, 1936년 제국 경기장에 모인 8만 관중 앞에서 베를린 올림픽의 개회 선언을 한 히틀러도, 1982년 프로야구 개막식에서 시구를 한 전두환도 부럽지 않을 것이다. 연예인과 마찬가지로 정치인의 특징이 무엇인가. 바로 '노출'을 좋아한다는 것 아닌가. 잊히는 것을 가장 두려워한다지 않는가. 허 시장은 불꽃 축제를 사랑할 수밖에 없다. 그렇다. 계속 가야만 한다, 쭈욱~.

그렇다면 '불꽃 만발'한 부산의 현실은 어떠한가. 1인당 GRDP(지역 내 총생산)는 전국 16개 시도 중 14위에 처박혀 있고 실업률은 약 4%로 7대 도시 중 최고다. 가까운 울산의 0.49%와는 비교도 되지 않는다. 또 인구 성장, 재정 자립, 사회 복지 등 14개 항목의 지역 경쟁력 지표 산출에서 부산은 모두 14점을 받아 7개 광역시 중 6위에 주저앉아 있다. 한때 400만 명을 향해 달려가던 부산 인구는 지금 360만 명이다. 광역시 중 인구가 줄고 있는 유일한 도시일 뿐 아니라 노령 인구는 10%에 달하고 있다. IMF 이후 1,000개의 기업이 부산을 떠났는데 들어온다는 기업 이야기는 들어본 기억이 없다. 거의 모든 경제 지표에서 부산은 바닥을 헤매고 있으니 젊은이들은 부산을 떠나고 있고, 지역에 기업이 없으니 취직이 되지 않아 부산의 대학생 휴학률은 30~40%를 오르내리고 있는 형편이다.

악순환의 전형이다. 이쯤 되면 침몰하는 배 갑판에 밧줄로 묶여 있는 상황보다 나을 게 없다. 부산의 암담함은 이 정도로 끝나는 게 아니다. 부산시는 빚도 최고다. 채무액이 지난해 연말 현재 2조 3,063억 원으로 전국 16개 시도 가운데 가장 많다. 이는 시민의 실생활과 직결된다. 부산시는 이미 전국 최고인 상하수도 요금을 2008년 무려 25% 인상했다. (내 살다 살다 이렇게 무지막지한 공공요금 인상은 처음 본다.) 지하철 요금도 전국에서 제일 비싸다. (어느 네티즌의 댓글이다. "왜 서울이 더 싸노.") 유료 도로도 전국에서 부산이 제일 많다. (모임 한 번 다녀오는데 여섯 번 돈 내봤다.) 집에서도, 밖에서도 계속 털리는 기분이 드는 그런 동네다.

그런데 이러한 현실과는 달리 2008년 부산은 뭔가 '되는 도시' 처럼 보였다. 그 일등공신은 역시 롯데 자이언츠. 그런데 롯데가 만들어낸 축제 분위기에 끼어든 사람이 있었으니 다름 아닌 허남식 시장. 그는 롯데의 준플레이오프 진출이 확정된 후 열린 마지막 홈경기에 로이스터 감독과 함께 3만 관중 앞에서 〈부산 갈매기〉를 열창했다. 부산에 '롯데 광풍' 을 몰고 온 자이언츠의 경기에서 부산 최고 인기인의 자리에 오른 로이스터와 노래를 함께 부른 것은 허 시장에겐 정치적 대박이었다.

베이징 올림픽에서 연일 금메달 소식이 들리고 국민들이 열광하는 와중에 지지율까지 뛰어올라 대통령의 입이 귀에 걸렸다던데, 스포츠의 정치적 활용, 정치적 효과는 '대통령급'에만 적용되는 게 아니다. '시장급'도 가능하다는 걸 허 시장이 증명했다. 그런데 허 시장의 야심은 불꽃 축제에 등장하고 로이스터와 노래 부르는 것으로 끝나지 않는다. 그는 딱 20년 전 전두환에게서 '영감靈感'을 얻었나 보다. 바로 올림픽!

2008년 9월 말 부산에서 연이어 개최된 IOC 포럼과 세계 사회 체육 대회는 2020년 하계 올림픽을 유치하겠다는 부산시의 야심찬 프로젝트였다. 정말 올림픽 유치가 코앞에 온 것 같은 들뜬 분위기가 연출됐다. 그러나 이 역시 속보이는 이벤트였다. 지역 경제도 어려운데 IOC 포럼을 개최해 참가자들을 칙사 대접 한 것이나, 특히 '놀이'에 가까운 각국의 전통 스포츠를 소개하던, 1,000명 규모의 조촐한 세계 사회 체육 대회가 100여 개국 1만 명 규모의 메가 이벤트로 변신한 것이 그렇다. 이름도 없던 대회를 유치해 엄청난 시 예산을 투입한 것이다. 그게 얼마? 물경 백오십 억이다, 백오십 억! 잠재적 올림픽 경쟁 도시인 토론토, 코펜하겐이나 동계 올림픽을 유치하려는 평창도 아직 조용하던데 부산시는 한마디로 난리법석이다.

부산시가 이렇게 총력을 기울여 뭔가에 매진한 사례가 있었던가. 바닥을 헤매고 있는 지역 경제 문제에 이렇게 열심인 적이 있었던가. 하도 이상해 곰곰이 생각해보니 역시 집히는 게 있다. 올림픽 유치는 우리 시장님의 '3선 프로젝트'다. 실제로 21세기 들어 지자체마다 불어 닥친 스포츠 이벤트 유치 열풍은 사실상 '선거용 프로젝트' 아니었던가.

동계 올림픽에 집착하다 강원 도민에게 '잃어버린 10년'을 선사한 강원 도지사는 '평창 올림픽'의 깃발을 내건 덕에 쉽게 3선에 이를 수 있었다. 부산도 새로 들어서는 시장마다 올림픽 유치를 떠들지 않았던가. 2010년 지방 선거가 채 2년도 남지 않은 지금 허 시장은 급할 것이다. 시장이 된 지 4년이 넘었건만 업적이라곤 아무것도, 정말 아무것도 없지 않은가. 한나라당 내 예선 통과도 쉽지 않은 상황에서 이제 시간이 없다. 티 안 나는 시시껍절한 지역 현안 붙들고 있을 것 없다. 오로지 올림픽이다.

2007년 난데없이 올림픽 유치가 최대 역점 사업으로 등장했다. 난데없이 자다가 일어나 봉창을 마구 두들긴 것이다. 이후 부산이 보여준 코미디 같은 좌충우돌 '올림픽 드라이브'는 지자체장이 자신의 정치적 욕심을 위해 행정 조직을 어떻게 '활용'하는지, 또 얼마나 비이성적이고 우스운 집단으로 만들어버리는지 잘 보여줬다. 무엇보다 공무원들이 상황에 따라 얼마나 다양한 거짓말을 창조(?)해 낼 수 있는지를 잘 보여줬다.

올림픽 이야기가 처음 나올 때는 시민들도 어리둥절해 했다. 그러자 부산시는 관변 단체를 앞세워 바람몰이를 하고 아시안 게임을 치른 '부산의 저력'이면 올림픽도 충분히 가능하다며 분위기를 몰아갔다. 그러다 가뜩이나 어려운 살림살이에 올림픽이 가능이나 하겠냐는 문제 제기가 나오자 부산시 관계자들은 본격 '거짓말 행진'에 나서며 유치가 바로 코앞인 것처럼 밀어붙였다. 그들의 거짓말 행진을 한 번 보자.

2020년 올림픽 도전을 선언한 직후 부산은 처음에는 2002년 아시안 게임 때 지은 시설이 있으니 경기장 열 개 정도만 다시 지으면 된다고 했다. 뻔뻔한 거짓말이다. 아시안 게임을 유치한 인천도 새로 40개의 경기장이 필요하다고 했다. 그런데 재정 부담이 계속 논란이 되자 지난달엔 시 관계자가 인터뷰에서 네 개만 더 지으면 된다고 했다. 그런데도 계속 의문이 제기되자 지난주엔 더 줄여서 두세 개만 지으면 되기 때문에 천문학적 재정적 부담은 과장된 것이라고까지 주장한다. 한 달도 안 되는 사이 열 개에서 네 개 그리고 두세 개로 줄어들었다. 경기장이 막 없어지니 이건 마술의 수준이다.

공무원은 거짓말도 당당하게, 공개적으로 한다. 부산시의 어느 고위 공무원은 방송 토론에서 1조 5,000억 정도면 올림픽을 치를 수 있을 것이라고 이야기했다. 말문이 막힌다. 인천이 문체부에 올린 아시안 게임 직접 사업비만 해도 4조 6,490억이었다. 백 번을 양보해 설사 경기장은 됐다 치자. 부산시는 2004년 올림픽 때문에 그리스가 안전 · 보안에만 15억 유로(2조 원)를 쏟아부은 사실은 모르나 보다. 도대체 부산시 공무원은 정책 만들면서 공부는 안 하는가. 경기장만 있으면 되는 줄 아는 시 고위 관계자의 '단세포적' 사고에 부산 시민으로서 공포감마저 느낀다.

부산시는 사실 메가 이벤트가 시 재정을 얼마나 압박하는지에 대해 누구보다 잘 안다. 우선 부산이 전국 시도 중 지방채 누적 적자가 최고인 이유는 아시안 게임과 2005년의 APEC 준비를 위해 집중적으로 지방채를 발행했기 때문이다. 국제 행사 뒷감당은 이뿐만이 아니다. 부산은 2002년 아시안 게임을 폼 나게 치른 것까지는 좋았는데 이후 시설 유지에만 매년 수십억 원을 쏟아부어야 한다는 고민이 생겼다. 아시안 게임 다음해인 2003년 사직 종합 운동장 유지에 109억 원이 투입된 반면 수입은 고작 32억 원에 그쳐 무려 77억 원 적자를 기록했다고 한다. 그래서 부산시가 고민 끝에 생각해낸 게 바로 경륜 사업이다. 결국 아시안 게임을 위해 만든 사이클 경기장에 194억을 또 쏟아부어 금정 경륜장이 문을 열었다.

이제 돈벼락 맞을 일만 남았다? 아니었다. 개장 하자마자 적자가 발생해 시가 66억 원을 지원하더니 2004년 140억, 2005년 115억, 2006년 약 60억 원 등 매년 힘찬 적자 행진을 하는 바람에 수년째 혈세를 경륜에 지원해야 했다. 경륜에 '꼴아 박은' 돈만 경기장 전환 공사비까지 포함해 물경 600억 원을 넘어간다. 이렇게 밑 빠진 독에 돈 붓기를 하고 있는 와중에도 올림픽을 밀어붙이는 저들의 저돌성에 경외감마저 든다.

유치 가능성도 문제다. 사실 부산이 세계적 초거대 도시들의 각축장인 하계 올림픽을 유치할 가능성은 여름에 눈 맞을 확률에 가깝다. 신자유주의가 세계적 흐름이 된 이후 국가 간 경쟁 외에 새롭게 도시 간 경쟁이 극심해지면서 올림픽 유치는 세계적 초거대 도시들의 각축장이 됐다. 1960년대 이후 모든 하계 올림픽 개최지들은 1984년 로스앤젤레스와 1996년 애틀랜타를 빼곤 모두 국가의 수도 아니면 최대 도시였다.

2016년 올림픽 유치전에는 시카고, 도쿄, 마드리드, 리우데자네이루, 프라하, 도하 등이 뛰어들었고, 2020년 올림픽은 2016년 올림픽 유치 경쟁에서 탈락한 도시들과 또 다른 수많은 초거대 도시들과 겨뤄야 한다. 여기서 부산의 유치 가능성은 사실상 없다. 부산시는 수많은 국제 행사를 치렀던 강점이 있다고 강조하는데, 참 답답하다. 경쟁 도시들은 국제 행사를 부산의 열 배는 치른다.

그럼에도 허남식 시장은 2020년 올림픽 유치를 부산시 최대 역점 사업으로 정해 홀로 내달리고 있다. 아무도 못 말린다. 대책이 없다. 거스름돈 계산할 능력만 있어도 올림픽이 부산을 빚더미에 올려놓을 것이라는 것을 쉽게 알 텐데, 그리고 올림픽 유치할 노력과 정성이면 공장 수십 개는 유치할 텐데, 허남식 시장은 비판은 못 들은 척하고 밀고 나간다. 이게 어떻게 가능할까. 답은 이거다. "니 돈이니까."

그러다 보니 부산 시정은 '비상식' 을 넘어 '몰이성' 으로 막 간다. 세계 사회 체육 대회도 그 경제 효과가 2,000억 원을 넘어선다는 '상상력 만발' 의 결과를 내놓았던데 거기에 부산시가 투입한 150억 원은 포함시켰는가. 시내 노점상들을 '흉물' 이라며 쫓아낸다던데 그렇게 생계를 잃은 400여 노점상과 그 가족의 경제적 피해는 계산했는가. 먹고살기 힘든 서민들이 정녕 부산시에겐 보여서는 안 될 존재인가. 업적 없이 지방 선거 맞이하는 허 시장 앞에 부산의 서민은 흉물일 뿐인가.

결국 수십조 원의 빚을 낼 수밖에 없는 부산이 만약 올림픽을 개최한다면 이는 임진왜란 이후 최대의 재앙이 될 것이다. 그리고 폐막 후 우리 모두 허리가 휘도록 그 뒷감당을 해야 할 때 지금의 시장은 그 자리에 없을 것 아닌가. 물건만 팔고 사라지는 지하철 외판원과 뭐가 다른가 말이다.

제2의 도시 부산의 대학 졸업생 취업률이 76%로 16개 시 · 도 중 11위라고 한다. 졸업생 수에 비해 기업이 없기 때문이란다. 시장은 올림픽 유치에 시간 뺏기지 마시고, '빠바방' 잔치판만 찾아다니지 마시고 공장이나 유치하시기 바란다. 그게 제대로 된 3선 전략이다.

월드컵 유령의 귀환
: 윤도현과 붉은악마, 그리고 '상업 국가주의'의 출현

2002년 월드컵 광풍이 한반도를 뒤덮자 파시즘이니 쇼비니즘이니 하며 염려하던 사람들이 있었다. 하지만 그들은 그런 주장을 이내 접었거나 아니면 매우 조심스레, 돌려서, 살살 이야기했다. 대중의 잠재력과 가능성도 간파하지 못한, 오만한 지식인의 결벽증이라는 집중포화를 견디기 힘들었을 것이다.

그래서 그들은 스스로 '한여름 밤의 추억'이라 생각하며 잊었다. 오산이었다. 개최국도 아니고 대회 개막도 석 달 넘게 남은 지금, 대한민국에 월드컵이라는 유령이 다시 찾아왔다. 그동안 어디서 무엇을 먹었는지 더욱 커지고 힘도 세졌으며 그 광폭함은 이루 말할 수 없다. 4년 만에 찾아온 이 유령은 특히 '돈독'이라는 울트라 초강력 바이러스를 한국 사회에 무차별 살포하고 있다.

이제 월드컵은 엄청난 대목 시장으로 변해버렸고 호객꾼들도 셀 수 없이 많아졌다. 규모도 동네 포장마차 수준이 아니다. 오일장도 아닌 4년장이니 얼마나 치열하겠는가. 언론과 자본은 "2002년을 기억하라"며 전 방위 압박을 가하는 등 이미 전투태세다. 이 땅의 '유

이' 한 공영 방송 KBS와 MBC도 서로 자기네 좌판으로 오라고 자막을 내보내고 있고, 양대 통신사 KTF와 SKT는 서로 자기네가 '진짜'라며 족발집, 떡볶이집 수준의 '원조' 경쟁을 벌이고 있다. 여기에 붉은악마와 윤도현이 가세하고, '봉이 김선달' 서울시가 시청 앞 광장을 매물로 내놓으며 이 싸움판에 '등록'하면서 바야흐로 진흙탕 싸움이 되었다. 등장인물이 너무 많아 무대가 비좁아 보일 지경이 되었고, 뒤엉켜 서로를 비난하고 손가락질하는데 어느 손가락이 어디를 가리키는지도 헷갈리는 아수라장이다.

그중에서도 가장 꼴불견은 KTF와 SKT를 각각 등에 업은 붉은악마와 윤도현의 응원가 〈오 필승 코리아〉 쟁탈전이다. SKT와 손잡은 윤도현밴드(윤밴)는 KTF와 한편이 된 붉은악마와 응원가를 놓고 분쟁을 벌이더니, 급기야 윤밴은 록 버전 〈애국가〉를, 붉은악마는 새 응원가 〈레즈 고 투게더〉를 내놓곤 서로 자기네 응원가가 '적자嫡子'라고 우기고 있다. 4년 전 월드컵 열기의 일등공신이 되면서 붉은악마는 회원 수 30만이 넘는 거대 조직이 되었고, 윤도현은 몇 안 되는 히트곡에 소수의 열혈 팬만을 거느린 언더그라운드 가수에서 일약 '국민 가수'로 등극하며 광고 대박까지 터뜨렸다. 그런데 독일 월드컵을 목전에 둔 지금 잘 지내던 이 둘은 갈라섰을 뿐 아니라 서로 대치하고 있다. 왜일까. 좋게 말해 스폰서이고, 까놓고 말해 돈이다.

윤도현. 유명세를 탄 이후 '의식 있는' 가수로 알려지면서 주변에서 그를 귀찮게 하는 사람들이 많아졌다. 그럴 때마다 그는 '음악만 하게 내버려 둬라'며 힘들어하더니, 곧 다시 힘이 다시 났는지 TV와 라디오 프로그램 진행도 하고 광고 모델도 한다. 물론 대중 가수가 돈을 좀 '많이' 번다고 문제 삼을 것은 없다. 그러나 자신이 광고하는 기업이 어떤 기업인지 가리지도 않고, 너무나 '상업스런' 포즈와 목소리로 광고에 등장하는 그를 볼 때면 과연 촛불 시위 한가운데서 반미와 반전을 외치고 인권을 공부하고 싶다던 그 윤도현이 맞는지 의아해지기도 했다.

그런데 '월드컵 가수로 불리는 게 싫다' 며 월드컵과의 단절을 선언하던 그가 2006년 월드컵이 다가오자 '그때 그 재벌' SKT와 또다시 굳게 손잡고 '타이밍' 까지 계산하며 '월드컵 세몰이' 의 선봉에 섰다. 가수 비와 함께 하루에도 수도 없이 TV 광고에 등장해 국민들에게 '월드컵스러운' 삶을 읍소하는 그의 모습, 또 응원가와 거리 응원 때문에 다툼에 휘말리게 된 그의 모습은 애처로워 보인다. 이렇게 해서 저항적 가수의 이미지를 가지고 있던 윤도현도 월드컵 상업주의에 포획되더니 결국은 재벌의 품에 철퍼덕 안겨버린 것이다. 이는 '성공적 저항' 이 어떻게 상업화되고 또 어떻게 '중화' 되고 '탈색' 되는지를 잘 보여준다.

오랜 기간 피지배 계급은 대중문화를 통해 지배 계급이 강요하는 사회적 가치와 이데올로기에 도전했고, 이를 두려워했던 지배 계급은 바른 생활을 강요하며 억압해왔다. 지배 계급과 피지배 계급 간 갈등이 형성된 것이다. 그런데 이 갈등 구도는 어떻게 폭발하지 않고 현상 유지 되는가. 여기에는 대중문화의 효용성을 간파한 지배 계급의 오른팔 상업 자본주의가 뛰어들어 작동하는 것이다.

갈등은 상업주의를 앞세운 지배 계급의 전략과 저항 세력의 한계가 만나는 지점에서 해소된다. 지배 계급은 저항이 못마땅하지만 대중적 인기와 지지를 얻어 무시할 수 없는 '성공적인 저항' 과는 타협한다. 자신의 오른팔 상업 자본주의를 발동시켜 성공적으로 저항한 이들에게 부와 인기를 수여하는 것이다. 그런데 저항 세력에게는 이 과정을 받아들일 수밖에 없는 한계가 있다. 저항의 성공적 확산을 위해서는 자본주의 시스템에 의존해야만 하는 것이다.

반전과 평화를 노래하던 제퍼슨 에어플레인Jefferson Airplane(후에 제퍼슨 스타십Jefferson Starship으로 개명), 영국의 보수주의와 심지어 여왕까지 조롱했던 섹스 피스톨스Sex Pistols, 공산주의자를 자처하며 시민 혁명을 노래한 클래시Clash, 물질문명 배격의 선봉에 섰던 밥 말리Bob Marley, 미국의 패권주의와 그 잔혹함을 고발한 레이지 어게인스트 더 머신RATM, 그리고 언더그라운드에서 X세대의 우상으로 부상한 너바나Nirvana 등은 모두 저항을 노래했지만 상업주의 '전통의 명가' 인 레코드 회사와 손을 잡지 않을 수 없었다. 그래서 이들은 타협도 했고 외도도 했다. 너바나는 미국 최대 할인 매장인 월마트의 판매 거부 결정을 되돌리려 앨범 《In Utero》의 재킷 디자인과 곡명을 수정했고, 클래시의 곡 〈Should I stay or should I go〉는 리바이스 광고에 삽입된 바 있으며, 나이 들어 팝 록으로 귀순한 반 헤일런Van Halen의 〈Right Now〉는 환경 보호 캠페인 차원에서 만들어진 곡이었지만 펩시콜라 광고의 배경 음악이 되었다.

이렇게 해서 지배 집단은 성공한 저항 문화에서 '저항' 을 탈색시키면서 이를 대중이 열광하는 히트 상품으로 전환시키기도 하고 패션 등 여타 상품과 결합시키기도 한다. '저항' 이라는 맹수의 척추를 꺾어버리는 것이다. 결국 자본주의의 테두리를 벗어나지 않는 상업적 저항, 순종적 저항이 탄생하게 된다. 체 게바라가 어떤 사람인지도 모르고 그의 글을 읽은 적도 없지만, 그와 자신을 동일시하려고 그의 얼굴이 그려진 티셔츠를 입고 별책 부록으로 끼워주는 흑백 브로마이드 때문에 그의 평전을 사는 젊은이들에서 보듯이.

그러나 위에 언급한 이들이 아무리 인기를 얻고 돈을 벌었어도 금기시하는 것이 있다. 바로 상업 자본의 이윤 창출을 위해 스스로 그 전위가 되어 그들의 광고에 출연하는 것이다. 그들은 음악인이기에 철저하게 음악으로 승부했고 음악으로 돈을 벌었다.

윤도현의 기획사는 U2가 아이팟의, 그리고 밥 말리는 아디다스의 광고 모델이었다고 반박하던데 이는 교묘한 왜곡이다. 우선 레게의 창시자인 밥 말리는 생전에 아디다스를 즐겨 입는 바람에 세계의 많은 젊은이들에게 아디다스를 알리는 데 기여한 인물이지만 아디다스 측과 생전에 광고 계약 맺고 모델 노릇 한 적은 없다. 그의 유족이 라이센싱 비즈니스의 일환으로 그의 과거 이미지들을 제공하고 아디다스는 밥 말리 관련 상품을 만들면서 그의 추모 사업도 돕고 있는 것이다.

U2의 경우도 '광고 출연'이 아니다. 2004년 U2는 애플, 유니버설 뮤직과 음원 비즈니스 파트너 협약을 체결했다. CD 판매에 초점을 맞추던 유통 구조와 결별하고 팬과 뮤지션이 온라인상에서 만나는 새로운 디지털 뮤직의 시대를 열기 위한 프로젝트에 콘텐츠 제공자로서 참여한 것이다. 그리고 애플이 야심차게 내놓은 아이팟 'U2 스페셜 에디션' 출시에 때맞춰 신곡 〈Vertigo〉를 아이팟을 통해서만 발매하기로 하고 그 뮤직 비디오를 광고에 활용한 것뿐이다. 자신의 사업이니만큼 당연히 출연료도 받지 않았다. 뮤직 비디오에 등장한 모습도 연주하고 노래하는 모습이었지 예를 들어 카메라를 향해 아이팟 들어대며 "우리 아이팟 사세요~" 그러지 않았다.

저항을 노래했고 성공한 저항이라는 점도 모두 비슷한데 윤도현의 경우 너무 무분별하고 상업스럽게(?) 자본의 품에 안겨버렸다는 점은 안타깝기만 하다. 윤도현의 사례는 성공적 저항이 시장에서 자본과의 타협을 통해 상품화된다는 논리에 너무나도 정확히(?) 들어맞는 사례가 되어버린 것이다.

윤도현이야 그렇다 치고, 30만 대군 붉은악마는 어떻게 망가져갔는가. 응원가 가지고 한참 윤밴을 '씹었던' 붉은악마는 지난달 2월 27일 한 방 먹었다. 서울시가 SKT 컨소시엄에게 시청 앞 광장 사용권을 주는 바람에 KTF와 한편인 그들은 시청 앞에 설 자리를 잃은 것이다. SKT와 서울 시장까지 나서서 붉은악마의 시청 앞 광장 응원을 배려하겠다고 했지만 수억 원의 후원금을 KTF로부터 받은 붉은악마는 그 제안을 수용할 수 없었다. 그 제의에 단호하게 'No' 라고 선언한 붉은악마는 이후 대회전을 준비하며 전의를 불태운다.

사흘 후인 3월 1일 대 앙골라전에서 붉은악마의 임무는 대표 팀 응원이 아니라 SKT의 모기업 SK를 공격하는 것이었다. 정확히 한 달 전, 부천 SK가 제주도로 연고지 이전을 발표하면서 부천 서포터스에게 아무런 언질을 주지 않은 게 딱 걸렸다. 이전엔 K리그에 관심도 없던 이들이 SK의 연고지 이전을 트집 잡아 검은 옷에 근조를 표시하고, 경기 내내 SK에 야유를 퍼부을 뿐 아니라 관중이 시작한 파도타기를 붉은악마가 끊어버리고, 급기야 대한민국을 외치는 관중에게 붉은악마가 폭언과 협박을 하는, 이전에는 상상도 할 수 없던 상황이 벌어진 것이다. 어느 방송 진행자의 말처럼 훌리건이 따로 없었다.

이 '추태' 에 대해 붉은악마는 한국 축구의 근간인 프로 축구의 연고지 제도 정착을 위해, 그리고 한국 축구의 발전을 위해 SK에 경고하고 재발을 막기 위해 행동으로 옮겼을 뿐이라 했다. 그러나 그 과정과 지난 행적을 더듬다 보면 붉은악마의 주장에 고개가 갸웃하게 되는 정도가 아니라 아예 도리질을 치게 된다.

이들이 한국 축구 발전 운운하는 모습은 난데없다. 작년, 도를 넘은 대표 팀 소집으로 인한 선수 혹사, K리그 활성화, 국정 감사로 촉발된 축구협회 개혁 등의 문제를 해소하기 위해 의견을 나누자고 몇몇 단체가 수차례 제안했을 때 붉은악마는 거절했다. 그런데 그들의 거절 이유가 지금 생각해봐도 어이없다. 그들은 "붉은악마는 개인 의지로 움직이고 대표 팀을 서포팅하기 위한 단체일 뿐이며 경기장에서 선수들에게 힘을 실어주는 것만 추구"한단다. 그러나 그들은 3월 1일 집단 최면에 걸린 듯 정확히 반대로 행동했다. 또 이제까지 그들이 못 본 척했던 '축구 발전'의 깃발을 갑자기 주워들었다. 그들은 남의 깃발을 집어 들고는 그걸 펄럭여가며 SK를 야유하고 대한민국을 외치는 다른 관중에게 폭언을 하기도 했다. 속 보이는 변신이다.

잠시 연고지에 대해 이야기해보자. 과거 어느 팀은 천안에서 성남으로, 다른 팀은 안양에서 서울로 옮겼다. 모든 구단이 이렇듯 서울로만 향하고 있는데 SK가 제주도로 옮기는 것은 환영할 만한 시도다. 붉은악마는 지역의 팬을 무시하는 것이라고 비난하지만 이는 동시에 제주 팬들을 무시하는 것이다. 또 프로 구단이 연고지 옮기는 것은 철저한 상업적 판단에 근거할 수밖에 없다.

지금 우리가 LA 레이커스라 알고 있는 팀도 과거엔 그곳 팀이 아니었다. 왜 팀 이름이 '호수들lakers'일까? 호수가 많기로 유명한 미니애폴리스에서 창단된 미니애폴리스 레이커스가 옮겨간 것이기 때문이다. 미국 메이저 프로 스포츠에서 적자에 시달리는 구단은 없다. 그러나 흑자를 내는데도 연고지를 옮긴다. 다른 지역에서 좋은 조건을 제시하기 때문에 옮기기도 하고, 잘 있다가도 갑자기 경기장이 맘에 안 든다며 시나 주 정부에 새로 지어달라고 생떼를 쓰다가 안 지어주면 옮기기도 한다. 그렇다고 해서 주민들이 붉은악마 식으로 험악하게 나오는 경우는 없다. 그 구단을 붙들어 매기 위해 써야 할 돈이 내키지 않으면 그냥 보내는 것이다. 보내놓고 보니 아쉬우면 나중에 다른 구단 유치하면 된다는 식의 상식적 판단을 할 뿐이다.

붉은악마는 영국 축구의 예를 든다. 그러나 이는 번지수를 완전히 잘못 찾은 것이다. 과거 독재 정권이 지도에 말뚝 박듯 '여기서 축구해!' 하면 따라야 했던 우리나라나 돈 많은 엘리트들의 사교 클럽으로 프로 구단이 출발했던 미국과는 달리 영국은 지역의 공장주가 노동자와 그 가족을 위해, 결국은 지역 사회에 자신의 부를 환원하기 위해 팀을 만들었다. 따라서 영국의 축구팀은 지역의 주요 공공재로서 기능해왔고, 그러한 전통으로 인해 연고지 이전은 구단의 운영 전략으로 고려될 수 없었다. 사실 생각조차 할 수 없다. 그래서 팀의 소유주가 바뀔지언정 팀이 옮기는 경우는 없는 것이다. 설사 옮기고 싶어도 이미 모든 도시에 프로 축구팀이 있기 때문에 옮길 데도 없다. 이렇듯 태생도, 역사도, 환경도 다른 것이다.

물론 재벌 기업이 손해 볼 일은 절대 하지 않는다지만, 그래도 프로 축구 구단들이 일 년에 적어도 50억에서 100억 이상의 적자를 보는 상황이라면 구단이 연고지 옮기는 것을 '그런 식'으로 비난할 일은 아니다. 또 붉은악마는 SK가 축구 발전에 별로 기여한 게 없다고 비난했는데 그렇다면 붉은악마가 엄청난 액수의 후원금 받고 함께 어깨동무하고 있는 KTF 등은 축구 발전에 얼마나 기여했는지 궁금하다.

붉은악마는 국가주의와 애국주의에 매몰된 집단이라는 지적에 주목하지 않을 수 없다. 이들은 누군가 게시판에서 맘에 들지 않는 이야기를 하면 대부분 이렇게 반응한다. "당신 몇 번이나 대표 팀 응원하러 가봤냐." "우리가 당신보다는 한국 축구에 대한 열정이 높다." 아집에 빠진 모습니다.

죽기 살기로 대표 팀만 응원하는 이들은 '한국 대표 팀 응원'과 '한국 축구 발전'을 혼동하고 있다. 이들 덕에 한국 축구에 대한 국민적 관심은 온통 A매치와 월드컵으로만 쏠려, 결국 국가 대표 축구를 위해 프로 축구, 아마 축구, 학원 축구, 클럽 축구 등 다른 모든 축구가 착취당하고 무시당하는 시스템이 고착됐다. 어떻게 프로 축구 관중이 20년 전보다도 줄어들 수 있는가. 붉은악마는 한국 축구가 저변 없는 축구, 이른바 '가분수 축구'로 변질되는 데 가장 크게 기여한 집단이다. 게다가 관료주의적 시스템으로 움직이는 붉은악마의 응원은 세계에서도 그 예를 찾기 힘들 정도로 독특하다. 거대한 매스게임 같은 응원, 그리고 참으로 공교롭게도 나치 식 경례와 흡사한 이들의 몸짓. 폐쇄적이면서도 스스로 만든 스펙터클에 스스로 열광하는 이들의 모습엔 전체주의와 파시즘의 그림자가 짙게 드리워져 있다.

다시 초심으로 돌아가야 할 것이다. 붉은악마는 너무 비대해졌고, 응원의 규모는 그들의 몸집 이상으로 커졌다. 자기 돈, 자기희생을 강변하면서 10억에 가까운 후원금과 연 120대의 버스 지원이 왜 필요한가. 정치권의 제의는 물론 축구 발전을 논의하자는 단체의 제의는 거절하면서 왜 자본과는 마다 않고 손을 잡는가. 그것도 하나도 아닌 여러 개의 손을. 스펙터클에 집착해 규모만 키워 일은 잔뜩 벌여놓았는데, 이제 뒷감당이 안 되니 급전이 필요하게 되고, 그러다 보니 선택한 게 재벌과의 뜨거운 포옹 아닌가.

붉은악마가 직업 응원단이었던가. 아니라면 아마추어답게 하기 바란다. 원정 응원도 젊은 사람 배낭여행 떠나듯 하기 바란다. 마치 군사 작전 하듯 120대의 버스로 몰려다니지 말고, 기차도 타고 시내 버스도 타고 지도도 찬찬히 봐가며 젊은 날의 뜻있는, 추억 많은 여행을 다녀오기 바란다.

짧은 생각이지만 나는 2002년 월드컵 때 윤도현을 보면서 상업주의를 연상했고, 붉은악마를 보면서 국가주의를 느꼈다. 그런데 이것만으론 부족했다. 2006년 월드컵이 다가오자 이들은 서로의 것마저 탐했다. 2006년 월드컵을 앞두고 그들은 새로운 무기를 장착했다. 그래서 윤도현은 기존의 상업주의에 국가주의(애국가 마케팅)를, 붉은악마는 그들의 국가주의에 상업주의(스폰서)를 끌어다 결합시켰다. 그렇다! 놀랍게도 이들은 쌍둥이였다. '상업 국가주의'로 잉태된 쌍둥이. 결국 똑 같아졌다. 서로 등을 돌렸지만 쌍둥이인 것이다. 그럴 거라면 뭐 하러 싸우고 갈라서나.

윤도현과 붉은악마는 우리가 역사를 창조해낼 수 있다는 것을 알게 해준 드라마의 주인공이다. 우리 문화 역량의 주축들이다. 그래서 나는 이들이 순간의 방심으로 저지른 자충수가 자살골로 연결되지 않기를 바랄 뿐이다. 그래야 우리도 월드컵을 불편함 없이 즐겁게 즐길 수 있을 것이다.

'대한민국' 보다 중요한 '대~한민국'
: 월드컵은 언론에게 무엇이었나

신통하다. 그간 거의 '자기 검열' 수준으로 월드컵에 대한 비판적 의견은 무시해오던 주요 언론들이 개막을 나흘 앞둔 지난 월요일(5일)을 기점으로 월드컵을 '다시 생각하자' 며 '월드컵 올인' 의 사회 현상을 문제 삼고 나섰다. 비이성적 월드컵 광풍을 비판하는 사설까지 등장하니 반가우면서도 어리둥절하다. 게다가 방송사까지! 그것도 간판 뉴스에!

그러나 적이 의심스럽다. 혹시 이것마저도 '월드컵' 이라면 무엇이든 가져다 진열하려는 저들의 상술은 아닌지. 또 심히 염려스럽다. 이 비상식적, 몰이성적 월드컵 광풍을 창조한 주인공이 바로 그들, 언론 매체라는 부끄러움을 가리려는 것은 또 아닌지. 혹 스스로에게 면죄부를 주려는 의도는 아닌지 말이다.

사실 조금 얄밉다. 4일 문화연대 등 시민 단체 활동가들이 지나친 월드컵 열풍을 비판하는 스티커로 월드컵 조형물을 공격(?)하겠다는 기사가 인터넷 포털 뉴스의 윗자리를 차지하게 되자 평소 월드컵 광풍을 선도해온 이 매체들이 찔리는 데라도 있는지 돌변한 것이다. '외형적' 균형을 맞추려는 것인가 본데, 그래 봐야 한심하긴 마찬가지다. 신문들은 1면부터 월드컵 기사로 채우고는 저 끝 사설 어디쯤에서 '너무 지나치다'며 훈계조로 한마디 한다. 사설에서 세게 말하기가 좀 부담스러우면 칼럼 하나 받아서 걸어놓는다. 이런 거다. "우린 비판도 했다. 봤지?" 아침부터 죄 짓고 자기 전 회개하는 식인데 이들의 행태는 다음날에도 변한 게 별로 없다.

사실 몇몇 신문의 비판 기사는 진정성이 엿보이기도 한다. 예를 들어『경향신문』은 월드컵 첫 경기인 토고전이 열리는 13일이 4년 전 양주군 효촌리의 두 소녀 미선이, 효순이가 우리 곁을 떠난 날이라고 회고하며 함성을 내지르기 전에 잠시라도 그들을 추모하는 순간을 가질 것을 제안한다. 당시 '월드컵 치매'에 걸려 그들을 모른 척(?) 했던 우리의 모습을 나무라면서. 그러나 대부분은 요란스럽게 풍악을 울리기에 정신이 없다. 지난 5일은 우리의 미래를 좌우할 한·미 FTA 협상이 시작된 날이지만 이들은 FTA보다는 가나와의 평가전을 1면에 내걸었다. 평가전인데도 말이다. 그렇다. '대~한민국'은 '대한민국'보다 더 중요하다.

사회적 공기公器로서의 언론은 의제 설정agenda-setting이라는 중요한 기능을 수행해야 한다. 그런데 특정 이슈를 의제로 설정한다는 것은 동시에 다른 사회적 이슈가 밀려난다는 것을 의미한다. 이번에 목격했듯 언론사들이 앞다퉈 월드컵을 첫째, 둘째, 셋째 의제로 설정해 버리는 바람에 한미 FTA 협상 등 많은 긴급한 현안이 뒤로 밀렸을 뿐 아니라 이달 말을 끝으로 강제 퇴거 당하는 평택 대추리 주민들에 대해서는 사회적 논의조차 되지 이루어지지 못한 것이다.

이렇듯 우리가 알고 있는 모든 매체는 월드컵이 점령했다. 우리는 월드컵으로부터 단 한 걸음도 벗어날 수 없는 것이다. 스타벅스가 싫으면 자판기 커피가 있고, 맥도날드가 질리면 용달차 토스트라도 있는 법이다. 그러나 지금 이 땅에는 월드컵 외에는 어떤 메뉴도 제공되지 않는다. 도배를 해도 벽과 천정만 해야 하는데 문과 창문까지 월드컵으로 도배해버린 것이다.

언론이 왜 그랬을까? 그들은 국민의 요구 때문이라고 주장한다. '월드컵 싹쓸이 편성' 과 '월드컵 도배' 가 온 국민이 원했기 때문이라는 게다. 하지만 과연 그럴까? 나는 주변 사람들이나 네티즌들, 그리고 식당 종업원이나 택시 기사들에게서 방송이 너무 심하다거나 심지어 월드컵이 빨리 끝나야 된다는 이야기를 종종 들었다. 월드컵 때문에 장사가 안 된다는 사람도 꽤 있었다. 그런데도 우리는 마치 온 세상이 월드컵을 원한 것으로 알고 있다. 왜 이런 현상이 생기는 걸까?

미디어 이론 중에 '침묵의 나선 이론' 이라는 것이 있다. 사회적 고립을 두려워하는 인간은 자신의 생각이 지배적 여론과 일치한다는 것을 인지하게 되면 목소리를 높이고 그 반대의 경우엔 침묵을 지킨다. 그런데 지금 우리는 지배적 여론이 뭐냐에 대한 판단을 미디어에 전적으로 의존한다. 새해 벽두부터 '월드컵의 해가 밝았다' 며 모든 매체가 작심하고 월드컵으로 도배를 하는 상황에서 월드컵에 '문제 있다' 고 생각하는 이들은 자신이 소수라고 생각할 수밖에 없었을 것이다. 문제는 이들이 '소수' 가 아닌데도 연합군을 형성한 언론이 초반부터 무력시위로 대세를 장악하고 이들을 존재도 하지 않는 것처럼 만들어버렸다는 점이다.

모든 매체가 이렇게 안면몰수하고 '월드컵 정국' 을 밀어붙이는 상황에서도 유난히 빛을 발하는 존재가 있으니 바로 방송사다. 작금의 월드컵 광풍에서 '오버' 에 '오버' 를 거듭하는 매체가 바로 방송인 것이다. 월드컵에 완전히 미쳐 앙골라와의 평가전이 있었던 삼일절을 '축구절'로 만들어버린 지상파 방송 3사를 보라. 5월 26일 보스니아전 종료 직후, 평가전에 불과했음에도 전체 50분 중 25분, 32꼭지 중 16꼭지를 축구에 쏟아부은 MBC '축구' 데스크를 보라. 스포츠 경기 하나를 한 국가의 지상파 방송이 모두 나서서 중복 중계하고, 그날 편성을 축구로 도배하는 경우는 한국뿐이다. 토고와 경기가 있는 13일 지상파 3사는 SBS 21시간, MBC 18시간 30분, KBS 1TV 14시간 30분, 2TV 11시간의 월드컵 싹쓸이 편성을 감행했다. SBS는 분명 세계 기록감이고 공영 방송 MBC의 무모함은 경이적이다. 그래도 역시 KBS라고? 아니다. 국정 감사 등 눈치 봐야 할 게 많고 전용할 예산의 폭이 여의치 않은 그들이기에 더 하지 못하는 게 안타까울 뿐이다.

그런데 신기하게도 신문사들은 언론의 본분을 내팽개친 방송사를 비난하지 않았다. 평소 서로 못 잡아먹어 안달이던 이들인데도, 또 신문은 여론을 등에 업을 수 있었는데도 월드컵에 대해서만큼은 신문사들은 자중(?)했다. 왜? 신문 역시 월드컵에서 따먹을 게 많기 때문에.

그래서 그랬나 보다. 지난 3월, 서울시가 월드컵 기간에 서울 광장 사용 권한을 SK텔레콤에게 넘겨 사실상 서울 시민을 재벌에게 팔아 넘겼다는 비난이 인 적이 있는데, 그 SK텔레콤 컨소시엄의 멤버들이 바로 KBS, SBS, 『조선일보』, 『동아일보』, 『서울신문』 등 방송사와 신문사였다. 한마디로 적과의 동침이다. 결국 돈 때문에 하나가 된 이들은 이제 연합군이 되어 본선도 아닌 평가전부터 시민들을 펜스 안에 몰아넣고 '응원식'을 벌이고 있다. 그리고 바로 이것이 월드컵의 참맛이고 유일한 애국의 길이라며 우리를 부추기고 있다. 동참하지 않으면 '국민'이 아닌 것처럼 말이다. 이렇게 방송사, 신문사가 한 몸이 되어 국민을 '응원 시키겠다' 고 나서는 경우가 이 세상 어느 구석에 또 있을까.

미디어가 이렇게 월드컵을 가지고 호들갑을 떠는 이유는 월드컵 기간에 한몫 보려는 기업들이 돈다발을 들고 나섰기 때문이다. 4년 전 3개 지상파 4개 채널이 안면몰수하고 한국 팀의 경기를 중복 중계하는 식으로 돈을 자루에 쓸어 담고, 직원들에게 1,000만 원에 이르는 포상금을 지급하게 된 배후에는 엄청난 광고 물량이 있었기 때문이다. 이번에도 그때와 다를 바 없이 자본과 미디어의 동맹이, 사실상의 야합이 형성된 것이다.

그런데 이번에는 이들의 '짝짜꿍' 이 꽤나 일찍 시작되었다. 그 이유는 별다를 것 없다. 사실 한국 축구는 해외 원정 월드컵에서 이제까지 단 1승도 거두지 못했다. 더구나 이번 월드컵은 독일에서 열리니 한국과 같은 조에 편성된 스위스와 프랑스에겐 사실상 홈경기나 다름없다. 또 한때 80%를 훌쩍 뛰어넘던 국민들의 16강 진출 예상이 개막 직전 있었던 대 가나전 패배 이후 10%대로 폭락한 것에서 보듯 16강조차 어려운 상황이다. 이는 이른바 '월드컵 특수' 의 단축을 의미하며, 언론과 광고업계가 가장 염려하는 바다.

방송광고공사에 따르면, 방송 3사는 한국 팀이 예선 G조에서만 뛸 경우 광고 수입은 이론상 최대 806억 원까지 가능한데 현재 추세로는 판매 가능한 광고 물량의 60% 수준인 500억 원 정도가 판매될 것으로 예상하고 있다. 따라서 방송사의 노력 여하에 따라 그 차액은 줄어들 수 있는 것이다. 그리고 16강 진출 시 광고 단가는 예선 단가의 200%, 8강은 250%, 4강은 300%로 뛰어 4년 전과 같은 '4강 신화' 가 만들어진다면 1,180억 원의 광고 대박을 터뜨릴 수 있는 것이다.

그런데 불투명한 16강 진출 외에도 방송사는 '시차' 라는 문제 때문에 걱정이 이만저만이 아니다. 토고전이야 한국 시간으로 밤 10시 시작이니 시청자 붙들기에 어려움이 없지만, 새벽 4시로 예정된 스위스전과 프랑스전은 골칫거리이다(사실 광고 좋아하기는 마찬가지겠지만 방송이 신문보다 더 오버 하는 이유도 바로 이 경기 시간이 문제가 아닐까 싶다). 그렇기에 언론은 '월드컵 특수' 를 최대한 일찍 시작해 극한으로 몰고 가야만 한다. 이러한 상황에서 약체로 평가받는 토고와의 G조 첫 경기는 선수들 못지않게 방송사들에게도 사활을 건 한판이다. 여기서 지면 장사 접어야 한다. 이제까지 '오버' 한 모든 것이 날아가 버리는 것이다.

월드컵은 물론 상업적이다. FIFA는 IOC와 함께 시장 경제 체제 '최후의 독점 기업' 이라 불리기까지 한다. 사실 월드컵 상업주의의 역사는 생각보다 그리 오래된 것이 아니다. 올림픽이 1984년의 LA 올림픽 이후 상업화됐듯 월드컵은 딱 그 10년 후인 1994년에 역시 미국을 찍고서 상업화됐다. 때는 세계화가 본격적인 시동을 걸 때였다. 포화 상태에 이른 미국 시장의 대안을 찾던 미국 기업들은 서구 중심, 유럽 중심, 백인 중심의 올림픽에서 모든 대륙을 열광시키는 월드컵으로 눈을 돌리게 된다. 과거 미국인이 축구를 싫어하는 것은 매우 지당하면서도 대단히 미국적인 것이었지만, 새로운 해외 시장 개척을 위해 월드컵 마케팅에 어마어마한 돈을 쏟아붓기 시작한 것이다.

그 효과는 만점짜리다. 아시아, 아프리카, 남미 등 저개발 국가의 새로운 잠재 시장 개척에 축구만 한 게 없었다. 그래서 1986년, 1990년, 1994년 월드컵을 통틀어 스폰서로 참여한 미국 기업은 총 11개

중 4개뿐이었지만, 2006년 월드컵의 공식 스폰서 중 미국 기업은 전체 15개 중 7개다(그 외 일본 2, 네덜란드 1, 한국 1, 아랍에미리트 1, 주최국 독일 3).

미국 기업들이 뛰어들면서 당연히 월드컵의 '몸값'도 뛰었다. FIFA가 이 기업들로부터 받는 스폰서십은 엄청나다. FIFA는 2006년 월드컵에 15개 다국적 기업을 공식 스폰서로 선정하여 각각 추정액 5,000~7,000만 달러를 받았다. 또 2007~2014년까지의 다년 계약을 별도로 추진하여 현대자동차, 소니, 아디다스, 코카콜라, 비자, 아랍에미리트항공 등 6개사로부터 1억 9,500만 달러에서 3억 500만 달러에 이르는 돈을 받고 이들을 '최고 등급 파트너'로 삼았다. 이처럼 FIFA가 중계권료와 스폰서십 계약을 독점하다 보니 2010년 월드컵 개최지인 남아프리카공화국은 수익을 바랄 수 없는 상황에 처했고, 결국 남아공의 국회 체육위원장이 나서서 FIFA의 수익 독점을 비난하기에 이른다.

스폰서십 외에 FIFA나 IOC가 돈벌이하는 방법은 바로 중계권 판매다. 이제 중계권료라는 것은 그냥 집에 있는 TV 수상기만을 가지고 이야기하는 게 아니다. 우리의 거주 공간(TV)뿐 아니라 일상 공간(멀티미디어 휴대폰), 직업 공간(인터넷), 이동 공간(DMB), 그리고 거리 응원 공간(전광판)까지 분할하여 따로 값을 매긴다. 또 실시간 중계뿐 아니라 인터넷을 통해 5분, 10분, 40분, 24시간 지연 중계하는 준準실시간 중계near live, 그리고 하이라이트 편집 중계와 과거 대회의 동영상까지 따로 가격을 매겨 계약한다. '월드컵'이라는 오직 하나의 콘텐츠를 가지고 우리의 일상을 시와 공으로 분할하여 쪼개 파는 극한의 상술을 선보이고 있는 것이다.

또 이는 방송이나 어느 특정 매체만의 문제는 아니다. 다매체 뉴미디어 시대에 걸맞게 월드컵에 '올인' 하는 매체는 우리가 생각할 수 있는 전부라고 보면 된다. 특히 다음과 야후 등의 인터넷 포털 업체들은 이러한 준실시간 방송권을 FIFA로부터 사들이고 방송 인력을 스카우트해 이번 월드컵을 기회로 미디어 기능을 강화하고 있다. 나아가 중계권을 판매하면서 재판매권까지 따로 설정해 파는 FIFA와 방송사의 상술은 거의 봉이 김선달 수준이다.

그러나 국내 기업들의 '월드컵 장사' 는 FIFA의 빰을 쳐버렸다. 혹자는 월드컵은 원래 상업적이니 자본주의를 부정하지 않을 거라면 너무 비판하지 말라고 짐짓 점잖게 타이르려든다. 그러나 우리 기업들의 '월드컵 장사' 는 그야말로 독보적, 세계 최고 수준이다. 외국의 기업들도 월드컵 마케팅을 하지만, 이는 선수단 지원과 관객과 참여자에 대한 편의 제공 수준이다. 이 땅의 그들처럼 국민을 응원시키겠다고 나서지는 않는다.

이 땅의 상업 자본은 응원 분위기를 뻥튀기하고 '국민' 을 꼬드기기 위해 '국민 배우' 안성기, '국민 가수' 윤도현, '국민 여동생' 문근영을 등장시켰다. 4년 전 SKT는 한석규를 내세워 '대~한민국' 동작을 외우게 하더니 이번엔 KTF가 문근영을 내보내 응원 전엔 체조도 하셔야 한다며 '국민 체조' 를 하라고 우리를 들볶는다. 통신사에 이어 월드컵 판에 뛰어들어 눈부신 전쟁錢爭을 치르고 있는 업계는 바로 은행업이다. 정리 해고의 선두 주자인 은행들이 박지성, 이영표로도 모자라 태극기 들고 길길이 날뛰는 외국인들까지 등장시켜가며 애국을 호소하는 모습은 참으로 가관이다.

특히 월드컵 기간 서울 광장 독점 사용권을 따낸 SKT 측은 '나이트클럽 기도' 인 양 시민들의 항의를 묵살하면서까지 '화면발' 잘 받을 여성들을 무대 앞자리에 집중 배치해 응원조차 사실은 '쑈' 라는 것을 잘 보여주었다. 또 이러한 '물 관리' 덕에 방송사 카메라는 주로 젊고 '월드컵 옷차림' 을 한 여성들을 화면에 잡았고, 사진 기자들은 예쁘거나 노출 심한 젊은 여성들을 집중적으로 찍어 살포할 수 있었다. 그 결과가 바로 인터넷에서 인기(?)를 얻었던 '엘프녀', '시청녀', '토섹녀' 다. 2002년의 거리 응원은 여성이 억눌려왔던 욕망을 광장에서 표출하고, 그래서 객체 아닌 주체로서 인증받았던 공간이었다던데, 지금의 월드컵은 자본의 통제 속에 여성을 다시 볼거리로, 관음증의 대상으로 만들어버렸다.

이렇듯 평소엔 축구에 관심도 없다가 유독 월드컵 때만 일사분란하게 광분하는 나라는 한국밖에 없다. 축구든, 농구든, 혹은 유럽이든, 미국이든, 일본이든, 온 국민이 '하나' 돼 응원하길 강요하는 경우도 없고, 관중들이 붉은악마 식의 군사주의적 응원을 하면서 국가 이름을 외쳐대는 나라도 없다. 또 자본과 언론이 달려들어 서로 "응원을 주관하겠다" 고 싸우는 경우도 보지 못했고, 정부(또는 도시)가 이들 간의 싸움을 붙이고는 한쪽 재벌의 손을 들어 '너희만 해라' 며 광장 독점권을 주는 경우도 내 기억엔 없다. 세계에서도 유례없는, 동원과 통제에 의한 응원이다. 그 비근한 예는 평양에서만 찾을 수 있을 것이다.

자본의 응원, 자본의 애국이다. 그러나 태극기와 민족을 들먹이는 이들이 과연 평소 애국 애족적이었는지 잘 기억이 나지 않는다. 그래서 이들이 응원과 애국의 깃발을 치켜들고 앞장서는 모습을 볼 때면 살짝 열이 오르고 속이 쓰린 것이다.

'꿈은 이루어진다.' 2002년 월드컵 때 붉은악마가 카드 섹션으로 선보인 이 문구는 우리의 가슴을 설레게 한다. 기업의 광고에 등장하기도 했다. 꿈은 무엇인가. 꿈이란 수면 중 일어나는 일련의 시각적 심상이라 한다. 꿈은 꿈꾸는 '나'와 현실의 '나'가 단절되어 있고, 또 시간적, 공간적 제약을 받지 않으면서도 동시에 불합리하고 근거 없는, 괴기한 것이라 한다. 결국 꿈이란 현실에서는 절대로 일어날 수 없는 것이다. 그렇다. '꿈은 안 이루어진다.' 그런데도 기업은 우리에게 '꿈은 이루어진다'며 주문 외우듯 한다. 이는 고단한 현실을 덮어버리려는 마약에 다름 아니다.

자신들의 꿈을 이미 이룬 자본이 우리에겐 아득하기만 한 꿈이 곧 이루어질 거라면서 미디어를 통해 계속 최면을 걸고 있다. 4년 전 이들은 월드컵으로 횡재를 했다. 수십조에 이른다는 이른바 경제 효과는 이들이 독식했다. 우리에겐 추억뿐, 모든 건더기는 이들이 다 주워 갔다.

월드컵의 지나친 상업화를 비판하는 스티커의 문구처럼 이제 '월드컵 보러 집 나간 이성을 찾아야' 할 때가 됐다. 이제 월드컵도 가끔씩은 정신도 차려가며 보아야 한다. 자본과 미디어가 오직 월드컵만 살포하는 가운데 우리 사회는 '불 꺼진 사회black-out-society'가 될 위기에 처했다. 정전, 소등을 의미하는 '블랙아웃black out'은 동시에 일시적인 의식의 상실 상태를 뜻하기도 한다. 그런데 그 군사적 개념이 더욱 의미심장하다. 이는 본격적 미사일 공격에 앞서 먼저 핵 공격으로 적의 미사일 방어 체계를 무력화시키는 교란 전술이다.

5일 시작된 한미 FTA 협상은 초고속으로 진행될 것이다. 월드컵은 한국 사회를 '블랙아웃' 시킬 것인가. 월드컵이라는 블랙홀에 빨려 들어가 의식을 상실하고 방어 신경이 무력화된 우리는 과연 생존할 수 있을 것인가. 월드컵은 자본의 블랙아웃 선제공격에 다름 아니다.

게다가 삶의 터전을 송두리째 빼앗긴 대추리 사람들의 비극도 아직 끝나지 않았다. 또 지방 선거는 끝났지만 시장, 구청장에서부터 시의회, 구의회까지 한 정당이 싹쓸이한 우리 동네는 앞으로의 4년을 놓고 걱정도 많고 그들의 취임 전에 할 얘기도, 준비할 것도 많다.

우리는 또다시 블랙홀로 빨려 들어갈 것인가. 2002년 우리가 월드컵에 빨려 들어간 사이 한국에서는 이런 일이 벌어졌다. 단병호 민주노총 위원장 구속, 병원 노조 파업, 외국인 노동자들의 인권 투쟁, 노점상과 철거민의 시위, 역대 최저 투표율(48.9%)을 기록한 6 · 13 지방 선거, 서해 교전 사태와 전사한 해군 병사들에 대한 거국적 냉담함, 미군 기지 고압선에 감전돼 사지가 잘려 숨진 전동록 씨, 그리고 국민들의 관심 밖이었던 효순 · 미선의 죽음 등등.

그 블랙홀에서 빠져나와 이번엔 정신 바짝 차리고 단단히 붙들어 맬 일이다.

중화 대관식, 베이징 올림픽

이른바 냉전 시대, 그 많은 국가들을 편의상 구분할 때 가장 손쉬운 방법은 제1세계, 제2세계, 제3세계로 나누는 것이었다. 미국 등 서구의 자본주의 국가들이 제1세계, 소련을 위시한 동구의 사회주의 국가가 제2세계, 유고와 인도가 주도한 비동맹 국가가 제3세계였다. 중국은 애석하게도(?) 제3세계에 편입됐다. 마오쩌둥이 살아생전 가장 듣기 싫어했던 말 중 하나가 바로 중국을 '제3세계 국가' 라 부르는 것이었다. 중화사상에 투철한 중국의 지도자에게 '제3세계' 라는 호칭은 충분히 모욕적이다.

1976년 마오가 사망한 후 권력을 잡은 덩샤오핑은 사회주의 체제의 완성을 꿈꾸던 마오와는 달리 1978년 개혁 개방을 핵심으로 하는 실용주의 노선을 천명하고 먼저 '강대 중국' 을 건설하는 쪽으로 방향을 틀어버린다. 이때 등장한 것이 바로 쥐만 잘 잡으면 되지 고양이의 색깔은 문제가 되지 않는다는, 그 유명한 '흑묘백묘론' 이다. '천지개벽', '상전벽해' 로 묘사되는 중국의 급격한 경제 발전은 바로 이 '78년 체제' 에 뿌리를 둔 것이다.

중국은 절치부심 드디어 덩샤오핑의 소원대로 경제력을 갖춘 강대 중국이 되었고 개방 20년이 채 지나기도 전에 국제 무대에서의 영향력도 상당히 커졌다. 미얀마의 군사 정권의 후견인이 됐을 뿐 아니라 원유 확보의 대가로 원주민 20만 명을 학살한 수단 정부에 무기를 제공할 정도가 됐다. 그뿐이 아니다. 이젠 주변국의 역사까지 건드리기 시작했다. 서북공정, 서남공정, 그리고 우리로 하여금 '뭐 저런 사람들이 다 있나' 하며 중국인을 다시 보게 했던 동북공정이 그것이다.

이제 중국은 미국에 맞설 수 있는 유일한 국가가 돼버렸다. 그리고 베이징 올림픽은 과거 몰락했던 중국이 스스로 황제의 자리에 오르려는 대관식이다. 바로 중화 대관식이다. 쿠베르탱이 세계 평화에 기여하기 위해 만들었다던 인류의 제전 올림픽이 중국의 '슈퍼 파워 프로젝트'로 전락한 것이다.

중국 정부는 베이징 올림픽을 완벽한 중화 대관식으로 만들기 위해 스포츠 대회라기보다는 '특집 쇼'에 가까운 시나리오를 짰는데 이게 한마디로 알맹이보다 껍데기가 더 많다. 텔레비전 켰는데 광고보다가 지치는 꼴이다. 우선 중국 정부는 올림픽 역사상 가장 긴 성화 봉송을 기획했다. 3월 24일부터 총 130일간 21개국 134개 도시를 거치며 2만 1,880명이 장장 13만 7,000킬로미터에 걸쳐 성화를 봉송하는 것이다.

'성화 쇼'의 하이라이트 하나는 성화의 에베레스트 정상 정복이다. 중국의 성화 등반대는 8일 8,848미터의 지구상 최고봉 에베레스트에 성화를 올렸다. 이는 현재 진행 중인 성화 봉송과는 별도로 지난 1년간 '지옥 훈련'을 받은 등반대가 성공시킨 것인데, 등반대장은 티베트인이 부대장은 중국인이 맡았고 최후 봉송 주자는 티베트의 여성 산악인이었다. 그 의도가 뻔히 들여다보인다. 성화의 에베레스트 정상 정복은 에베레스트 산의 일부를 차지하고 있는 티베트의 독립 의지를 누르고 티베트가 중국의 일부임을 세계에 과시하려는 의지의 표현이다. 게다가 중국은 이를 위해 해발 5,200미터에 위치한 베이스캠프까지 108킬로미터에 이르는 고속도로를 티베트에 건설했고 이 도로를 통해 정상에 올랐다. 티베트의 반발은 물론 환경론자들의 반발을 무시하면서 말이다. 이 정도면 됐다? 아니다. 여기서 그만둘 중국이 아니다.

'쇼'의 또 다른 하이라이트는 성화 들고 티베트 누비고 다니기다. 에베레스트 정복이 흥분을 야기한다면 이건 팽팽한 긴장감이 넘친다. 지난 4일 중국 본토에서의 봉송이 시작됐는데 6월 19일에서 21일 성화는 라싸 등 티베트로 쳐들어간다. 저항의 심장부로 들어가는 것이다. 티베트에 대해 중국이 세계로 보내는 메시지는 이거다. "이제 입들 다물어."

8월 올림픽을 빌려 대관식을 치르고 나면 이번엔 '자축 쇼'가 줄줄이 준비돼 있다. 중국은 10월 유인 우주선을 발사해 최초의 우주인 우주 유영에 도전한다. 그리고 12월엔 개혁 · 개방 30년 기념식을 대대적으로 열게 된다. 중국에게 2008년은 1978년 체제의 완성을 자축하는 기념비적인 해이다. 부연하자면 올림픽을 빌미로 자신들의 잔치에 세계를 끌어들여 들러리로 전락시켰다. 올림픽이 이처럼 초라해지고 지저분해진 적은 없다.

이제 올림픽은 그 자체로서 정치적이다. 솜털에서부터 뼛속까지, 머리끝부터 발끝까지 정치적이다. 모세 혈관에까지 정치의 피가 싸돌아다닌다. 세계 평화니 인류의 제전이니 모두 헛소리다. 게다가 이제는 올림픽 자체가 거대한 광고판이 되어 거대 기업들의 '돈지랄 한판'이 됐다. 또 지금 이 순간도 올림픽 메달을 위해 약물 검사에 걸리지 않는 스테로이드가 만들어지고 있을 것이고 선수들은 팔뚝에, 엉덩이에 스테로이드를 주사할 것이다. 순수하고 숭고한 스포츠의 축제? 광우가 웃다 자빠질 소리다.

지금 이렇게 시끌벅적한 성화 봉송이란 게 도대체 언제 시작되었나. 나치 올림픽으로 악명 높은 1936년 베를린 올림픽이다. 베를린 제국 경기장에서 히틀러와 10만 관중이 서로 손을 뻗치며 '하일 히틀러'를 주고받는 가운데 유럽 대륙을 돌고 온 성화가 등장했다. 성화는 나치의 선전 도구였다. 1988년 서울 올림픽도 마찬가지다. 전 『타임스』 서울 · 평양 주재 기자였던 마이클 브린은 『한국인을 말한다』에서 "88 올림픽은 나치 올림픽보다도 더 심했다"고 했다. 그러나 지금 베이징 올림픽을 보면 베를린 올림픽이나 서울 올림픽은 '애들 장난'처럼 보인다.

중국이 올림픽 준비를 얼마나 신경질적(?)으로 예민하게 하는지, 또 얼마나 비이성적으로 하는지를 여러 사례를 통해 알 수 있다. 중국은 아테네에서 채화된 성화의 환영식을 3월 31일 베이징 톈안먼 광장에서 가졌는데 외신 기자들에겐 오후에 열릴 것이라 해놓고는 아침 일찍 해치워버렸다. 돌발 상황에 대비한 것이었단다. 취재의 자유를 보장하겠다던 당국의 약속은 무용지물이 됐다. 또 이날 행사는 시민을 통제한 썰렁한 환영식이었다.

성화의 공항 도착 장면도 관영 중앙방송CCTV에서 생중계하는 것으로 알려졌지만 사실은 무려 1분 지연 중계였다. 보통 돌발 상황에 대비해 지연 중계를 하는 경우도 대부분 5초 정도다. 2003년 미국 슈퍼볼 하프 타임 쇼에서 자네트 잭슨이 가슴을 드러내 미국을 뒤집어놓은 적이 있는데 이때 CBS가 벌금 50만 달러의 징계를 당하고 이듬해부터 택한 방식도 5초 지연 중계였다. 반중국, 친티베트 시위에 대해 중국이 얼마나 예민해 있는지 알 수 있다.

올림픽을 대하는 중국의 '무대뽀 정신'을 읽을 수 있는 또 하나의 사례는 바로 짧은 머리에 청백색 유니폼을 입고 성화를 따라다니는 성화 보호 팀이다. 이들의 첫째 임무는 물론 성화를 보호하는 것이지만 동시에 이들은 성화가 시위대에 의해 위험에 처하면 시위대를 물리력을 동원해 차단하는 것이다. 이들은 과연 누굴까. 이들은 인민전투경찰 최정예 요원들이다. 이들은 올림픽 메달리스트이자 2012년 런던 올림픽 조직위원장인 세바스찬 코 위원장조차 밀어내버려 코 위원장은 이들을 폭력배들thugs이라고 비난한 바 있다. 파리에서 성화 봉송에 나섰던 언론인 욜레인 데 라 바인은 티베트 국기가 새겨진 헤어밴드를 이들이 아무 말도 없이 낚아채 갔다고 분개했다.

이러한 중국의 자세는 반反중국 시위를 악화시키는 자충수로 작용했다. 아무리 성화가 중요하다지만 해외까지 전투 경찰을 보내 시위대에게 물리력을 사용하고 유명 인사까지 떼밀어버리나. 그러니 더 시끄러워질 수밖에. 그러나 역시 중국은 개의치 않는다.

7년 전 베이징의 올림픽 유치가 결정될 당시 많은 이들은 올림픽이 중국의 민주주의를 진전시킬 것으로 보았다. 그러나 올림픽이 중국인들에게 정치적 자유를 가져다줄 것이라는 예상은 완전히 빗나갔다. 중국은 더 억압적이 됐고 중국 내 인권 상황은 더 악화됐다. 문제는 이러한 정부의 탄압이 '올림픽 때문에' 더 심해졌다는 것이다.

특히 중국 내 소수 민족 문제에서는 거의 히스테리 반응을 보이며 초강수로 나온다. 이 문제에서만큼은 '외교'고 뭐고 없다. 34개 언어를 사용하는 56개 민족으로 구성된 중국은 이번 올림픽을 통해 '하나의 중국'을 완성하려 하고 있다. 그래서 말인데 이번 베이징 올림픽 슬로건은 더 이상 정치적일 수 없다. '하나의 세계 하나의 꿈One World One Dream.' 여기서 'World'는 사실상 가면 쓴 'China'가 아닐까. 그리고 혹시 과거 중화 전성기를 그리며 제국의 건설, 세계 지배를 꿈꾸는 것은 아닐까.

'하나의 중국', '강대 중국'의 완성은 곧 78년 체제의 완성이고 그렇게 되면 잠시 미뤄두었던 사회주의 건설에 매진할 수 있다. 미국의 눈치를 볼 필요도 없다. 그런데 사회주의 건설이 혹시 사회주의 '제국' 건설은 아닌가. '억압받는 주변국'의 국민들을 압제에서 해방시키겠다는 것 아닌가. 미국이 민주주의를 빌미로 여기저기서 그랬던 것처럼. 아! 중국은 티베트도 자신들이 '해방'시킨 거라 주장하지 않던가. 김정일 사후 북한은 과연 안전할까.

얼마 전 중국인들의 서울 도심 폭력 문제를 놓고 지금도 많은 사람들이 논하고 있다. 많은 신문의 사설과 칼럼은 중국의 애국주의 또는 중화 민족주의를 걱정스럽게 바라보면서도 결론은 '서로 자제하자' 쪽으로 갔다. '일부 극소수의 불법 행동'을 '대다수 중국 유학생의 적법한 행동과 구별'하자 하고, 또 이를 맹목적 애국주의로만 보는 것도 '위험한 발상'이라고 타이른다. 어떤 외신은 티베트 문제를 들출수록 결국 고생하는 것은 티베트 사람들이란 이야기도 한다. 그냥 외교적으로 세련되게, 다른 말로 좋게 좋게 끝내자는 의견이 많다. 과연 그럴까. 좋게 좋게 끝내면 그게 우리에게도 득이 될까.

베이징 올림픽은 사실상의 중화 올림픽으로 나치 올림픽보다 더 심각한 '정치 오염' 올림픽이 될 것이다. 중화사상은 타 민족 지배를 당연하게 생각하는, 기본적으로 공격적이고 지배적인 민족주의이다.

중국공산당도 마르크스주의보다는 민족주의에 기반하고 있다는 주장도 있다. 원래 공산주의는 민족주의와 상극이지만 1921년 중국공산당을 창당한 이들 중 상당수는 학생 운동을 했던 엘리트 민족주의자였기 때문이다. 따라서 식민(지배 기간 억압받은) 경험으로 인해 생성된 방어적 민족주의와 중국의 민족주의를 같은 맥락에서 이야기할 수 없다는 것이다.

중국 '동포' 들을 보면 더 심각하다. 사실 중국인들은 중국에 비판적인 CNN을 비난하지만 사실 이들은 CNN을 볼 자유가 없다. 관영 방송들이 전해주는 대로 뉴스를 받아들일 뿐이다. 그런데 주목할 것은 모든 뉴스를 접할 수 있는 전 세계의 중국 이민자들까지 뭉치고 있다는 점이다. 젊은이들이라 해서 괜한 희망 갖지 말길 바란다. 오히려 젊은이들이 온라인 공간에서 통합('unity')을 이야기하고 싸우자('fight')고 한다. 이들은 중국의 성장과 자신감에 겁먹은 서구 사회가 공황에 빠졌기 때문이고 당연히 모든 중국인이 하나로 뭉쳐야 한다면서 더 공격적으로 나온다.

'대동아 공영' 도 '중화' 앞에 서면 어린아이일 뿐이다. 한 역사학자는 이론적으로 볼 때 중화사상이 대동아 공영론보다 그 질이 더 안 좋다고 한다. 근대 개념인 대동아 공영론보다 더 오래된 중화사상이 탈근대를 이야기하는 지금 새로운 괴물이 돼가고 있는 것이다. 혹시 일본에 대한 과거사 문제에서라도 중국이 우리와 한편이라 착각하시는 분들이 있는지. 이제 중국을 다시 보시라.

그러면 앞으론 좀 나아질까. 전혀 그럴 것 같지 않다. 지금 어른이 된 바링하우(1980년 이후 출생) 세대의 모습을 보면 볼수록 그렇다. '78 체제' 의 산물인 이들은 민족주의와 애국주의가 듬뿍 담긴 교육을 받고 컸다. 이들은 또 중국이 1979년 인구 억제를 위해 한 가구 한 자녀 정책을 편 이후의 세대로, 물질적 풍요 속에 소황제라 불리며 가족의 사랑을 독차지해왔다. 아이 하나 넘어지면 부모, 조부모, 외조부모 6명이 달려 나온다는, 그런 세대다. 게다가 자기주장이 강해 결혼을 해서도 가정불화가 극심하다고 한다. 이렇듯 타협할 줄 모르고 다양한 의견을 받아들이지 않는 신新중국인들이 무럭무럭 성장하는 상황에서 중국 민족주의는 위험천만의 괴물이 될 것이다. 이번 베이징 올림픽은 나치 올림픽의 뺨을 날려버리는 올림픽이 될 것이다. 중국이 '대국답게' 행동하길 바라시는 분들, 이제 꿈 깨시라.

한국 스포츠 최고의 명곡, "금메달 타령"

제15회 '도하 아시안 게임'이 지난 16일 막을 내렸다. 1974년 팔레비 왕 체제에서 근대화를 추진하던 이란이 아시안 게임을 유치한 이후 중동에서는 32년 만에 열린 도하 아시안 게임은 역시 서구화에 박차를 가하고 있는 카타르의 야심작이었다. '현대화 경쟁'에서 아랍에미리트의 두바이에 한발 뒤지는 듯하던 도하를 '세계적' 도시로 각인시킨 대회다.

이번 대회는 몇 가지 시사점을 던져준다. 우선 더욱 강고해진 '절대 강자' 중국의 아성이다. 중국이 이진급 선수들을 내보내 획득한 165개의 금메달은 2위 한국부터 6위 이란까지 5개국의 금메달을 합한 것보다도 많았다. 두 번째는 경제적 보상을 좇는 선수들의 국제적 이주 현상이다. 인구 70만의 카타르는 이번 대회를 위해 각 종목의 우수 선수들을 돈으로 사들여 출전시켰는데 마라톤에선 아프리카 선수까지 수입했다. 이제 프로 선수들뿐 아니라 아마추어 국가 대표 선수들도 경제적 필요에 따라 국경을 넘나드는 모습을 우리는 확실하게 목격했다. 세 번째는 스포츠 이벤트에서의 '국제적 노동 분업'이다. 카타르는 이번 아시안 게임의 개·폐회식 연출은 유럽인, 대회 운영은 호주인들에게 맡겼고 식당 종업원, 청소부, 운전사 등은 필리핀, 인도, 스리랑카, 네팔 등에서 수입해 충원하는 식으로 대회를 꾸렸다.

그런데 이번 아시안 게임이 우리에게 던져준 시사점이 있다면 바로 기초 종목의 변함없는(!) 부진과 구기 종목의 참패다. 특히 '귀족' 선수들로 구성된 남자 축구, 야구, 남자 농구의 연이은 패배는 승리 이상의 뉴스거리였다. 차별 대우를 당연시하는 축구 대표 팀, 대표팀에 선발되는 것에 짜증을 내는 야구 선수들, 아시안 게임 출전 48년 만에 첫 노메달이라는 업적(?)을 이룬 남자 농구 팀은 참으로 많고도 반갑잖은 가십거리를 만들어냈다. 특히 이미 군 면제 혜택을 받은 선수들이 국가 대표 출전을 귀찮아하는 모습은 참으로 가관이었다. 대표 팀이 어쩌다 운동선수들의 '군 면제 프로젝트'가 돼버렸나.

그런데 대회 기간을 관통했던 일관된 쟁점 중 하나는 '일본을 누르고' '2위 달성'을 할 수 있느냐는 것이었는데 그 와중에 다시 '금메달병'이 도져버렸다. 특히 초반에 금메달이 나오지 않고 일본에 뒤지게 되자 아예 까놓고 금메달 타령을 하기 시작했다. 선수들은 그들의 존재 자체로 인정받는 주체가 아닌, 국가에 금메달을 바쳐야 할 도구가 돼버렸다. 그저 금메달 심부름꾼이었다. 그리고 체육회와 언론은 얼른 금메달 내놓으라고 이들을 닦달했다.

2000년 시드니 올림픽을 기점으로 방송사들은 자랑스러운 은메달리스트, 동메달리스트 들을 한순간에 패배자, 역적으로 만들어버리는 코멘트를 삼가기 시작했다. 결승에 올랐다가 지는 경우 과거와 같이 다 죽어가는 목소리로 "안타깝습니다", "무릎을 꿇었습니다" 하던 관행을 없앤 것이다. 사실 "금메달보다 더 값진 은메달", "금메달과 다를 바 없는 동메달"을 너무 남발해 좀 '오버' 하는 것 아닌가 생각도 들었고 억지로 한다는 느낌도 들었지만 어쨌든 긍정적 변화였다.

그러나 이번 대회는 그런 변화를 이어가지 못했다. 방송 중계나 신문 보도 모두 대회 시작하자마자 금메달 위주로 가버렸다. 한국 선수단의 성패는 오직 금메달 수에 매달려 있었고, 대회 기간 등장한 '인간 승리' 도 모두 금메달리스트들의 것이었다. 폐막과 함께 방영된 대회 하이라이트 방송도 실은 '금메달 하이라이트' 였다. 외국 언론의 경우 감동적인 사연은 금메달리스트에만 한정되는 게 아니고 메달을 따지 못한 선수들이 선전했던 모습도 등장하던데, 우리는 꼭 금메달을 따야만 '드라마' 도 되고 역경 극복의 '감동' 도 만들어지는 것 같다.

'금메달 수' 는 '예상' 은 할 수 있겠지만 그것이 '목적' 이 되어서는 안 될 것이다. 특히 아직도 스포츠를 국위 선양이나 국력과 연결시키는 것은 대단히 구시대적 발상이다. 우리가 지지리도 못살고 힘이 없던 시절엔 외국에서의 승전보는 큰 의미가 있었다. 2006년 월드컵 조별 예선에서 맞붙는 바람에 온 국민이 '토고' 라는 나라를 알게 된 것처럼 스포츠는 나라의 이름을 알린다. 왠지 친근감도 느끼게 해준다. 이는 꼭 이겨야만 되는 것도 아니다. 토고가 우리에게 졌지만 많은 국민들이 토고를 기억하는 것처럼 말이다. 그러나 세계 10위권의 경제 규모를 가진 '사우스 코리아' 쯤 되는 '급' 에 오른 상황에서도 과거와 같은 방식으로 국위 선양이나 국익 기여의 정도를 계산(?)하려는 것은 참으로 시골스러운 사고방식이 아닐 수 없다.

무엇보다 경기에 임하는 선수들이 주인공임에도 그들을 메달 제조기로 격하시키고, 일본과의 경쟁에 올인 하는 바람에 선수들의 기량의 경연장이자 드라마틱한 감동의 보고寶庫인 스포츠 제전을 국가

간 대결로 환원시켜버리는 체육계, 언론, 그리고 우리들의 태도는 분명 문제가 있다. 선수단은 말할 것도 없고 국민 여러분께서도 일본에 내내 뒤지다가 마침내 역전에 성공하자 안도하기 시작했음을 인정하자.

물론 체육계는 목표가 있어야 하고, 언론은 이야깃거리가 있어야 한다. 그러나 아시안 게임과 같은 젊은이들의 스포츠 축제를 국가 간 대결의 틀 안에서만 바라보고, 메달의 빛깔과 수로 평가하고 결론짓는 행태는 분명 우리가 내던져 버려야 할 구태다. 과거 냉전 시대 미국과 소련이 핵탄두, 우주 개발, 올림픽을 통해 체제 경쟁을 했던 적이 있었지만 이제 옛이야기가 되었다. 그런데 우리는 왜 아직도 그러한 사고에서 벗어나지 못하고 있는가.

인정받길 바라는 일종의 '인정 투쟁'이 지나치다. 우리는 우리가 가난하지 않다는 것을 세계에 보이려 올림픽을 정말 열심히 준비했던 기억이 있다. 그때 이미 우리는 충분히 인정받았다. 그 이후 올림픽에서 메달도 많이 땄고 축구도, 야구도 좀 하는 나라로 알고들 있다. 그뿐인가. '쌤썽Samsung'과 '현다이Hyundai'에 이어 'LG'와 'SK'도 이제 웬만한 외국인들에게 알려져 있다.

이제 여유를 갖고 스포츠 자체를 즐겨도 될 만한데도, 아직도 우리는 인정받기 위해 스포츠에 '국가'와 '민족'과 '국력' 등을 강제로 주입해서 스스로 흥분한다. 박지성이 "우리나라 사람들은 축구를 좋아하는 게 아니라 이기기를 좋아하는 것 같다"고 촌평했듯 스포츠는 도구일 뿐이고 승패의 결과만을 따진다. 우리만큼 '몇 등', '금메달 몇 개'에 집착하는 나라도 없을 것이다.

국가를 앞세운 지나친 집단주의는 당연히 개인을 말살한다. 오직 성적과 메달에 지독하게 집착하는 우리 체육계의 관행은 다양한 폭력과 부조리를 방치해왔고 이에 부응하는 언론은 아시안 게임과 같은 축제에서조차 성적에 따라 선수들을 차별한다. 다른 나라에서는 예선 탈락도 대중들에게 감동과 용기를 전달하는데 말이다. 또 오랜 세월 당해왔다는 인식이 팽배해서인지 뭉치는 것까지는 좋은데 이게 곧잘 폐쇄적 배타성으로 흐른다. 경기에 지면 희생양 찾기에 바쁘고 승자에게 박수를 보내는 것조차 까먹는다.

어떻게 해야 이런 악순환에서 빠져나올 수 있을까. 간단하다. 저변을 넓히는 것이다. 유럽과 남미가 축구를 왜 잘하는가. 많이 하기 때문이다. 서구 국가들이 왜 스포츠 강국인가. 많이 하기 때문이다. 그러려면 우선은 많은 사람들이 스포츠를 즐기는 분위기가 정착되어야 한다. 바로 생활 체육이다.

그럼에도 대한체육회를 위시한 체육계는 엘리트 스포츠가 우선이라고 강변하는데, 이는 자기생존을 위한 논리일 뿐이다. 이들은 그 사례로 일본을 든다. 일본은 1964년 도쿄 올림픽에서 미국, 소련에 이어 금메달 순위 3위에 오르는 성과를 거둔 이후 점차 생활 체육 정책에 중점을 두기 시작했다. 1980년대에는 아시아에서 중국, 남한에 이어 3위로 밀려났다. 그러던 일본이 1990년대 후반부터 다시 스포츠 강국으로 떠오르고 있다.

엘리트 스포츠를 강조하는 이들은 일본이 성과를 거두기 시작한 것은 결국 엘리트 스포츠를 집중 지원하는 쪽으로 다시 돌아선 뒤부터라고 주장한다. 그러나 이는 자신들이 원하는 방식으로 상황을 해석한 것일 뿐이다. 일본은 저변의 확대 없이 국제 무대에서의 지속적인 성과는 불가능하다는 것을 파악하고 저변을 확대한 후 이를 기반으로 다시 엘리트 스포츠를 지원한 선순환 구조의 스포츠 시스템을 추구한 것이다. 생활 체육을 포기하고 엘리트 스포츠로 나선 것이 아니라 저변 확대를 통한 하부 구조의 강화가 결국 일본 스포츠의 경쟁력 강화로 이어졌다는 것이다.

2008년 우리나라의 등록 팀 수는 2만 2,242개, 선수 수는 12만 9,242명이고 초·중·고교 및 대학교의 학생 선수 수는 9만 5,150명이다. 일본은 어떨까. 한국에는 2,100명뿐인 핸드볼 선수가 일본엔 무려 8만 3,000명이다. 한 언론사 조사에 따르면 게이오고등학교에는 2,100명의 학생 가운데 70% 가량인 1,400명이 42개 운동부에 가입해 운동을 한다고 한다. 야구부에만 99명의 학생 선수가 있다. 축구의 경우도 우리가 767개 팀, 2만 2,082명의 선수를 가진 데 반해 일본은 2만 2,000개의 축구 클럽과 100만에 육박하는 등록 선수가 있다. 우리나라 축구 선수의 수가 일본 축구팀 수다. 미국의 경우 중·고교 운동선수는 총 742만여 명이다. 미국의 인구는 우리의 6배가 조금 넘는데 운동부에 가입한 학생은 120배가 넘는다. 미국의 경우 사회 지도층 인사 중 학창 시절 운동부 경험이 없는 이를 찾기란 거의 불가능에 가깝다.

한국은 어떠한가. 이 땅의 스포츠계는 하나의 고립된 섬이었다. 한번 들어가면 되돌아오는 배가 없는 그런 섬이다. 그 섬에 가면 먼저 공부부터 포기해야 했다. 지도자들은 오직 성적으로 평가받기에 밥줄 끊기지 않으려면 어린 학생선수들도 가둬놓고 훈련시켜야 했다. 폭력은 그곳의 삶의 방식이었다. 일단 자식을 그곳에 들여보낸 부모들은 자식을 대학에라도 보내기 위해 어쩔 수 없이 대학 진학의 전제 조건인 '4강', '8강'에 목숨을 걸고 있다. 그런데 세상이 바뀌면서 그 섬의 이야기가 점차 알려지기 시작했다. 그곳의 정체가 알려지자 자기 자식을 그곳으로 보내려는 부모의 수는 점차 줄기 시작했다. 모두가 스포츠에 열광하지만 야만 가득한 그 섬, 그러니까 학교 운동부엔 자녀를 보내지 않는다.

게다가 운동을 한다는 것은 학부모들에게 학업과 진학에 방해 요소일 뿐 아니라 '미래 성공'의 장애물로 인식되고 있다. 한국에서 '운동하는 청소년'들을 더욱 소수화시키고 격리시켜버린 최근의 사회 변화 중 하나가 바로 지식의 생산과 응용에 종사하는 지식 노동자가 권력을 갖게 되는, 이른바 '지식 사회'로의 진입이다. 그런데 이런 지식 노동자, 즉 고위 공직자, 법조인, 의사, 교수, 대기업 임원이나 교사 등 이른바 지식인 집단이나 전문직 종사자들은 자식을 절대로 운동부에 보내지 않는다. 대신에 학교 밖 수영장 같은 사설 강습소나 주말 축구 클럽 등에 자식을 보내 취미로만 즐기게 한다. 이들처럼 지식으로 승부해 성공한 사람들, 즉 우리 사회에서 '성공'의 의미와 그 방법을 잘 알고 있는 부모들은 성공의 확률이 대단히 낮을 뿐 아니라 실패했을 경우 아무런 대안도 존재하지 않고, 또 비이성적, 비인격적 풍토가 팽배한 스포츠를 자식의 미래로 생각지 않는 것이다. 이게 꼭 아쉬워해야 할 일인지는 모르겠지만, 따라서 현재 학생 선수들의 부모는 중소 규모의 사업을 하는 이들이 대부분이다. 이들은 자녀가 굳이 프로에 진출해 평생 먹고살 돈을 벌지 못하더라도 물려줄 재산이 있기 때문에 상대적으로 부담 없이 자녀에게 운동을 시킬 수 있다는 것이다.

좋은 선수는 저변이 넓을 때 많이 나온다. 축구에서 세계적 선수가 모두 유럽과 남미에 몰려 있는 이유는 당연히 많은 아이들, 학생들이 축구를 하기 때문이다. 이를 위해서 우리는 스포츠를 고립시켜서는 안 된다. 스포츠로의 진입 장벽을 없애야 하고 운동하는 아이들을 별종처럼 만들어서는 안 된다. 다른 또래 아이들과 똑같이 키우고 교육시켜야 한다는 것이다. 지금 우리의 상황을 감안해보면 우리에겐 유럽 무대에서 선발 출전할 것이냐, 어찌 됐든 뛰기라도 할 것이냐로 논쟁을 벌여야 하는 박지성, 이영표 정도가 딱이다. 그래서 하늘은 공평한 것이다.

해설 위원님들, 우리도 흥분 좀 합시다!

사실 방학 중에는 기고를 쉬려 했다. 써야 할 책도 있고 또 좀 쉬기도 해야 하고 해서 두 달만 세상 잊고 보내려 했다. 그러나 인간은 역시 사회적 동물이라 했던가. '베이징 광풍' 에 조금씩 빨려 들어가는 건 어쩔 수 없나보다. 그래서 틈틈이 올림픽 경기 중계를 보게 된다. 그런데…… 보다 보다 못해, 아니 듣다 듣다 못해 참지 못하고 자판을 두드리게 된다.

도대체 경기를 보며, 그러니까 우리 선수들의 선전을 지켜보며 흥분하고 감격할 틈이 없다. 왜? 좀 감격할라 치면 해설자들이 먼저 선수를 친다. 나도 좀 흥분해보려 '흥분 모드' 를 준비하는 어느새 해설자들의 '광분' 을 지켜봐야 하는 처지가 되어버린다. 솔직히 경기장에 칼 든 강도라도 든 줄 알았다.

어제 오늘 이게 좀 문제가 됐나본데 네티즌들 의견을 살펴보니 '그거 뭐 좀 어떠냐' , '그럼 그 와중에 책 읽고 있을까' 그런 반응들도 꽤 있다. 물론 이럴 땐 온 국민이 흥분해도 되겠지만 방송 해설을 맡은 이들만은 그래선 안 된다. 왜? 그들의 임무는 해설이니까. 흥분과 감동을 '전달' 하는 것이 그들의 역할이니까. 흥분은 시청자가 하면 되는 것이다. 괜히 '언론' 이라 하는가.

4년 전 아테네 올림픽 당시의 이야기를 좀 해보자. 올림픽 중계 해설 위원 자리에 심권호, 방수현, 강초현 같은 메달리스트와 감독 등 경기인 출신을 집중적으로 앉힌 게 그때부터다. 그러나 대부분 해설자라 이름 붙이기에도 민망한 수준이었다. 술자리에서 TV 보며 떠드는 듯했다.

"침착해야 한다", "안타깝다", "힘내야죠", "2분만 견디면 된다"는 식으로 전문성과는 동떨어진 해설이야 그렇다 치고 어떤 이는 "뒤집어, 뒤집어", "때려, 때려" 하며 아예 무아지경에 빠져 말까지 놓는다. 또 전 탁구 대표 팀 감독은 유승민 선수의 경기 때면 반말을 써가며 진행했고 자신이 몸담은 소속 팀의 모기업 선전까지 했다.

또 어떤 해설자는 결승에 나선 타국 선수를 '그 자식' 이라 부르며 '해설' 이 아닌 '응원' 으로만 일관했다. 하도 정제되지 않은 표현을 쏟아내니 캐스터가 슬그머니 이해해달라고 시청자들에게 부탁할 정도였다. 수준 낮은 해설, 애국주의에 애사주의까지, 그리고 해설이 아닌 응원에, 막말에, 또 '말까기' 까지. 하여간 해설의 아수라장이었다.

방송사 소속의 전문 아나운서들로 채워진 캐스터도 별 다를 바가 없었다. 2004년 아테네 올림픽 당시 SBS의 송재익 캐스터는 그것도 비유라고 말리 선수들이 잘 뛰는 모습을 아프리카 동물에 비유하며 "발톱을 숨긴 맹수 같다", "소리 없이 다가오는 치타 같다"고 표현했다. 우리나라가 다인종 사회였다면 당장 사표 쓸 인종 차별적 표현이다. 훈련된 캐스터들조차 해설 공부는 안 하고 애국심에만 호소하는 유치한 해설은 그때나 지금이나 매한가지였다.

이번에도 각 방송사들은 전 대표 팀 감독들과 메달리스트를 총동원해 나섰다. 그러나 4년 전보다 나아진 것은 단 하나도 없다.

우선 사전에 공부를 안 하고 해설에 나선다. 큰 경기를 앞두고 캐스터와 해설자는 '공부' 해야 한다. 그 종목의 특성이나 참가 선수들의 경기 전략 같은 경기 관련 내용뿐 아니라 지난 대회의 결과와 그 뒷이야기들, 이번 출전 선수들의 특성과 배경, 그들의 사적인 사연들, 올림픽에서는 없을 수 없는 라이벌 관계 등을 사전에 공부하고 입을 맞춰 들어가야 한다. 그러나 지금 우리 해설자들이 하는 '짓' 은 '막해설' 이다.

이런 해설의 공통된 특징이 있다. 경기가 후반부로 들어가면 예의 '정신력 강조' 로 돌입(?)하는 거다. '정신력이 중요하다', '조금만 더 버티면 된다', '집중력을 잃으면 안 된다' 식의 해설이 나오기 시작하면 그 해설자는 밑천이 다 드러난 거라 보면 된다. 경기 시간을 채울 만큼의 공부를 하지 않은 것이다. 그러고는 막판에는 "박태환 선수, 예, 앞서 나갑니다, 예, 아, 박태환 선수, 이제 50미터 남았습니다, 이제 30미터, 15미터, 10미터, 아, 아, 악~ 악~" 이런다. 그런 건 큼직한 화면 보고 있는 무지몽매한 우리 시청자도 잘 안다. 라디오 중계 하나.

그리고 해설 위원을 고르는 걸 보면 딱 우리 사회의 특징인 '껍데기 문화' 를 엿볼 수 있다. 내용은 따져보지도 않고 간판만 보고 고르는 것이다. 학계에만 '신정아' 가 있는 게 아니다. 방송사엔 널렸다.

예를 들자면, 스타 선수가 곧 스타 감독이 되는 것이 아니다. 이 둘 간의 상관관계는 '제로' 다. 우리나라는 무명 선수 출신에겐 아예 기회조차 주지 않는 못된 버릇이 만연해 웬만한 감독 자리는 스타 선수나 메달리스트들이 차지하고 앉았지만 외국의 경우 (히딩크처럼) 선수 때의 이름값과 감독으로서의 능력 간에는 아무런 상관관계가 없다. 마찬가지로 스타 선수 또는 국가 대표 감독과 좋은 해설자 간의 상관관계는 더더욱 없다. 어떻게 방송 경험이라곤 10초짜리 인터뷰 경력 밖에 없는 선수들을 그 막중한 올림픽 방송 해설 위원 자리에 앉히나.

물론 외국에서도 선수 출신을 해설자로 쓴다. 그러나 훈련시켜서 검증된 사람만 쓴다. 스타 선수라도 마찬가지다. 데려다 쓸 만한 선수 출신이 있으면 필드 요원부터 시킨다. 경기장에서 선수, 감독, 선수의 가족들과의 인터뷰부터 시켜서 키우는 것이다. 그래서 문제가 없으면 방송 부스나 스튜디오에 앉힌다. 우리처럼 "떨지 말고 편하게 하시면 되요" 이 한마디로 해설자 자리에 앉히는 경우는 없다. 혹 내가 모르는 후진국이면 몰라도.

네티즌 의견을 보니 해설자들이 흥분하는 것은 히스패닉 쪽 방송이 더 하지 않느냐는 의견도 있다. 그럴 것도 같지만 사실은 아니다. 아마도 축구를 이야기하는 것 같은데, 스페인어를 쓰는 나라의 해설자들은 흥분은 하지만 어디까지나 '절제된 흥분'을 하고 무엇보다 흥분된 와중에도 '해설'에 집중한다. 히스패닉 축구 해설자들은 골이 들어가면 예의 그 소름 돋는 "GO~~~~~~~~~~~~~AL"을 질러댄다. 보통 한 20초 하는 것 같은데 폐활량이 작아 숨이 짧은 사람은 10초짜리로 두 번 하기도 한다. 그러나 이 흥분된 외침을 마무리하면 곧 '해설'로 들어간다. 우리나라처럼 이성을 잃고 캐스터가 '악, 악' 대고 '꺼이꺼이' 해대는 중계 해설자는 지구상에 유일무이할 것이다.

또 하나. 스포츠도 이제는 오락화돼 스포테인먼트 개념까지 등장했지만 그래도 언론 매체라면 경기장의 분위기를 '전달'하는 데 좀 더 치중해야 한다. 뉴스가 중시하는 '사실 보도'까지는 바라지 않지만 경기장 분위기를 전달하는 게 아니라 아예 분위기를 자기 원하는 대로 만들어버리려는 게 우리 방송사의 특징이다.

한 예로 우승이 확정된 직후, 금메달을 획득한 순간, 팽팽한 경기의 막바지에 역전 홈런이 터진 순간, 미국에서는 해설자들이 입을 닫아버린다. 경기장의 함성 속에 환호하는 선수들의 모습만을 보여준다. 거기에 해설자는 없다. 시청자로 하여금 경기장의 감격을 그대로, 가감 없이 전달하는 것이다. 그렇게 20~30초가 지나면 해설자가 차분하게 나선다.

10년도 더 된 듯하다. 미국 프로 야구 미네소타 트윈스와 애틀랜타 브레이브스가 월드 시리즈에서 맞붙었다. 애틀랜타가 시리즈 전적 3 대 2로 앞서는 상황에서 미네소타에서 치르는 6차전. 애틀랜타가 이기면 우승이 확정되는 경기였기에 미네소타 입장에선 절체절명의 상황이었다. 9회가 끝났지만 무승부. 연장전에 들어갔다. 10회 말 미네소타의 4번 타자 커비 퍼켓이 끝내기 홈런을 때렸다. 공이 외야 담장을 넘어가는 순간 캐스터는 딱 한 문장만 얘기한다. 괴성이 아니고 상큼하게 말이다. "내일 밤 또 만납시다See you tomorrow night!" 이후 1분여 해설자들은 화장실을 갔는지 아무 말이 없고 카메라만 다이아몬드를 도는 커비 퍼켓과 그를 환영하는 동료 선수들, 그리고 열광하는 관중들의 모습을 경기장의 함성과 함께 전달한다. 지금은 구하기도 힘든 14인치 조그만 TV였지만 그때만큼 승리의 순간에 몰입해본 적이 없다.

하나 더. 해설은 경기 종목에 따라 분위기를 달리 해야 한다. 축구나 복싱 같은 열정적 해설도 있지만 테니스, 골프, 양궁 같은 차분한 해설도 있다. 이런 조용한 경기 경우엔 해설자들도 속삭이듯 말을 주고받는다. 그래서 듣는(?) 시청자도 귀를 쫑긋 세우고 들어야 한다. 당연히 경기에 더 몰입하게 된다. 그런데 우리나라의 해설은 종목에 상관없는 '광분 해설'이다. 그러니 양궁 같은 종목의 방송 해설조차 악을 써가며 목청 터지게 중계하는 것이다. 판소리 연습하나.

베이징 올림픽에서도 국민이 아니라 해설자가 흥분했다. 스포츠가 메달 지상주의에 빠진 게 아니라 방송사가 빠졌다. 정보의 제공과 경기 내용의 전달과 해설, 뭐 이런 게 해설자들이 해야 하는 것 아닌가. 앞장서서 흥분하고 광분하도록 이끄는 것은 나이트클럽 디제이들이 하는 것이다. 재미있게 하려고? 그러려면 왜, 개그맨 데려다 앉히지. 공부도 하지 않고 메달리스트들만 데려다 앉혀 놓고 같이 소리만 질러대면 해설이 되는 줄 아는 우리 방송사들의 한심한 수준은 예나 지금이나 변함이 없다.

올림픽을 놓고 세 방송사들이 하는 '꼴'을 보면 어이가 없다. 해설자들은 시청자들은 아랑곳없이 말 '까'고, 캐스터는 악악 소리 질러대고, 서로 선수 잘 안다고 자랑하며 이름을 막 부른다. 연예인들끼리 잡담하며 자기가 누구랑 친하다고 서로 자랑하는 꼴 보는 듯하다. 아무리 스포츠가 오락화됐어도 어떻게 공공재인 방송사들마저 스포츠를 무슨 연예 오락 프로그램 만들듯 하나.

사회가 분업화된 지 한참 됐는데 우리도 이제 분업하자. 제발 우리도 좀 끼자. 해설자들은 해설만 해라. 우리가 열광하고 흥분할게. 정 못 참겠으면 소리는 한 번만 질러라. 그리고 TV 중계면 TV 중계답게 해라. 라디오 중계 하지 말고. 또 해설 위원님들은 좀 제대로 된 분들을 모셔다 앉혀라. 4년마다 신장개업하는 '올림픽 가게', 이젠 도우미도 쓰나. 내용은 생각도 안 하고 겉모습만 번지르르한 도우미만 데려다 쓰면 다인가.

그리고 한마디 더하겠는데 이제 됐으니까 '박태환 장사' 좀 그만하기 바란다. 박태환 덕에 올림픽 완전히 떴고(?) 광고도 더 들어왔을 테니 기분 좋을 게다. 목표한 대로 본전 건졌으니 이제 그만하기 바란다. 박태환만 베이징 갔나. 다른 선수들은 눈에도 안 보이나.

유도 금메달리스트 최민호가 그랬다. 4년 전 동메달 따고 기분이 좋았는데 금메달과 동메달 차이가 그렇게 큰 줄 몰랐다고. 동메달 따서 신났었는데 거기에 찬물 끼얹은 게 도대체 누굴까. 물론 첫 번째는 체육계겠지만 체육계 못지않은 주역은 바로 '메달 차별' 하는 언론이다. 최선을 다해 올림픽에서 세계 3위를 이룩한 젊은 선수의 기분을 더럽게 만든 게 바로 호들갑스럽게 금메달만 쫓아다니는 언론이란 말이다. 언론이 바로 우리나라 체육 망가뜨리는 일등공신이다.

어느 네티즌이 이렇게 썼다. "시청 당하는 기분이다."

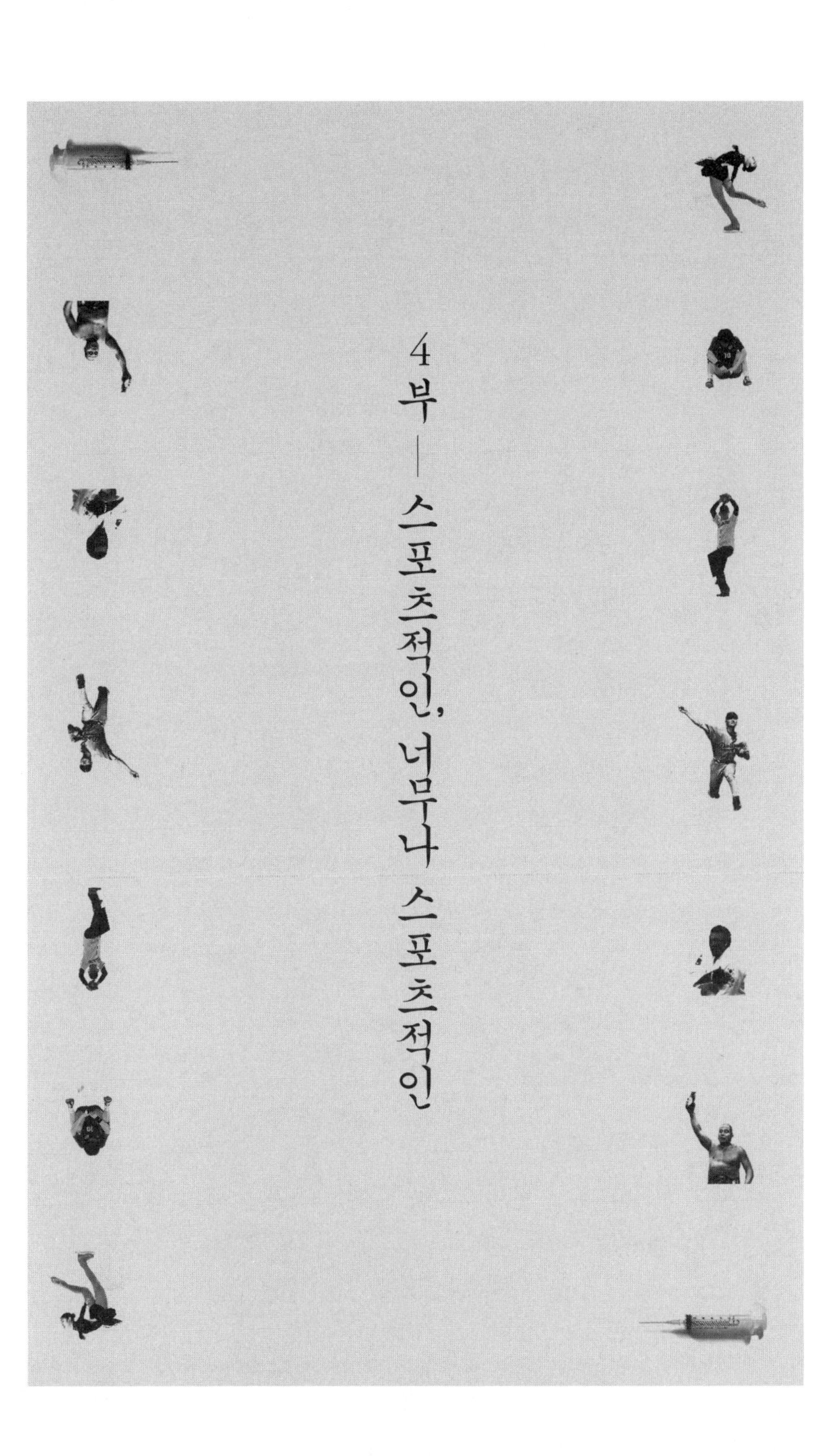

4부 — 스포츠적인, 너무나 스포츠적인

신해철, 지금 '쇼' 하나?

가수 쪽을 보면 '진보 장사' 하는 이들이 꽤 있다. '애국 장사' 하던 유승준은 이미 재기 불능 수준으로 나가떨어졌지만 '진보 장사' 하는 가수들은 지금도 꽤 잘 나가고 있다. 그렇다. 적어도 가수들에겐 진보 장사가 애국 장사보다 더 안전(?)한 장사다.

비판적 대중 가수 1호인 서태지는 부모들이 싫어하는 음악을 전파하면서 학교, 부모 등 기성세대를 공격하고 조롱했다. 한마디로 근대 한국의 대중문화뿐만 아니라 우리의 인식까지도 허물어뜨리고 재구성한 인물이다. 동시에 그는 2000년 컴백하면서 캐주얼 의류 회사인 닉스와 단 3개월간의 광고 모델료로 8억 원, 프로스펙스와 1년간 15억 원, 그리고 KTF와 (그의 곡 음원을 포함해) 32억 원이라는 초대형 광고 계약을 맺은, 말 그대로 '단군 이래 최고의 상품'이다. 그런 그가 지금은 히트곡 하나 없지만 신비주의 마케팅만으로도 먹고사는 듯하다. 마침 그가 '실종' 됐다는 뉴스를 봤다. 아침에 집을 나서는 것도 서태지는 '가출'이라 칭하는 게 아닌지 모르겠다.

'의식 있는 가수'로는 누구에게도 뒤지지 않을 윤도현은 광고 출연으로 얻은 수입에서도 서태지에 뒤지지 않지만 더 많은 회사들과 다채롭게(?) 광고 계약을 맺었다. 월드컵으로 대중적 인기를 얻은 그는 이후 방송 진행도 하면서 적극적으로 '사회적 발언'을 했는데 인권 이야기, 반전 이야기에 양심수 이야기도 하고 '반미스런' 이야기도 하면서 그의 이미지 콘셉트를 진보로 잡았다. 그러나 그러한 진보 이미지와는 참으로 걸맞지 않게 나른 회사도 아닌 삼성 계열사와 대부업체인 현대캐피탈의 광고에 그것도 매우 '상업스런' 포즈와 목소리로 본격 돈벌이에 나서기 시작하더니, '월드컵 가수'로 기억되는 것을 거부한다던 과거 발언이 무색하게도 2006년 월드컵 시즌이 임박하자 또다시 SK의 월드컵 광고에 발 빠르게 참여하는 순발력을 보여주었다. 그의 기억력은 유효 기간이 채 4년이 안 됐던 것이다.

물론 가수를 포함해 연예인은 먼저 '개인'으로서의 자유와 권리가 존중받고 보장되어야 한다. 당연히 이들은 자신의 생각을 마음껏 드러낼 수 있다. 가사를 통해서도 할 수 있고 인기를 얻은 후에 언론을 통해서도 할 수 있으며 당연히 광고에 출연할 수도 있다. 다만 그것은 첫째, 자신의 대중적 인기가 활용(?)된 것이고, 둘째, '사회적' 발언인 경우라면 연예인 개인이 아닌 공인의 것이 된다. 그러니 당연히 조심스러워야 한다. 이는 연예인이 결혼하면서 "팬 여러분~ 저희 열심히 살게요~" 했다가 얼마 후 "친구로 남기로 했다"며 이혼하는 것과는 차원이 다르다.

사실 연예인도 사람이다 보니 말과 행동이 일치하지 않는 실수를 저지를 수도 있다. 그런데 이 경우, 그에 대한 '책임'까지는 따지기 애매하더라도 그로 인한 사회적 비난은 그들도 겸허히 받아들여야 한다. 예를 들어 대부업이나 아파트 광고 등 연예인의 광고 출연이 문제되는 경우가 종종 있다. 그런데 이에 대해 자신의 돈 벌 권리다, 선택의 자유다, 별 걸 가지고 시비다 하면서 문제 제기 하는 이들을 이상한 사람 취급하며 억울해 하고, 분해 하는 연예인들이 가끔 있다.

그러나 그들이 광고 찍는 자유가 있는 만큼 팬과 대중도 그 광고를 보고 비판할 자유가 있다. 그 연예인들은 돈 받고 찍은 광고를 방에서 자기 혼자 보나? 가족끼리만 돌려보려고 그 광고 찍었나? 우리 보라고 찍은 것 아닌가. 우리 보라고 찍은 광고를 우리가 보고 비판 하는데 그 어디에 문제가 있나. 그리고 그들을 부자로 만들어주는 광고 출연료는 (광고주를 한 번 거칠 뿐) 몽땅 소비자가 지불하는 것이다.

처음엔 만우절인줄 알았다. 신해철이 입시 학원 광고에 등장했다는 뉴스 말이다. 그것도 특목고 전문 학원 광고 모델이었다. 평소 한국의 입시 정책과 사교육을 가장 격렬하게, 물불과 장소 안 가리고 공격했던 신해철이었다.

신해철이 모델로 나오는 특목고 전문 학원 광고.

그런 그가 그의 별명만큼이나 매우 마왕스러운, 매우 강렬한 표정으로 특목고 입시 학원 광고에 등장했다. 매우 '학원스러운' 문구들과 뒤범벅이 되어 특목고 가는 지름길이 바로 이 학원에 있음을 가르치려든다. 이것이 과연 블랙 코미디인가, 아니면 가상 현실인가. 쇼

같기도 한데 신해철은 스스로를 '아티스트'라 칭한다니 그렇다면 '퍼포먼스'인가.

광고에 등장하는 문구다. '독설보다 날카로운 신해철의 입시 성공 전략' 그가 제시하는 결론은 물론 특목고 입시 학원이라는 거다. 또 다른 문구다. '도대체 왜, 학습 목표와 학습 방법이 자녀에게 딱 맞는지 확인하지 않습니까.' 이게 대안 학교 광고 문구라면 딱 어울리겠다.

한낱(?) 광고가 나를 이렇게 생각하게 만든 것도 오랜만인 듯하다. 그래도 신해철 정도(?)면 뭔가 있지 않을까? 혹시 우리가 쉽게 알아챌 수 없는, 그렇지만 결국엔 우리 가슴을 뻥 뚫리게 하는 통렬한 풍자가 숨어 있지나 않을까? 아니었다. 비틀어도 보고, 뒤집어도 봤지만 신해철이 평소 주장했던 바와 그의 광고 출연은 그 어떤 방식으로도 맺어지지 못했다.

그런데 광고 논란이 일자 진중권 교수가 알 듯 모를 듯 신해철을 옹호하는 듯한 글을 어느 게시판에 남기더니 월요일엔 개그맨 박준형이 "광고는 광고일 뿐, 신해철에게 왜 투정하나?"라는 글로 신해철 비판을 나무란다. 그간 꽤 존경해왔던 진 교수에겐 살짝 실망감이, 박준형에겐 답답함이 느껴진다.

신해철의 특목고 입시 전문 학원 광고 출연은 자기모순이자 자가당착이며 경거망동이다. 사실 완전한 헛발질이다. 자기 꾀에 넘어간 듯하다. 그는 자신의 판단과 소신을 맹신했고 과신했다. '마왕'의 추종자들만큼은 '그 역설적이고 동시에 통렬한 풍자'에 탄복하며 따를 것으로 착각한 듯하다.

논란이 시작되자 그는 정면으로 맞불을 놓는다. 그 스스로 논란을 키울 정도로 그는 자신만만했다. 자신의 홈페이지에 올린 "광고 대박

감사합니다"라는 참으로 얄미운 제목의 글에서 "예상대로 반응이 불을 뿜는다"며 "명박 형님께서 사교육 시장에 에너지를 팍팍 넣어주신 결과, 엉뚱하게도 제가 득템~~~ 각하께서 주신 용돈 잘 쓰겠습니다."라고 썼다.

학원 광고를 찍기로 한 자신의 상업적 판단을 '명박 형님' 탓에 마치 '본의 아니게' 얻게 된 것처럼 포장하는 용감함도 대단하지만 아마도 수억 원에 이를 광고 출연료를 '용돈'이라 하는 그의 배포는 참으로 어이없다. 나아가 "이번 광고 출연은 평소 교육에 대한 내 생각의 연장이며, 평소의 내 교육관과 충돌하는 부분이 없다."고 해명했는데, 이는 그의 하늘을 찌를 듯한 자신감이 자만을 넘어 오만으로, 그리고 자가당착을 넘어 횡설수설로 연결됐음을 보여준다.

우선 많은 사람들이 그를 비난하는 것은 그가 광고에 출연해서가 아니다. 박준형처럼 그를 옹호하려는 이들도 잘 알아뒀으면 한다. 신해철 같은 연예인이 광고 출연 하는 것은 가수 신해철이 콘서트 하는 것만큼이나 자연스러운 것이다. 그가 라면 광고, 아이스크림 광고에 나왔다면 누가 뭐랬을까. 장갑 광고, 샴푸 광고, 선글라스 광고, 화장품 광고 아니면 남성용 블라우스(?) 광고도 어울릴 것이다. 광고 마다할 것 없다.

문제는 그가 이제까지 동네방네 떠들고 다닌 말을 깡그리 무시하고 정확히 그 반대로 행동했다는 점인데 특히 그의 발언이란 과연 어떤 것이었는가. 그것은 다름 아닌 교教와 육育, 즉 '교육'에 관한 것들이었다. 특히 자신이 DJ를 하는 라디오 프로그램뿐 아니라 다양한 매체를 통해 '교육'에 대한 일관되고도 격한 발언들을 해왔음에도 광고 한 방으로 자신의 발언과 주장들을 우스개로 만들어버렸다. 신해철은 교육 가지고 그렇게 장난 쳐도 되나. 나아가 신해철의 광고 행위는 이제까지 그의 발언에 동의와 지지를 보낸 대중, 그리고 그를 열렬하게 응원한 청소년들에 대한 배신이다, 배신.

무엇보다 그는 상업 자본주의, 특히 그중에서도 청소년들의 미래를 담보로 가장 저급하고도 비열하게 돈벌이를 하는 입시 학원 상업주의의 품에 안겼다. 그뿐 아니라 청소년 학대와 소외, 그리고 계급 차별을 조장하는, 한국 사회에서 가장 병적인 분야의 광고 모델로 등장해서 스스로 학력 차별을 선동한 꼴이다.

신해철은 아이들이 학원 다니느라 고생한다는 것만 알았지 그 이상의 구조적인 부분에 대해서는 잘 모르는 것 아닌가 싶다. 아니라면 그 자신 명문대를 나온 탓에 세상을 아직 반쪽 밖에 모르는 것일까. 그는 그 학원의 학원비가 얼만지나 알고 광고를 찍었을까. 그는 그 학원 건물이 우리 사회에서 그래도 '있는 집 자식' 아니면 들어갈 수 없는 곳이라는 것을 몰랐었나. 평소 입시 교육을 그렇게 비판하면서 특목고 입시 학원이 우리 사회 계급 재생산과 사회 양극화의 최전선이라는 사실을 어떻게 모를 수 있나.

하나 더. 최근 진행되고 있는 고교 서열의 지각 변동에 신해철은 확실하게 기여했다. 지금은 이른바 명문고의 전교 1등도 원하는 대학과 학과 입학을 보장받지 못하는 상황에 이르렀다. 명문대 진학을 보장하는 것은 이제 특목고뿐이다. 신해철은 이제 명문고 위에 특목고 있다는 사실과 특목고만이 성공의 열쇠라는 공식을 스스로 증명한 것이다. 신해철은 결국 차별 사회를 조장하는 교육 계급화, 입시 계급화, 학원 서열화의 선봉에 선 것이다.

이게 끝이 아니다. 신해철이 비난받아 마땅한 이유 말이다. 박준형은 조선일보사가 만든다는 대중문화 웹진에 기고한 칼럼에서 "개

그는 개그일 뿐인 것처럼 광고는 광고일 뿐"이라며 "투사도, 정치인도, 논객도 아닌 뮤지션 신해철에게 말과 행동이 일치하지 않는다고 투정하는 것은 이상하다."고 했다.

전혀 이상하지 않다. 한번 생각해보자. 그 입시 학원은 왜 신해철을 광고 모델로 낙점해 단발 광고도 아니고 아마도 수억 원의 거액이 들어갈 1년짜리 장기 계약을 맺었을까. 신해철이 히트곡 제조기라서? 인기 최고의 가수라서? 한류 열풍의 주인공이라서?

아니다. 그 학원은 흘러간 대학생 밴드 '무한궤도'에서 활동했던 신해철이나, 요즘 활동을 하는지, 안 하는지 알 수도 없고, 대중적인 히트곡도 별로 없을 뿐 아니라 중고생들은 전혀 열광하지 않는 '넥스트'에서 음악 하던 신해철을 원한 게 아니다. 지금 신해철을 비판하는 사람들 대부분은 신해철의 노래 중 히트곡이 뭔지도 모른다.

신해철이 거액의 광고 모델이 된 이유는 그가 가수라서가 아니라 이제까지 그가 내뱉었던 사회적 발언들, 특히 우리 사회의 왜곡된 입시 교육을 맹공 했다는 사실 때문이다. 즉 그 입시 학원은 가수 신해철이 아니라 사회적 발언을 하는 신해철의 정체성을 돈 주고 산 것이다. 이걸 뒤집어서 이야기해보겠다. 신해철은 자신이 이제까지 해온 사회적 발언으로 돈을 번 것이다. '교육 팔아' 돈을 번 것이다. 결국은 '교육 장사' 한 것이다. 신해철은 결국 '교육 장사' 하려고 이제까지 열심히 '교육 비판' 했나.

박준형은 "신해철에게 왜 투정하나"라며 신해철 비판자들을 비판했는데, 그게 '투정'으로 비쳤다면 박준형은 자신의 눈을 뒷주머니에 넣고 다니는 게 아닌가 싶다. 신해철은 한국 사회에서 가장 중요하고도 예민한 쟁점인 교육 문제 가지고 자신의 이미지를 쌓으며 몸값을 올리다가 이를 일거에 돈벌이 수단으로 전락시켜 그의 말마따나 '광고 대박' 의 행운을 챙겼다. 이는 교육을 자신의 마케팅 수단으로 활용한 것이다. 이는 당연히 비판뿐 아니라 비난도 마땅하다.

신해철이 얄미운 이유 또 하나가 있다. 그를 옹호하는 이들은 뭐 그런 걸 가지고 시끄럽게 그러느냐 하는데 신해철은 그의 홈페이지 글에 "예상대로 반응이 불을 뿜는다"고 스스로 썼듯 그의 광고가 시끄러워질 줄, 광고 대박으로 연결될 줄 정확히 알고 있었다. 그 학원 관계자도 "어느 정도 논란은 예상했지만……"이라고 했다. 학원 측은 학생 수가 늘지도 않았고 이미지가 실추되지 않을까 걱정이라며 죽는 시늉을 하고 있다.

그래서 결론은? 광고 중단? 천만에! 광고는 계속 나간단다. 그들은 신해철의 자기모순과 언행 불일치로 인해 일어날 논란까지 모두 계산한 노이즈 마케팅의 효과를 지금 흐뭇하게 지켜보고 있는 것이다. 그래서 오늘도 신해철은 그 학원 홈페이지에서 "특목고에서 명문대까지 합격의 맞춤 전략을 제시"한다며 '2009년 특목고 총 980명 합격' 을 손수 내걸고 잔뜩 연출된 표정과 격렬한 몸짓으로 광고에 전력하고 있다.

그는 논란이 되자 개인 홈페이지에 "CF 역시 아티스트에겐 표현의 일종"이라면서 "착각하시는 분들은 다음 글을 읽어보세요. 며칠 내로 시간 나면 올리죠."라며 후속 해명 글을 예고했다. 그러나 열흘이 넘도록 시간이 나질 않는지 그의 글은 올라오지 않고 있다.

사실 그가 같은 글에 "길게 쓰긴 귀찮고……"라고 쓴 것을 보면 할 이야기가 있긴 있는 모양이다. 좀 귀찮더라도 한번 써보기 바란다. 길게. 도대체 '아티스트' 로서 뭘 '표현' 하려 했는지 말이다.

그는 팬과 대중과 청소년과 희망을 배신했다. 이제 우리 차례다.

한국의 세계화, 혐한의 세계화

미국 LPGA(여자프로골프협회)가 선수들의 영어 사용 의무화 방침을 2주 만에 철회했다. 2008년 8월 말, 의무화 방침을 발표한 이후 소속 선수, 미국의 언론과 정치인은 물론 후원사들까지 반대하는 등 비난 여론이 거세지자 원래의 계획을 취소한 것이다.

LPGA의 영어 의무화 방침은 발표하자마자 인종 차별 정책이라는 논란이 일기 시작했고 『뉴욕 타임스』는 사설에서 "영어 사용 의무화는 영어가 서툰 선수를 차별하는 문제를 야기한다"면서 "이런 규정을 선수들에게 적용하는 것은 모욕적이자 자멸적인 행위"라고 지적하기까지 했다. 곧 최경주 등 PGA 소속 남자 선수들도 비판에 나섰고 현재 세계 랭킹 1위인 멕시코의 로레나 오초아도 반대 의견을 보탰다. 분위기가 심상치 않게 돌아가자 처음엔 LPGA의 영어 강제 방침을 내심(!) 환영했을 법한 스폰서들까지 이를 말리고 나선 것이다.

발표 2주 만에 철회 방침이 전해지자 우리는 '그럼 그렇지' 하며 안도하는 듯하다. 그렇다. 이렇게 좋은 뉴스는 당연히 9시 뉴스에 내보내야 한다. 앵커는 무표정하게 뉴스를 전했지만 우리는 이런 '무식한' 정책을 밀어붙이려 했던 LPGA를 조소하며, 결국 그들이 백기를 든 사실에 '깨소금 맛이다' 라고 생각했을 것이다. 과연 그럴까.

논란의 핵심은 '영어 사용' 이라기보다는 '한국어 금지' 였다. 비영어권 국가 선수들에 대한 차별이라 말들을 했지만 사실은 정확하게 한국 선수들을 겨냥한 정책이다. 지난달 세이프 웨이 클래식 대회에 참가한 한국 선수들을 모아놓고 영어 의무화 방침을 통보한 것부터가 그렇다. 어쩌다 한국 여자 선수들이 LPGA에서 '공공의 적' 이 됐을까.

우리는 우리 '낭자 군단' 이 미국 대회인 LPGA에서 잇단 승전보를 전한다고 좋아들 했지만 이들이 잘하면 잘할수록 LPGA에서 '애물단지' 가 돼간다는 것은 간과했다. 2008년 9월 현재 LPGA에 등록된 121명의 외국 선수 가운데 한국인이 45명이다. 무려 37%가 한국인이고 '김' 씨만 열 명을 넘나든다. 어느 대회에선 상위 입상 10명 중 7명이 한국 선수들이었다.

그러면 한국 선수들이 많이 뛰고 잘하는 게 뭐가 문제일까. 1998년 혜성과 같이 등장한 박세리 이후 한국 선수들이 대회를 휩쓸기 시작하자 미국 선수들이 우승권에서 멀어지게 됐고, 미국 선수들이 성적을 못 올리자 결국 스폰서들이 빠져나가기 시작했다. LPGA는 대회 개최마저 위협받는 처지가 된 것이다. 흑인 타이거 우즈가 지존의 자리를 지키고 있고 비제이 싱, 최경주 등 유색인이 백인과 함께 군웅할거 하는 PGA와는 달리 LPGA는 백인 중산층, 즉 와스프WASP에 절대적으로 의존하는 프로 리그다. 아무래도 여성 스포츠는 인종적으로나 계급적으로나 너무 섞이면(?) 백인 중산층이 주축인 팬과 미디어의 관심도가 떨어지게 마련이다. 여성은 '보호의 대상' 이라는 인식이 미국인들의 마음 한구석에 아직도 자리하고 있기 때문이다.

그렇다면 이번 논란은 결국 인종 차별의 문제인가. 그렇지도 않다. LPGA도 어쩔 수 없이 미국의 스포츠 리그이기에 인종적 다양성은 필수다. 이번 문제는 오히려 다양성을 받아들이지 않고 다른 문화를, 아니 자신이 소속된 리그의 문화조차 무시해버리는 한국 선수들이 초래한 측면이 강하다. 그래서 이번 문제를 미국의 인종 차별 쪽으로만 몰고 가는 것은 매우 단선적인 사고인 것이다.

배울 만큼 배웠을(?) LPGA 사무국이 이번 같은 노골적 인종 차별 방침을 시도한 이유는 단순히 미국 선수들이 우승을 못해서는 아니다. LPGA에 진출한 우리 선수들이 미국의 문화는 물론 골프 예절, 심지어는 경기 규칙까지 무시해왔기 때문이다. 한국의 '골프 대디'들이 경기 중 수신호는 물론 한국말로 코치까지 하는 등 규정 위반을 '아끼지 않고' 반복해 원성이 일자 LPGA는 코스에서 부모와 한국말로 이야기하지 말라고 권고하는 일까지 있었다.

또한 한국 선수들이 대회 전날 프로 선수와 아마추어 골퍼가 함께 라운딩 하는 프로암 대회에 무성의하게 임하는 것 또한 심각한 문제였다. 일종의 팬 서비스이자 축제인 프로암 대회에서 상당수 한국 선수들이 함께 라운딩 하는 이들을 배려는커녕 없는 듯 대하거나 심지어 첫 인사 '헬로' 외엔 입을 닫아버리고는 캐디나 아버지와 코스 분석에만 열중했던 것이다. 이 때문에 스폰서들이 주최 측에 항의하는 일까지 벌어져 LPGA를 난처하게 했다.

한국 선수들은 이처럼 우승하고 돈 따오는 데에만 골몰했지 미국 골프 문화의 구성원이 되려는, 즉 그들과 '교류'하려는 노력은 보이지 않았다. 자기 직업과 자신이 소속된 리그에 대한 배려나 책임 의식이라고는 약에 쓰려 해도 없는 '프로답지 않은 프로'가 되어 스스로 벽을 쌓기 시작했다. 언론이 전하는 우리 선수들의 우승 장면을 보라. 옆에서 축하하는 선수 중에 외국인 선수가 있는지. 한국 선수들뿐이다.

자신의 목적 달성에는 그토록 집착하면서도 자신이 속한 공동체나 문화에는 무관심한 것이 우리의 숨길 수 없는 습성인가 보다. 1992년 미국 로스앤젤레스에서는 미국 역사상 최악의 폭동이 벌어졌다. 바로 LA 폭동이다. LA의 고속도로를 과속으로 달리던 흑인 로드니 킹을 네 명의 백인 경찰관들이 정말 아무런 이유도 없이 무차별 폭행했는데 마침 고속도로 건너편 아파트 주민이 이를 찍어 방송국에 넘기면서 인종 차별 문제로 미국 사회가 들끓게 됐다. 그런데 이 백인 경찰들에 대해 법원이 무죄 판결을 내리자 흑인들이 폭동이 일으킨 것이다.

그런데 폭동을 일으킨 LA의 흑인들이 코리아 타운을 공격해 이곳 한인들의 상점 90%가 파괴되는, 전혀 엉뚱한 사태가 벌어졌다. 당시 LA 전체 피해액이 7억 1,000만 달러였는데 한국 교민 피해액이 3억 5,000만 달러로 전체 피해의 절반이 코리아 타운에 집중된 것이다. 이는 LA에 이주한 많은 한국인들이 열심히 일해 성공한 것까지는 좋았는데 그러는 동안 흑인 커뮤니티를 적으로 만들어버렸기 때문에 벌어진 일이다. 처음 미국으로 이민을 가 경제력이 넉넉지 않은 한국인들은 당연히 건물 값, 집값이 싼 흑인 밀집 지역에서 미국 생활을 시작했다. 열심히 일한 덕에 돈을 벌긴 했지만 한인들은 흑인 동네에 살면서도 흑인들을 무시하고 그들을 항상 '잠재적 도둑'으로 간주했다. 깔본 정도가 아니라 도둑놈 취급한 것이다.

게다가 돈을 벌어 좋은 동네로 이사 간 한국인들은 이후 캐딜락 같은 좋은 차를 타고 다시 나타나 자신의 성공을 과시하고 다니면서 흑인들의 '염장을 지르는' 행동을 해 반한反韓 감정을 자초하는 결과를 낳았다. 흑인들을 상대로 장사해서 그들 덕에 돈을 벌어 부자가 됐는데 어찌 그들을 '도둑'으로 대할 수 있을까. 어려운 시절 자신이 살았고 자신을 성공하게 만든 동네인데 그곳에 장학금을 내거나 봉사는 못할망정 어찌 그리 무시할 수 있을까. 하긴 그럴 것도 같다. 우리는 우리가 못살던 시절의 이웃은 애써 모르는 척하지 않는가.

'세계화'를 떠들 거라면 적어도 다른 나라의 사람들이나 그 문화에 대한 '열린 자세'만큼은 필수적이다. 과연 우리가 그러했던가. 뭐 굳이 외국 나간 한국인들만 뭐라 할 것 없다. 지금 우리도 여기 앉아서 똑같은 짓, 아니 더한 짓 하고 있지 않나. 외국인 노동자들을 우린 어떻게 대하고 있나. 굳이 설명 안 해도 알 것이다. 그런데 그 못된 버릇은 외국에 가서도 도대체 바뀌질 않는다. 많은 우리 기업들이 베트남, 인도네시아 등에 생산 기지를 운영하면서 그곳 현지인 노동자들마저 한국에 온 외국인 노동자들처럼 괴롭히고 못되게 대해 그곳에서 말썽을 일으키곤 한다. 아니 도대체 왜 때려.

또 베트남, 몽골, 필리핀, 캄보디아에서 들어오는 국제결혼 이주민들을 우리는 어떻게 대하고 있나. 2007년 베트남 출신 신부 레티김동은 9층 아파트에서 도망치기 위해 커튼으로 만든 밧줄을 타고 내려오다가 떨어져 숨졌다. 9층이다, 9층.

한 달 후엔 역시 베트남 신부 후안마이가 갈비뼈 18개가 부러지도록 남편에게 맞아 숨졌다. 나이 열여덟이다, 열여덟. 후안마이 경우는 베트남의 언론들이 '작심하고' 크게 보도해 베트남은 한류의 나라에서 반한의 나라로 돌아섰다. 2008년엔 22살의 쩐타인란이 투신자살했다.

초 · 재혼 상관없음, 나이 상관없음, 장애인 가능, 후불제, 염가 제공, 도망가면 책임짐, 베트남 숫처녀…….

국제결혼 업체 홍보물의 내용이다. 지난해 미국 국무성의 인신매매 보고서는 인신매매의 성격을 띤 한국의 국제결혼을 고발하기도 했다. 한 지자체는 '농촌 총각 장가보내기' 운동을 하면서 '베트남 여성은 세계에서 유일하게 순결한 처녀입니다', '베트남 여성은 몸매가 환상적입니다' 라는 홍보물을 돌려 말썽을 빚기도 했다.

외국 대사관에서 이런 것을 파악하지 못하고 있을까. 그래서 베트남과 캄보디아는 최근 국제결혼을 금지시키기까지 했다. 이것 역시 사실상 한국인을 겨냥한 것이다.

우리는 '세계화' 를 떠들면서 타문화와의 '교류', 타문화에 대한 '배려' 와 '동화' 는 무시한다. 우리에게 세계화란 오직 이기는 것, '정복' 이다. 현지 문화와 정서는 아랑곳 않고 군사 작전 하듯 공격적이고도 일방적인 해외 선교에 나서는 기독교가 또 다른 사례다. 한국 기독교에게 이교도는 적이다. '공존' 은 없다. 굳이 중동의 무슬림까지 거론하지 않아도 된다. 지금 우리 기독교인들이 불교를 대하는 태도만 보아도 그러하다.

그런 '정복욕' 때문인가. 우리는 '깃발 꽂기' 를 참 좋아한다. 그래서 2년 전 미국에서 열린 WBC 대회에서 우리 선수들은 일본과의 경기에서 승리한 후 마운드에 깃발을 꽂았다. 감동적이라 했다. 그때 이를 꼬집는 기사를 썼던 사람은 인터넷 공간에서 몰매를 맞았다.

야구 경기 이겨서 기쁘면 됐지 웬 감동!? 그런데 이번에도 꽂았다. 2008년 베이징 올림픽에서 야구 대표 팀이 쿠바를 물리치고 극적인 우승을 차지하자 선수들은 또 마운드에 태극기를 꽂았다. 이번엔 두 개 꽂았다. 또 감동이란다. 그런데 거기가 어디? 바로 중국! 괜한 짓 했다.

현재 중국의 반한 감정을 보자. 누군 이것을 '혐한嫌韓 정서'라고도 한다. 정서나 감정이나 비슷한 말인데 영어로는 sentiment쯤 될 것이다. 그런데 이것이 좀 더 구체화되고 실질적인 수준으로 발전하면 주의-ism가 된다. 나는 중국에서의 '반한'이 '정서'를 넘어 '주의'의 문턱에까지 왔다고 생각한다. 1990년대부터 돈 좀 벌었다고 중국 드나들면서 '돈지랄' 하고 중국인들 무시했던 '업보'가 지금 우리의 '국위'에 위협을 가할 정도가 되어 돌아온 것이다.

이번 올림픽에서 중국인들이 반한 정서를 확실하게 드러냈다. 개막식에서 한국 선수단이 입장하자 주 경기장 냐오차오는 일순 조용해졌다. 아무리 미워도 올림픽 역사상 개막식에서 이랬던 경우가 있나 싶다. 또 무조건 한국의 상대 팀만 응원한 것도 그렇지만 한국과 일본의 야구 경기에서 중국 관중이 일본을 응원한 것은 충격적이었다. 만주 사변과 난징 대학살이라는, 근대 인류사에서 가장 잔혹한 만행을 자신들에게 저지른 일본보다 한국인이 더 미운 존재가 돼버린 것이다.

이제 이를 '혐한' 정도로 이해해서는 안 된다. 집단적 차원에서 이건 증오의 수준이다. 그러자 다급해진 재중한인회가 자정 운동까지 펼치고 있다는 소식을 지난 주 한 신문이 전했다. 앞으로 골프장과 가라오케 등 유흥업소에서의 행동을 조심하자는 것, 그래서 일본인들보다 팁을 더 주고도 욕을 먹는 일이 없어야 한다는 것이다.

백인들과는 어울리지도 않고, 흑인들은 도둑 취급하고, 아시아인은 두들겨 패고, 중국인은 무시하고. 그러면서 우리 스스로 창조해낸 것이 바로 반한 감정이다. 남 탓할 것 없다. 다 우리가 만들어낸 것 아닌가. 그럼 이제 남은 데는 아프리카랑 남미 정도인가. 그곳 사람들은 어떻게 대할까. '원주민' 이라고 원숭이 흉내 내며 놀려대지나 않을까.

세계화는 서로 친하게 지내며 교류하는 것이지 승리하고 무찌르는 게 아니다. 그래서 나도 잘 되고 또 어렵고 급할 때 서로 돕자는 것 아닌가. 세계화하자면서 만날 세계를 상대로 무찌르려는 생각만 해서야 되겠는가.

압축 성장 한국 기독교, 그 끝은 어디?

우리나라엔 불가사의한 괴력을 자랑하는 분야가 몇 있다. 물론 스포츠도 그중 하나지만 그에 버금가는, 어쩌면 능가하는 분야가 바로 기독교다. 1,300만 교인에 1만 6,000명 선교사를 보유한 세계 2위의 선교 국가이고, 80만에 육박하는 신도를 자랑하는 세계 최대의 단일 교회가 있다. 늦은 밤 도심 고가도로를 달리다 보면 사방에서 빛을 발하는 수많은 빨간 십자가들에 포위된 듯하다.

고도성장을 구가한 한국의 경제 못지않게 초고속 성장을 거듭한 기독교는 이제 '장로 대통령 만들기'에 나설 만큼 담대(?)해졌고 또 결국 성공할 만큼 막강해졌다. 그러나 기독교의 이러한 '압축 성장'은 한국 사회의 뒤틀린 자화상이기도 하다.

한국 교회가 외적 성장에 치중하는 가운데 선교는 교세 확장의 핵심이 됐고 그 방식도 다양해졌다. 해외 선교, 오지 선교, 빈민 선교, 도시 선교, 북한 선교가 등장했고, 1990년대 이후에는 지역성보다는 콘텐츠를 중시하는 선교가 새롭게 부각되면서 젊은이들 중심의 CCM Christian Contemporary Music이 주도하는 음악 선교, 그리고 최근에는 스포츠 선교가 새롭게 각광받고 있다. 선교 방식이 분화를 거듭하면서 문화 선교가 그 주축이 된 것이다.

사실 가수가 TV에 나와 열창을 하고는 '하나님 은혜로 무사히 노래 마치게 해주셔서 감사합니다' 그러면서 무대에서 무릎 꿇고 감사 기도를 할 수는 없는 노릇이다. 그러나 운동선수들은 한판 메치고 기도하고(이원희, 장성호), 금메달 따고 기도하고(장미란), 골 넣고 기도하고(박주영, 이영표, 최태욱), 경기 종료 후 대표 팀 전원이 둘러앉아 기도하니(남자 배구) 스포츠 스타는 선교의 효과 면에서 타의 추종을 불허한다. 그래서 세계스포츠선교회는 매년 이 선수들 중 몇몇을 선정해 시상하는데, 박태환, 이원희, 장성호, 장미란 등이 상을 받았다.

규모 있는 스포츠 선교 기관만 해도 할렐루야스포츠재단, 세계스포츠선교회 등이 있고 교단에 따라 스포츠 선교 단체를 두기도 한다. 스포츠는 직접 선교가 힘든 나라에서도 효과적인데, 특히 축구와 태권도가 가장 두각을 나타내고 있다. 우리나라 최초의 프로 팀이 바로 1980년 선교를 목적으로 창단된 할렐루야축구단이다. 베트남에선 성경을 활용해 선교를 하면 영구 추방감인데 베트남 최초의 올림픽 메달이 태권도에서 나왔을 정도로 태권도의 인기가 높아 태권도를 통한 선교가 상당한 성과를 거두고 있다고 한다. 올림픽 금메달리스트인 탁구의 양영자는 선교사인 남편과 함께 몽골에 선교사로 가 탁구와 기독교를 알리고 있다.

한국 기독교의 비약적인 발전 이면엔 그러나 다양하면서도 심각한 문제점들이 자리하기 시작했다. 여러 가지가 있겠지만 그중 먼저 기독교의 배타성을 지적해야 할 것이다. 우리나라에서는 이종異種의 종교를 가진 집안끼리의 혼사에서 유난히 교회 다니는 집안이 문제가 된다. 불교나 천주교를 믿는 부모들은 자식들의 결혼을 위해 양보를 하는 경우가 많은데 기독교 쪽은 며느리건 사위건 결혼하면 교회에 나가는 것을 혼사의 전제 조건으로 거는 경우를 많이 본다. '백기투항' 을 먼저 요구하는 것이다.

또한 지나친 확장성 혹은 과도한 '번식 성향' 이다. 우리에게 기독교를 소개한 미국의 교회는 철저하게 교회가 자리한 지역community에 기반 한다. 이웃끼리의 신앙 공동체다. 일요일 예배를 위해 수원에서 서울까지 차를 달리는 경우도 없고 교회가 프랜차이즈 식당 내듯 이곳저곳에 지교회를 만드는 경우도 없다. 그러나 한국의 교회들은 근거한 지역 사회를 넘어서는 제국주의적(?) 확장을 추구한다.

그리고 지나친 해외 지향성이다. 교인 수, 건물 크기, 최첨단 수준, 지교회 수로 '하나님의 축복' 을 겨루더니 이젠 해외 파송 선교사 수로, 그리고 몇 명을 위험 지역으로 보냈냐로 교세를 과시한다. 어느 정도 규모의 '선교 강군' 을 보유했냐로 교회의 '영성' 을 측정하고 서로의 '기도빨' 을 겨루기 시작한 것이다. 사실상 선교사 '수출 경쟁' 이다. 과거 '수출 역군' 의 시대가 끝나자 '선교 역군' 의 시대가 온 것이다.

한국 기독교의 이러한 배타적이면서도 엘리트주의적이고 또 제국주의적 확장이 결국 일을 내고야 말았다. 2007년 7월, 분당 샘물 교회 청년 신도들이 선교 목적으로 아프가니스탄에 들어갔다가 탈레반에게 피랍되는 바람에 온 나라가 발칵 뒤집혔다. 그 40여 일간 한국 사회는 완전 진공 상태였다. 23명의 기독교인들이 인질이 됐지만 사실상 대한민국이 볼모가 돼 국가적 마비 상태에 빠졌고, 그들의 무모함과 경솔함은 엄청난 사회적 비난을 초래했다. 정부의 노력 덕에 두 명을 제외하고 생환하게 된 그들을 진심으로 환영하긴 했지만 당시 그 사건은 마무리가 난감한, 사실은 고통스런 경험이었다. 어쩌다 그들의 선교 행위가 이렇게 논쟁과 저주에 가까운 비난을 몰고온 걸까.

무엇보다 해당 지역의 문화와 정서를 신중하게 고려하는 서구 국가(이른바 선진국) 대상의 선교와는 달리 아프가니스탄 등 중동의 오지 선교에서 특히 두드러지는 문제는 기독교의 배타적이고도 우월적 자세, 그리고 그들의 공격적이고도 전투적인 선교 방식이다. 특히 해당 지역(인)의 역사와 문화를 무시한다는 점은 심각한 문제다. 칸다하르의 모스크에서 찬송가를 부르고 이를 자랑스러워했다는 이들의 객기는 기가 찰 노릇이다.

한국 교회의 지나친 세계주의와 이로 인한 제국주의적 인식, 그리고 여기에서 비롯된 공격적 선교는 바람직하지 않다. '세계를 상대로 싸워 이겼다' 는 식으로 열광했던 월드컵이나 WBC 야구처럼 마냥 뻗어나가 악(?)을 무찌르고 세계를 구하겠다는 이들의 '사명감' 은 여러 경로로 표출된다. 그리고 이들의 선교는 적어도 개념적으로는 마치 제국 건설을 위한 전쟁의 양상을 띠게 된다.

2006년 독일 월드컵을 앞두고 한 기독교 매체의 방송 내용은 이를 엿보게 한다. 출연자들은 대회에 출전한 '믿는 선수' 들을 통해 (유럽의) 죽어가는 영혼들이 하나님을 알게 되길, 지금 침체되어가는 유럽이 다시 기독교로 부흥하는 계기가 되길 기대하고, 또 현지에 파견된 선교단의 활동을 통해 '유럽이 부흥하는 역사役事를 꿈꾼다' 고 말했다. 도대체 교회 다니는 축구 선수들이 죽어가는 유럽의 영혼들을 어떻게 살린다는 것이고, 도대체 이들이 어떻게 유럽의 기독교 부흥을 이끈다는 것인가. 마치 '세계 정복' 을 목표로 삼은 듯한 기독교의 선교는 예수님의 사랑보다는 선교 그 자체가 목표가 되는 듯하다.

그리고 스포츠를 보도하는 언론의 표현이 군사 용어를 방불케 한다 하여 비판이 있어왔는데 기독교의 선교도 이에 절대 뒤지지 않는다. 기독교 선교에 힘쓰는 이들의 인터뷰나 관련 기사에 등장하는 표현들 중엔 '최전방 지역(혹은 종족)', '타깃으로', '정탐', '선교 무기' 같은 표현도 있다. 교회를 다니며 익히 들어왔던 '개척'이라는 표현도 다소 공세적이라 느끼긴 했지만, '종족'이나 '무기' 같은 단어에선 기독교 선교의 배타적 우월감 그리고 적극성을 넘어선 호전적 태도가 묻어난다.

특히 일부 한국 교회는 해외 선교에서 문화가 이질적이고 체제하기에 위험할수록 '유격대' 식의 선교를 택한다. 그 산물 중 하나가 바로 샘물 교회 피랍자들의 출발 목적인 단기 선교다. 장기 선교사 파송이 어려운 지역에 이들을 보내 개척을 시도하는 것이다.

샘물 교회 피랍자들과 같은 단기 선교 팀을 MIT, 즉 'Mission Impact Team'이라 부른다고 한다. 번역을 하면 '선교 충격 팀' 쯤 되겠지만 mission의 의미 중엔 '군대에서의 특명'도 있다는 점 또한 새삼스럽다. 이렇듯 기독교는 선교에 특수 부대 명칭을 도입할 정도로 군사 문화에 젖어 있다. 사실 단기 선교는 유격전의 종교적 변형이 아닌가 싶고 또 '파송'은 '파병'처럼 느껴지기도 한다.

군함과 총칼을 앞세웠던 초기 제국주의에서 벗어나기 시작하면서 서구 열강은 미개한 나라에 진출할 때면 항상 선교사를 앞세웠다. 선교사들은 식량과 약품 그리고 시계, 나침반처럼 토착민의 호기심을 끌 수 있는 물건들을 가지고 들어가 교류를 트고 다음엔 학교를 세우고 스포츠를 전파했다. 사실 스포츠는 사회의 지배 가치를 전달하고 대중을 근대화시키는 데 최적의 수단이다. 스포츠를 통해 '놀면서'

시간 엄수, 권위에 대한 복종, 규칙 준수를 습득케 하는 것은 교실에서 칠판을 사용해 가르치는 것에 비할 바가 아니었다.

그러면 한 세기 전 우리는 기독교를 어떻게 받아들였나. 근대화에 눈을 뜨면서 지식인들은 서구의 사상과 문물 그리고 교육을 숭상했다. 그리고 그 기반인 기독교에 심취했다. 당시 열이면 아홉에 해당하는 지식인들이 기독교에 빠져들었는데, 특히 윤치호 같은 이는 전통 문화와 특히 유교를 백해무익한 '절대악', '최악의 범죄'로 보았다. 그들은 교육과 함께 기독교가 조선인들을 변화시킬 것이라 보았다. 그리고 우리에게 가장 시급한 것을 체력이라 보았기에 스포츠를 전파하는 데 열심이었다. 마침 이때 많은 선교사들과 YMCA 같은 단체가 열심이었던 것이 바로 야구, 농구, 권투, 육상, 배구 등 스포츠의 보급이었기에 당시 조선의 지식인과 기독교는 서로 상부상조할 수 있었다.

이는 유럽의 지배 하에 있었던 1900년 전후의 아프리카도 마찬가지였다. 아프리카의 지식인들 역시 신문물이 들어오면서 근대적 자유인이 되기 위해 (조선의 지식인들이 일왕에게 충성한 것처럼) 식민 지배 국가의 왕에게 충성하고 지식을 쌓는 한편 교회를 통한 사교와 스포츠에 열심이었다.

이렇듯 우리나라를 포함한 비서구 국가에 기독교가 전파되는 과정은 우선 상호간의 이해와 교류, 그리고 필요에 의해 시작되었다는 점과 '교리'나 '개종'과 같은 신앙의 측면은 최대한 자제한다는 점이 공통된 특징이다. 게다가 지식인, 학교, 그리고 스포츠와 같이 문화적으로나 이데올로기적, 종교적으로 (적어도 외견상) 가치 중립적인 매개물이 작동하며 상당 수준의 완충 기능을 했던 것이다.

그러나 21세기 한국 기독교의 선교는 그야말로 '일방적' 이다. 현지인들이 믿는 절대자를 우상이라며 악마시하고 당장의 '개종' 을 목표로 '승패' 를 가르려는 이들의 독선은 어디에서 비롯된 것인가. '예수천국 불신지옥' 을 외쳐온 오만함의 '해외 버전' 인가. 특히 국내 선교나 '문명국' 선교에는 참으로 다양한 문화를 활용한 문화 선교를 하고 상대방의 정서를 고려해가며 인내심을 가지고 선교하는 반면, 중동 지역 오지에 들어가면서는 어쩜 그렇게 공격적으로, 그들의 문화와 정체성을 무시하는 선교를 하는지 그 이유가 궁금하다.

아무리 문화적으로 그 어떤 접점도 찾기 힘들다 해도, '최전방' 을 '정탐' 하는 방식으로, 그 '종족' 에 '충격' 을 주기 위해 선교에 나서는 것은 그들을 무시하는 것이 아닌가. 혹시 우리가 미국인과 외국인 노동자를 대하는 방식의 차이, 그리고 재미 교포와 조선족을 대하는 방식의 차이가 기독교 선교에도 스며들지는 않았나. 공세적이고도 전투적인 선교 방식에 더해 선교 대상에 대한 배타적, 우월적 태도는 제국주의적 종교관의 단면이다. 이는 또 군사 정권이 우리에게 남긴 유산인 압축 근대의 기독교적 변형인 '압축 선교' 의 그림자 아닌가도 싶다.

그때 억울하게 죽임당한 두 신도에 대한 추모를 넘어 이를 '순교' 라 강조하고 왜곡된 미화를 시도하는 기독교인들도 있었다. 또 당시 피랍자들에게 출국 전 프로그램의 일환(?)으로 유서를 작성케 해 아홉 명이 유서를 작성했다고 한다. 지나친 염려일지 모르나 이러한 행동들이 가미카제를 독려한 일본 군국주의나 자살 폭탄 부추기는 이슬람 근본주의자들의 행태와 과연 얼마나 다를까 싶다.

다양성이 다름으로, 다름이 차별로, 차별이 우열로, 우열이 옳고 그름으로, 옳고 그름이 선과 악으로 진화한다. 악으로 규정되면 정복과 제거의 대상이 된다. 해외 선교에 나서는 우리 기독교의 인식과 태도는 이러한 진화 과정 어디쯤에 자리하고 있을까.

한국형 돈 지랄의 시간차 공격
: 인라인스케이트와 MTB

장면 1. 2003년 어느 날

돈지랄? 이 무슨 소리! 인라인스케이트를 장착하고 저 길고 튼튼한 두 다리, 두 팔을 냉큼 휘저으며 앞으로 앞으로 나아가는 젊은이들에게 도대체 무슨 문제가 있어서. 등에는 책인지 도시락인지 그 무엇을 넣었을 가방이 궁금하지만 어쨌든 매사에 열심일 것만 같은 젊은이들인데.

이들이 장착한 헬멧과 무릎과 팔꿈치 보호대를 보노라면 오랜 세월 우리 어른들이 경시해왔던, 그래서 종종 참담한 결과를 불러왔던 안전(!), 그렇다 안전제일을 되새기게까지 한다. 거기에 스케이트를 신으니 20센티는 더 커 보이고 무언가 특별한 게 있는 듯한 가죽 장갑(면장갑이 아닙니다요)까지 끼고 있으니 한마디로 폼 난다. 이전 세대와는 다른, 새로운 인류人類로 보인다.

외국에서 인라인스케이트를 타는 이런 '신인류'를 보며 부러워했었다. 바로 내가 찾아 헤매던 스포츠다. 좋은 운동이다. 그래서 그런지 우리나라 청소년, 젊은 층에선 들불 번지듯 번지고 있다 한다. 우리 학교 입구에도 얼마 전 약국이 문을 닫더니 며칠의 공사 끝에 '삐까뻔쩍' 한 인라인스케이트 상점이 생겼다.

그 인테리어의 화려함도 군계일학이지만 지나다 보니 종업원 또한 그 옛날 똥밭이었다던 하단동 바닥에서도 유일무이하다. 말하는 걸 보면 우리 동포가 분명한데 오렌지색 머리를 레게 파마로 치렁치렁 땋아 내렸고 얼굴색은 남쪽에서 온 듯 시꺼멓다. 반바지도 긴 바지도 아닌 바지가 색상은 무슨 색동옷 같기도 하고, 웃옷은 그 옛날 우리 아버지 입던 '런닝구' 에 염색 실험한 듯하다. 안팎이 상당히 전위적이고도 그로테스크한 분위기의 가게이다.

어쨌든 이런 새로운 분위기의 신종 스포츠 인라인스케이트는 특히 온라인을 통해 성인층까지 빨아들이며 무서운 기세로 확산해 각종 동호회와 대회가 곳곳에 자리하게 되었다. 이미 인라인 인구는 400만으로 110만 마라톤 인구를 따라잡은 지 오래고, 500만 조깅 인구도 조만간 추월할 기세다.

그런데 인라인스케이트에 대한 이야기를 들을수록 고개를 갸우뚱하게 된다. 우선 겁나게 비싸다. 여가 활동으로도 만만치 않은 비용이지만 청소년들에겐 자체 조달이 불가능한 액수다. 초등학생들은 십 몇 만 원짜리도 사서 신지만 그 이상 연령층을 둘러보니 가장 인기 있는 스케이트가 50만 원쯤 하고 어떤 건 '돈백' 이란다. 부속품도 정기적으로 교체해줘야 하고 처음에 20~30만 원짜리로 시작한 사람도 좀 타게 되면 그 두 배 비싼 스케이트로 교체하게 되는 건 당연한 순서란다. 일단 타기 시작하면 '지름신' 이 강림하고야 마는, 그런 요상한 스포츠다.

도대체 무슨 이유로 이 비싼 인라인스케이트에 사족을 못 쓰는지 궁금하다. 초중고생들과 많은 대학생에게 인라인스케이트는 이미 중차대한 문제가 되었다. 아르바이트로 번, 몇 달치 월급을 등록금 아닌 스케이트에 아낌없이 털어 넣고, 부모한테 사내라고 조르고 또 조른다. 그러다 자포자기에 빠지면 훔칠 생각, 삥 뜯을 생각, 집 나갈 생각에 이르기도 한다. 내 제자 중 하나는 100만 원짜리 스케이트를 카드로 '긋고' 지금 대리운전 하고 있다고 한다. (비밀이란다.)

하긴 우리나라에서 '인기 있는 운동'은 좀 요상한 면이 있긴 있다. 문제 하나. 우리나라에서 입장객 수로 따져 가장 인기 있는 스포츠는? 야구, 축구, 농구? 다 틀렸다. 이들은 4등, 5등, 6등이다. 1등은 골프, 2등은 경마, 3등은 경륜이란다. 한마디로 '돈지랄'이 전제되는 스포츠들이다.

웃기는 건 또 있다. 참여 정부가 골프장 건설을 국책 사업으로 삼더니 이제 거리에 나서면 십자가만큼 많이 보이는 게 골프 연습장이다. 실제로 요즘 탁구나 테니스 하기가 골프 치기보다 어렵다. 폼생폼사의 민족이다. 운동 효과 좋은 팔 굽혀 펴기와 쪼그려 뛰기를 내팽개치고 별 운동도 안 되는 골프에 다 뛰어드니 말이다.

정리해보면 이렇다. 돈지랄 하는 스포츠가 사방에서 활개 치는 상황인데 기본적으로 소비가 전제 조건인 인라인스케이트가 청소년층으로 번진다. 골프가 그렇듯이 과거엔 과시적 소비 지향적 스포츠가 성인층에 국한돼 있었는데 이를 모든 연령층으로 본격적으로 확대시킨 게 인라인스케이트다.

또 청소년에 닿아 있던 거의 유일한 고비용 스포츠인 스키와 스노보드는 겨울 한 철 두메산골에 있는 스키장에서 청소년들을 유혹했지만 인라인스케이트는 사계절 전천후라는 특성을 무기로 일상의 공간에서 청소년들을 유혹한다. 여기저기서 보란 듯 쌩쌩 지나다니니 아이들은 부모를 조르게 되고 부모도 내 새끼 불쌍한 놈 될까봐 결국 비장의 무기, 신용카드를 꺼내게 된다.

같이 (아니면 남들 따라서라도) 소비하지 않으면 왕따 되는 사회. 왕따 안 되려면 카드도 쓰고 '뽄드' 라도 같이 마셔야 하는 사회. '함께 해요~' 하며 서로서로 부추기는 조화로운(?) 사회. 돈 되는 일이라면 재벌 기업도 청소년을 집중 공략하는 사회. 초보자는 초보자용을 타야 한다고 전문가가 그렇게 이르는데도 그놈의 폼 때문에 경기용 사야 하는 사회. 누가 그랬다지. 우리는 몰랐을 때 더 행복했다고. 인간 소외라는 것, 요즘 더 절실하게 느껴진다. 우리가 왜 이렇게 물건에 집착하게 되었는가. 현대 사회에서 인간은 노동이 아닌 소비를 통해 착취당한다는 이야기를 들어보긴 했지만 이제 정말 소비를 위해 존재하는 듯한 우리의 모습은 놀랍기만 하다. 일단 카드로 사놓고 대리운전 알바라는 고된 노동으로 그 빚을 메우려는 내 제자가 바로 그런 모습 아닌가? 좋은 운동, 효과적 운동, 경제적 운동이 뭔지 뻔히 알고 있을 체대 학생조차 그런 비논리적이고 비상식적인 선택을 한 걸 보면 인라인스케이트는 사실 운동의 측면에서보다는 유행과 패션과 집착과 소비의 측면에서 조망돼야 하지 않을까.

필자도 이 마당에 고백한다. 작년 연말 아들놈이 다니는 어린이집 재롱 잔치에 갔다. 캠코더 아닌 카메라 가져간 부모도 몇 안 됐지만 필름 카메라에 눈 갖다 붙이고 찍는 사람은 아예 나밖에 없었다. 쪽팔리기도 하고 애한테 미안하기도 했다. '혹시 내가 능력 없는 애비는 아닐까?'

이후 몇 달을 고민했다. 혹시 이놈 나중에 "아버지, 왜 난 어릴 적 동영상이 없어요?" 따지듯 물어보면 어쩌지? 결국 여름휴가 때 멋지게 찍어주고 싶어 캠코더 하나 샀다. 이것도 애비 노릇이라 굳게 믿으면서. 물론 카드를 내밀었다. "12개월은 안 되요?" 하는 질문과 함께. 나 지금 카드 메우기에 여념이 없다. 이번에도 상술에 넘어간 것 같다는 의구심과 이로 인한 꿀꿀함은 덤이다.

장면 2. 2007년 어느 날

근자에 보니 인라인스케이트가 주춤하고 있다. 60대 할아버지들까지 포섭해 손자뻘 젊은이들과 그 빤짝빤짝한 엉덩이들을 줄지어 달리게 했던 인라인의 시대가 저무는 듯하다. 더 '센 놈'이 등장했다. 바로 산악자전거. 영어로 해야 제맛이다. 이름하야 MTB. 마운틴 바이크mountain bike의 준말이다. 현재 동호인 수만 200만이란다.

사실 자전거엔 종류가 많다. 일반 생활 자전거에서부터 어린이용 자전거, 사이클, 폴딩형(접이식) 자전거, 바퀴 20인치 이하의 미니 벨로, 그리고 화물용 자전거까지. 자출족(자전거 출퇴근족) 중엔 30~40만 원짜리 접이식이나 미니 벨로를 타는 이들도 있지만 요즘 새로이 자전거에 빠져드는 성인들은 압도적으로 MTB를 구매하고 있다.

인라인과 MTB는 격이 다르다. 인라인은 부모에게 땡깡 부려 쟁취할 수도 있고 아무리 불쌍한 '88만 원 세대'라도 편의점 알바나 대리운전 하며 할부로 살 수 있었다. 그러나 MTB는 차원이 다르다. 초보자용이 30~40만 원이라고 어느 신문 기사에 나와 있지만 여러분은 잘 알 것이다. '폼생폼사'의 우리 민족은 초보자용 안 산다는 것을.

MTB를 선택하는 초보자 상당수는 50만 원 이상에서부터 시작한다. 온라인 공간에서 초보자들이 "뭐 살까요~" 물어보면 대부분 60~70만 원짜리나 100만 원 안팎의 것들을 추천한다. 특히 자전거 사러 갔을 때 판매자가 툭 던진 한 마디는 듣는 이의 자존심을 스을~쩍 건드리며 이성을 마비시킨다. "아무래도 좀 타시면 바꾸고 싶어져요."

이 동네에서는 100~200만 원짜리 MTB를 '중저가' 상품으로 친다. MTB 시작한 지 몇 년 되거나 용돈 좀 쓰는 사람들은 300만 원 이상의 제품을 타고 다닌다. 1,000만 원짜리도 있단다. 그래서 점차 인라인 시장은 아이들만 남고 돈 좀 버는 어른들은 요즘 대부분 MTB로 방향 전환을 하고 있다. 한 동호인이 블로그에 올린 글이다. 자기네 팀의 MTB 가격을 가르쳐주겠다면서. (누가 물어봤나.)

> 회장님 400만 원, 고딩들 50~200만 원, 젊은 사람들 300만 원선, 그리고 마지막으로 내 MTB는 싸게 맞추려고 일일이 부품 하나하나 사다가 내가 조립했다. 부품 가격은 250만 원 들었다. 물론 캐나다에 있던 동생 녀석이 액세서리는 다 부쳐주어서 그나마 적게 들어간 돈이다.

그럼에도 그 많은 사람이, 이제 처음으로 자전거에 '입문'하겠다는 이들까지 이 비싼 MTB를 찾는 이유는 무엇일까. 우선 MTB의 급성장은 현대인의 과시욕과 장삿속이 완벽하게 결합하는 지점에서 출발한다. 인라인도 그렇긴 했지만 MTB는 인라인에 비할 바가 아니다. 자전거 자체도 비싸지만 자전거를 산 이후에도 돈 쓸 게 줄줄이 사탕이요, 비엔나소시지다.

헬멧과 장갑으로 끝나는 게 아니다. 그 외에도 MTB 필수품 리스트는 그 옛날 코미디언 구봉서와 서영춘이 읊었던 긴 이름 '김 수한무 거북이와 두루미……' 만큼 길다. 상의, 하의, 고글, 신발, 두건, 전조등, 후면등, 방풍 재킷, 전용 페달, 체인 링크, 무릎 보호대, 타이어 패치, 휴대용 펌프, 팔꿈치 보호대, 디지털 속도계, 휴대용 수리 공구 세트……. 이 모두 수만, 수십만 원짜리다. 또 안장뿐 아니라 안장 커버, 쇼크 업소버, 바 엔드, 그립 등 멀쩡한 물건도 업그레이드한다. 아! 타이어도 맘에 안 들면 업그레이드한다. 100만 원이 넘어간단다. MTB에 배 나온 몸을 싣고 길을 나선 저들을 보라. 한마디로 '투르 드 프랑스' 다.

구두를 사고 나면 구두 닦는 값이 더 들어가기도 하지만 이런 불가피함과는 다르게 MTB인들에겐 끊임없이 '지름신' 이 강림하신다. 결국 자전거를 돈으로 바른다. 가지고 있는 인라인 헬멧을 써도 무방하지만 그것 쓴 사람 찾기 어렵다. 아무리 급하다고 목장갑 끼고 나설 수는 없지 않은가. 이 동네는 '격' 을 지켜야 하는 동네다. '싼 자전거' 타고 나갔다 느껴진 냉담함 때문에 동호회를 나왔다고 한 누리꾼이 토로하기도 했다. 그래도 어쩌겠는가. 골프백 둘러메고 버스 타는 사람 봤는가.

역시 그래서인가. 모든 MTB 동호회에는 업자(?)들이 들어가 있다. 아예 MTB 전문 숍에서 만든 동호회도 있는데 이들은 한 번 팔고 나면 다시 보기 힘든 고객보다는 MTB 고객처럼 자신을 계속 찾아올 수밖에 없는 고객을 원한다. 의류나 액세서리 값이 웬만한 자전거 값 못지않기 때문이다. 물론 MTB인들도 이들이 필요하다. 자신의 과시욕을 채워줄 장난감들의 공급원이고 MTB를 몰고 씽씽 달릴 장소를 소개해줄 뿐 아니라 격에 맞는 다른 MTB인들을 소개해주는 통로이기 때문이다.

'베블런 이펙트' 라는 게 있다. 가격이 상승하는데도 오히려 소비를 자극하고 그 수요가 증가하는 현상이다. 상층 계급의 과시적 소비를 설명하는 이 개념에 따르면 가진 자들의 돈지랄(?)은 그들의 사회적 지위를 과시하기 위해 자각(개념?) 없이 행해진다는, 뭐 그런 거다. 만약 솔스타인 베블런Thorstein Veblen이 한국 사회를 목격했다면 그의 명저 『한가한 무리들The Theory of the Leisure Class』의 한국판만큼은 다시 썼을 것이다. 19세기 말 미국보다 한술 더 뜨는 한국의 과시적 소비주의를 그가 그냥 보고 지나쳤을 리 없기 때문이다. 더 재미있는 건 유한계급이야 그들 능력대로 자신의 지위를 증명하고 과시하기 위해 소비한다지만 그 축에 끼지도 못하는 사람들까지도 거기에 끼어보려 열심히 따라 한다는 거다. 부자도 아니면서 카드로 빚내가며 쇼핑하고, 안 되는 형편에 계까지 들어가며 명품 찾는 사람들…….

한참 문제가 됐던 수입 외제차의 가격 거품을 보라. 우리가 전 세계에서 가장 비싸게 구입한다고 한다. 왜 그렇게 비싸게 팔까? 우리나라 사람들은 '싸면 안 산다' 지 않는가. 미국에서 공부할 때 갭GAP이란 브랜드의 옷을 사 입었다. 지금 이 순간도 그때 샀던 다 헤진 '갭' 셔츠를 입고 자판을 두드리고 있다. 저렴한데다 디자인과 때깔도 좋아 미국 젊은이들에게 인기 있는 브랜드다. 그런 '갭' 이 한국에 처음으로 진출했다가 곧 망해서 철수한 적이 있단다. 왜? 싸서 안 산단다. 하여간 우리나라에서 좀 산다 하는 사람들 상대로 장사하려면 싸도 안 되고, 실속 있어도 안 된다. 그건 두루마리 휴지, 양말, 내복, 볼펜 정도에만 해당된다. 일단 비싸야 한다.

그리고 멀쩡해도 바꿔야 한다. 있어도 빚을 내서라도 또 사야 한다. 수업 시간에 학생들한테 물어본다. 지금 휴대 전화가 몇 번째 거냐고. 대부분 일 년에 한 번 꼴로 바꾼단다. 무슨 스파이라도 되는가.

결국엔 다 똑같은 전화일 뿐인데 왜들 이렇게 자주 바꿀까. 16화음, 40화음, MP3, 인터넷, 카메라, 동영상, 영상 통화 등 '본질'과는 상관없는 기능을 덕지덕지 갖다 붙여 신상품이라고 내놓더니 그것도 모자라 김태희폰, 이효리폰, 초콜릿폰, 프라다폰, 김연아폰 등 디자인만 살짝 바꾼 것을 신상품이라고 내놓는다. 우리는 이를 사야 한다. 친구들 앞에서 폼 한 번 잡으려면 새 폰 들고 학교 가야 한다. 왕따 안 당하려면 새 폰 들고 가야 한다. 할부로 사든, 아빠 지갑에서 돈을 빼내서 사든, 저 광고에 나오는 저 폰을 나는 사야 한다. 이제 소비는 '본능'이다. 멀쩡한 폰이 버림받는 세상이다. 여러분은 들어 본 적 없는가. "거, 핸드폰 좀 바꿔."

우리는 정말 건강하기 위해 스포츠를 즐기는 것일까. 과시하기 위해 건강을 추구하는 것 아닌가. 골프도 그렇지만 MTB도 사실상 부의 과시 아닐까. 또 '젊음'의 과시 아닐까. 건강도 젊음도 모두 과시욕의 한 방편일 뿐이다. 건강과 젊음을 위해 할 수 있는 좋은 운동은 사방에 널려 있다. 자전거의 종류와 가격도 다양하다. 그러나 사람들은 일단 비싼 걸로, 아니 비쌀 수밖에 없는 걸로 선택한다.

지지리도 못 살았던 과거에 대한 복수 아닌가 싶다. 우리가 과시욕에 투철한 이유는 '복수심'에 불타기 때문이다. 옛날 우리 부모들은 '내 새끼한테만큼은 절대로 이 지긋지긋한 가난을 물려주지 말아야지' 하며 배를 주리면서도 말없이 일했다. 이제 그 새끼들인 우리는 이를 '증명'하기 위해 이 땅에 태어났다. 노동시간엔 증명 못한다. 노는 시간에 증명해야 한다. 소비로 증명해야 한다. '나는 못 살지 않는다'는 걸 증명하고 '너와는 다르다'는 걸 증명하는 것, 이것은 우리의 절대 사명이다. 존재의 이유다.

명품 도시에 서민은 없다

몇 년 전 유럽에 갔다가 오스트리아의 빈을 둘러본 적이 있다. 그런데 한 박물관을 둘러보던 중 문득 이 많은 '역사 유물' 들이 사실은 채 백 년도 되지 않았다는 점을 알게 됐다. 물론 합스부르크가家의 영광을 엿볼 수 있는 오래된 유물도 있었지만 20세기 초반에서 2차 대전 당시까지의 유물이 가장 많았던 듯하다. 이렇듯 50년 밖에(?) 안 된 것도 소중한 역사 유산이 되고 문화 자원이 될 수 있는 것이다. 이런 고물(?) 보겠다고 세계 각국에서 관광객들이 물밀듯 몰려드는 것이다.

옛것은 다소의 불편함과 손해가 따르더라도 끝끝내 지켜내야만 한다. 우리는 캄보디아에 앙코르와트를 보러 가고 인도와 이집트에 타지마할, 피라미드 같은 역사 유적을 보러 가지 무슨 '삘딩' 이나 무슨 '쎈터' 보러 가는 게 아니다. 그런데 우리는 항상 '현대식' 으로 승부하려 한다. 만날 오천 년 역사를 떠들면서 옛 것을 싫어하고 창피해 한다. 결벽증이고 콤플렉스다.

특히 옛것이 '개발' 을 가로막는다는, 그래서 역사 유적을 무슨 '장애물' 보듯 하는 발상은 참으로 기가 막히다. 그러니 허구한 날

'항일 정신', '독립 정신'을 떠들어대다가도 고가 도로 놔야 된다니까 독립문을 당장 길 옆 귀퉁이로 밀어내지 않았던가. 그래도 이 정도 '위치 이동'은 애교다.

참여 정부 말이었는데 행정 중심 복합 도시의 자문 위원으로 그곳 건설청 공무원의 발표를 접할 기회가 있었다. 그런데 행정 도시 건설에서의 강점, 약점, 기회, 위협 요인을 파악하는 이른바 SWOT 분석Strength, Weakness, Opportunity, Threat에서 그 공무원이 지역 내 역사 유적을 약점Weakness으로 분류한 것을 보고 아연실색한 적이 있다. 이 땅의 개발주의는 공무원 사회까지 지배하고 있는 것이다.

2004년 부산에선 영도 다리를 놓고 논란이 있었다. 과거 중앙동에 있던 부산 시청이 옮겨가고 그 터에 100층이 넘는 롯데월드를 지으려는데 그 터 바로 옆에 있는 영도 다리가 '영~ 거치적거리는' 것이었다.

일제 치하인 1934년에 준공된 영도 다리는 배가 지나갈 때면 상판이 들리는 우리나라 유일의 도개식 교량이었다. 이 모습을 보러 전국에서 사람들이 몰려오곤 했다. 특히 영도 다리는 한국 전쟁 당시 생활고에 지친 피난민들이 달을 보며 망향의 눈물을 흘리던 곳이었고 이산의 아픔을 이기지 못한 실향민들이 투신자살하는 단골 장소로 선택(?)되는 바람에 경찰이 다리 밑에서 보트를 타고 대기하기까지 했다 한다.

피난 와 부산 지리를 모르는 이들은 "영도 다리에서 만나자"고 약속하는 만남의 장소이기도 했다. 영도 다리는 부산의 예스러움을 간직한 몇 안 되는 곳일 뿐 아니라 부산의 상징이자 정신이다. 서울서는 '한강 가서 빠져 죽어라' 하지만 부산서는 '영도 다리에 가서 빠져 죽어라' 한다. 1992년 대선 당시 그 유명한 초원 복국집 도청 사건 때도 그 자리에 모였던 부산 지역 기관장들이 다짐했던 것이 바로 "이번에 YS 당선 못 시키면 모두 영도 다리에서 빠져 죽자" 아니었나.

그런데 2004년 바로 이 70년 된 영도 다리를 철거하자며 가장 앞장섰던 이들은 과연 누구였을까? 맙소사, 부산시 공무원들이었다. 당시 부산시는 보수하면 된다는 학계의 의견조차 무시하고 밀어붙였다. 결국 시민 단체와 반대 여론에 밀려 확장 복원하는 쪽으로 결론을 내긴 했지만 말이다. 그때 시에서 무지막지하게 밀어붙이며 그 장점만을 홍보하는 바람에 이를 믿었던 시민들도 있었지만 지금은 당시 철거에 찬성했던 시민들조차 복원 결정을 다행스럽게 여기고 있다.

작금의 동대문 운동장 철거 논란과 관련하여 다양한 의견들이 오가고 있다. 지난주 모 교수는 한 신문에 기고한 글에서 "동대문 운동장은 일제가 왕세자 결혼을 계기로 조성한 다소 불온한 의미를 갖고 있다"며 철거를 주장했다. 그러나 역사는 입맛 따라 골라서 보존하는 게 아니다. 독일은 치욕스런 홀로코스트의 기억을 지우지 않기 위해 기념관까지 만들었고, 중국은 수치스런 난징 대학살의 기억을 간직하고자 추모관을 지었다. 하물며 '다소 불온하다'고 해서 있는 유적조차 없애야 한다는 주장은 '몰역사'를 넘어 비판받아 마땅한 '반역사'적 인식이다.

동대문 운동장은 1925년 일제가 경성 운동장이라는 이름으로 조선시대 옛 훈련원 자리에 지은 근대 초기의 건축물이다. 이 경기장은 당시 아시아에서 일본의 고시엔 경기장 다음으로 큰 경기장으로 경평 축구가 열릴 때면 2만 관중이 몰려 일본 경찰을 긴장케 하기도 했다. 해방 이후에는 찬탁과 반탁 집회가 열렸던 대표적 군중집회 장소이기도 했고, 백범 김구와 몽양 여운형의 장례식이 치러지기도 했다. 박스컵 축구와 고교 야구에 대해선 더 이상 말을 꺼낼 필요가 없을 것이다.

비슷한 시기 지었던 조선 총독부와 화신 백화점은 이미 헐렸고, 서울 시청도 곧 헐릴 운명이다. 그런데 동대문 운동장이 헐린다는 소식이 더욱 안타까운 것은 이 철거가 사실상 서울시의 도심 재개발을 위한 땅장사라는 점 때문이다. 총독부였던 중앙청은 민족의 수치를 없애자던 당시 나라님의 '몰역사적' 고집 때문이었지만, 지금 동대문 운동장 철거는 역사를 돈벌이만도 못한 것으로 여기는 오세훈 시장의 천박한 '반역사적' 인식 때문이다.

사실 '역사 철거'의 측면에서 오 시장은 대단히 공격적이다. 서울 도심 재개발을 위해 역사 유적인 동대문 운동장을 헐고 그 대체 구장을 짓기 위해 서울시의 수도水道 100년사를 간직한 또 다른 역사 유적인 구의 정수장을 헐려 했던 것이다. 두 곳의 역사 유적을 '한 방'에 날려버리겠다는 참으로 '깜찍한' 발상이다.

그 교수의 문제 제기 중 또 하나 못내 불편한 것이 있다. 그것은 그가 동대문 운동장 내 풍물 시장의 상인들을 '이익 집단' 운운했다는 점이다. 이 상인들은 세계적 풍물 시장으로 만들어주겠다는 이명박 전 시장의 약속만 믿고 청계천에서 옮겨왔다가 몇 년 지나지도 않아 이번엔 '명품' 좋아하는 오 시장이 또 쫓아내려 하니까 문제 제기를 하는 것이다. 그런데 이들을 두고 이익 집단이라니. 2007년 11월 13일 마지막 대회가 끝나고 철거에 들어가면 생계도 막막한 판국인 그런 사람들이 이익 집단이라니. '이익 집단'이란 단어는 아무데나

본격적인 공사가 시작되기 전 철거 중인 동대문운동장의 모습(사진 위)과 자하 하디드의 설계안으로 새로 세워질 건물의 설계 조감도(사진 아래).

가져다 붙일 게 아니다. 진짜 이익 집단은 위정자들에게 속고 또 속는 서러운 서민들이 아니라 도심 재개발로 얻을 '이익'을 놓고 계산기를 두드리며 서울시의 정책 결정권자들을 힘껏 응원하고 있을 개발업자, 건설회사, 투기꾼 들이다.

'서민 무시' 외에 또 다른 문제는 '체육인 깔보기'다. 대체 구장으로 계획했던 구의 정수장 확보가 결국 어려워지자 서울시는 대체 구장 완공 때까지 구의 정수장 일부를 모래로 덮어 임시 경기장으로 쓰라는 희한한 제안을 했는데 알고 보니 관중석은 400명 규모란다. 또 주차 공간은 10대도 안 된단다. 고교 야구 결승전 때면 만 명은 족히 모여드는데 말이다. 시 관계자는 대중교통을 이용하면 되지 않냐고 했단다. 나도 패러디 한번 해보겠다. "니가 타라. 대중교통."

애초에 서울시가 약속했던 구의 정수장, 신월 정수장 등 일곱 개 대체 구장 중 현재 공사가 제대로 진행 중인 곳은 하나도 없다. 이제 보니 서울시는 대책도 없이 야구인들을 몰아내기에만 바빴던 것이다. 감히 한마디 하건데 동대문 운동장은 일단 헐리기 시작하면 되돌릴 수 없음과 동시에 야구인들은 갈 곳 없는 낙동강 오리알 신세가 될 것임이 분명하다.

그 교수는 자하 하디드의 설계안이 역사적 기억의 보존과 도시 공간의 효율적 재편이라는 두 마리의 토끼를 잡은 것이라 주장한다. 그러나 동대문 운동장의 기억을 완전히 지워버린 하디드의 설계안이 역사를 잘 보존한다는 의견엔 어리둥절할 뿐이다. 그리고 주변과의 타협 없이 치솟은 쇼핑 타워들과 인근의 낡고 오래되고 번잡스러운 저층 빌딩들이 둘러싸고 있는 곳에 비집고 들어간 듯한 이 건축물은 주변과 잘 어울릴 것 같지도 않다.

여유 공간도 없이 스스로만을 위해 존재하는 듯한 이 건축물은 주변과 조화를 이루지도, 양보하지도, 타협하지도 않을 건물이다. 세계적 스타 건축가라는 자하 하디드의 이 작품은 한국적이지도, 서울적이지도, 동대문적이지도 않다. 이것마저 '포스트모던'이라 우기면 할 말 없지만. 명품이라면 정신 못 차리고 사족을 못 쓰는 우리의 모습을 보는 듯하다.

서울시는 철거 이유 중 하나로 '공간의 효율적 재편'을 든다. 그러나 구조 조정이 사실은 대량 해고의 가면이듯 공간 재구성도 도심 재개발의 진면목인 서민의 희생을 가리고 있다. 관광객 유치를 위해 서울을 '명품 도시'로 변모시키려는 오 시장의 계획에서 혹시 서울의 서민들은 외국인 관광객들에게 보이기엔 '창피한' 존재들 아닌가. 그가 2009년까지 서울 시내의 가판, 구두 수선대, 교통 카드 판매대도 '도시 미화'를 위해 없애자고 한 것도 혹시 그 때문인 건 아닌가.

문득 5공화국이 생각난다. 당시 독재 정권은 대책 없이 1988년 올림픽을 치르겠다고 나서고는 그 '재원 마련'을 위해, 그리고 '환경 미화'를 위해 상계동, 목동, 신정동을 철거로 밀어버리고 주민들을 내몰았다. 서울의 변두리로, 아예 서울 밖으로 쫓겨나 올림픽이 끝날 때까지 토굴을 파고 땅속으로 들어가 살아야만 했던 이들도 있다. 지금과 비교해보면 돌아가는 모양새가 참으로 비슷해 보인다. '개발'을 위해, '외국인'을 위해…….

서울시는 누구를 위해 존재하는가. 시민인가 외국인인가. '명품 도시'엔 서민을 위한 공간은 존재하지 않는가. '명품 도시', 이제 보니 여럿 잡는다.

서울 공화국에 전쟁을 선포하라!

자식 중에서도 가장 골치 아픈 자식이 이런 자식 아닌가 싶다. 장남이라는 자식이 힘 빠진 부모를 졸라 받아낸 사업 자금을 다 날려버리고는 또다시 찾아와 이번엔 동생들 몫까지 뜯어가려고 한다. 내가 집안을 일으켜 세우겠다, 이번엔 정말 된다, 내가 잘돼야 집안이 잘되는 것 아니냐면서 말이다. 이게 잘 통하지 않자 끝내는 '내가 제사 모시지 않느냐' 는 협박 아닌 협박으로 부모를 못살게 굴고 '나중에 다 돌려준다' 며 동생들을 윽박질러 형제들 몫까지 가져가버린다.

지금 서울이 하는 짓이 딱 이런 짓이다. 과거 우리는 힘든 시절을 보냈지만 우리 민족이 일어서는 길이라 여기고 서울을 부잣집 맏아들 부럽지 않게 키워줬다. 우리는 '국가 발전' 을 믿었다. 1980년대 이후 한국을 세계에 알리는 기회다, 선진국이 되는 지름길이다 해서 미스 유니버스 대회, IPU 총회, IMF 총회를 뒷바라지했다. 온 국민이 헐떡이는데도 '선진 조국 창조' 를 위해 꼭 필요한 것이라 해서 아시안 게임, 올림픽을 젖 먹던 힘까지 보태 치러냈다. 이렇게 해서 대한민국에는 '서울 공화국' 이라는 공룡이 탄생하게 된 것이다.

그렇다면 '국가 발전'을 위해 우리 지방인들이 양보하며 키워준 서울은 그래서 '세계적 경쟁력'을 가진 도시가 됐는가. 몇 년 전 학회 참석차 독일에 갈 기회가 있었다. 심심한 호텔방에서 무료함을 달래느라 CNN의 일기 예보까지 꽤 집중(?)해서 보게 되었는데 문득 나의 눈을 의심하게 되었다. 세계 각국 도시의 일기 예보가 줄줄이 화면 위로 올라가는데, 거기에 서울은 없었다. 우리가 한 수 아래로 여기고 코웃음 치던 아시아와 아프리카 국가들의 도시도 한둘씩 올라가는데 '세계적'이라 믿어왔던 우리의 서울은 없었다.

또 그렇다면 수도권이 30년 넘게 독식하며 잘 살게 되니 지방도 덩달아 잘살게 됐는가. 천만의 말씀이다. 1960년대 20%에 불과하던 수도권 인구는 지금은 무려 50%에 이르렀고, 부는 완전 수도권의 싹쓸이다. 수도권은 경제, 사회, 정치, 문화의 90%를 독식할 뿐 아니라 일자리도 독식한다. 2000년 이후 지방에서 새로 창출된 일자리는 40만에 불과한데 같은 기간 수도권에서는 1,181만 명의 취업자가 늘었다고 한다. 내가 사는 부산은 오히려 3만 명 줄어들었다.

특히 2008년 엄습한 경제 불황은 지방을 먼저 강타했다. IMF 때도 끄떡없던 석유 산업의 메카 여수가 공장 가동 중단과 감산에 들어가 불 꺼진 도시가 되고 있고, 한때 국내 최고 부자 도시라던 구미도 공장 가동률이 78.9%로 떨어졌다. 부산의 제조 · 도소매 부도 업체는 2008년 9월 15개 기업에서 11월 40개 기업으로 급증했다. 이렇다 보니 지방의 자영업까지 문을 닫고 있다. 한국음식업 광주지회 1만 3,500여 개의 회원 업소 가운데 올 들어 지난달까지 3,500곳이 휴 · 폐업했다.

그러면 정부는 이제 어려움에 직면한 지방을 먹여 살릴 생각을 하는가. 천만의 말씀이다. 지방의 어려움에 대해선 '쌩 까는' 정도가 아니라 도리어 지방이 가진 것마저 뺏어가려 하고 있다. 이제까지 우리 지방이 서울을 형님, 오빠 대접하며 참고 살았지만 이젠 '서울 형님'과 선을 그어야 할 때가 됐다. '세계적'이 되겠다며 집안 돈을 쓸어 가더니 세계엔 명함도 못 내밀고 다시 집으로 와 동생들 것 뺏어서 자기 곳간만 채우는 이 못나고 무능한 장남에게 더 이상 뺏길 수는 없다. 이젠 몽둥이라도 들고 우리 집 대문을 지켜야 한다.

그러나 이명박 정부는 위기에 몰리자 서울과 수도권의 여론 주도층을 달래기 위해 또다시 지방의 일방적인 희생을 강요하고 있다. 지방에서 퍼서 서울과 수도권에 안겨주는 것이다. 이명박 정부의 재벌, 감세, 교육 관련 '부자 정책'들은 사실상 서울 내지는 수도권 사람들을 위한 정책이다. 재벌이 서울에 살고 있고 종부세 대상자의 94%가 수도권에 몰려 있다는 사실만 봐도 그렇다. 수도권 규제 완화를 '중앙 대 지방'의 이분법적 대결 구도로 보지 말라고 그런다. 국가 발전을 생각하라고 그런다. 이는 철저하게 '장남의 시각'이면서 동시에 '가해자의 시각'이다.

국가란 무엇인가. 어떤 이들은 국가란 지배 계급의 지배와 권력의 영속화를 위한 도구라고 했다. 국가를 좀 더 긍정적으로 본 학자도 있다. 예를 들어 프랑스의 피에르 부르디외는 비록 국가가 모든 문제의 해결책은 될 수 없지만 부자와 빈자의 수입을 합리적으로 재분배하고 공익과 공공 서비스 분야의 기능과 과정을 통제할 수단이라고 했다.

그렇다면 지금 대한민국이라는 국가는 어느 쪽에 가까운가. 요리 보고 조리 보고 아무리 들여다봐도 전자 아니겠는가. 지금 이 '국가'는 '강부자 정권', '1% 정부'를 향해 어린아이 개한테 쫓기듯 발바닥

땀나게 뛰고 있는 것이다. 그런데 바로 이 '강부자'와 '1%'는 누구인가. 강부자는 강남 사람이요, 1%는 서울 사람들이다.

우리는 '인식'하면서 '오인'한다. 알고는 있는데 잘못 알고 있다는 것이다. 예를 들어 재벌에 대한 우리의 인식이 이러한 착각에 해당한다. 우리는 재벌이 우리를 먹고살게 해준다고 생각하지만 전혀 그렇지 않다. IMF 이후 이들은 오히려 떼돈을 벌었다. 지난해 10대 재벌의 현금성 자산은 33조 5,000억으로 전년보다 21%나 늘었다. 그러나 이들은 해외 투자, 인수 합병에만 골몰할 뿐 국내 투자나 고용에서는 눈을 돌려버린다.

또 다른 대표적 착각은 우리가 뽑은 일꾼들이 '우리를 위해' 열심히 일할 것이라는 생각이다. 국회 의원들은 선거 기간 한 달 동안 자신의 '나와바리'에서 열심히 허리 운동, 팔 운동을 한다. 우리들의 '머슴'이 되겠다면서. 그런데 정작 의원 만들어서 서울 보내놓으면 나머지 3년 11개월간 지역엔 군림하면서 서울서는 '딴 짓'을 한다. 최근 부산에 지역구를 둔 4선 김무성 의원은 부산시 관계자들에게 공개적으로 면박까지 주면서 "수도권 규제 완화에 찬성한다"고 했다. 지역에 와서 그런 소리를 할 정도면 우리는 결국 '서울 공화국'의 '충복' 정도가 아니라 '주구'를 뽑아놓은 꼴이다.

다시 국가에 대해 이야기해보자. 21세기 들어 우리 지역인들이 꿈에서라도 착각하지 말아야 할 것은 바로 국가 발전에 대한 환상이다. '국가 발전'이란 수사는 언제 등장하는가. 국가가 국민을 닦달할 때, 서민과 중산층에게 고통 분담을 강요할 때 주로 등장한다. 최근엔 감옥행의 위기에 처한 재벌 총수들이 읍소할 때도 '국가 발전에 기여' 운운한다. 그런데 최근 '국가 발전'의 새로운 용도가 나타났다. 바로 지역에 희생을 강요할 때, 즉 국토 균형 발전을 폐기하고 수도권 규제 완화를 밀어붙일 때 국가 발전을 앞세우는 것이다.

중앙 정부와 재벌, 그리고 여기에 (우리 지방인들이 뽑은!) 국회 의원들까지 합세해 '지방 죽이기'에 나섰다. '대한민국'의 발전을 목적으로 한다면 상식적으로나 객관적으로나 균형 발전이 정답일 터이다. 그러나 정부, 재벌, 정치인이 형성한 삼각 동맹은 수도권에 집중 투자 하면 그 이익이 지방에까지 흘러 내려간다는 이른바 '트리클 다운trickle down 효과'를 강변하며 밀어붙이고 있다. 지방은 일단 희생하고 수도권 잘되면 떡고물 나눠주겠다는 얘기다. 그럼 우리는 '비나이다, 비나이다' 서울 잘되기 바라는 기도나 하고 있으란 말인가.

국가 발전은 속임수다. 저들이 이야기하는 국가란 영토적 개념에 근거한 '대한민국'이 아니다. '국가란 지배 계급의 지배와 권력의 영속화를 위한 도구'일 뿐이라는 이야기가 작금의 상황에 여지없이 들어맞기에 더욱 그러하다. 그들은 '부자 프렌들리'한 세제 개편을 폭탄처럼 투하하고 1%에 불과한 계급의 재생산을 위한 국제중 설립과 사교육을 조장하는 것도 모자라 우리 지방까지 자신들의 번영을 위한 제물로 삼으려 하고 있다. '국가 발전'을 떠들고 '상생'을 주장하는 사람들, 다 서울 사람 아니면 서울에 빌붙어 사는 사람들이다. 상생, 웃기고 계신다. 제로섬 게임만 남았을 뿐이다. 한국 사회 '중앙 대 지방'의 문제는 그래서 계급의 문제로 환원될 수밖에 없는 것이다.

수도권 우선 정책의 결정타가 바로 종합 부동산세 폐지다. 종부세는 노무현 정부가 지역 간 격차가 '지역의 계급화'로 악화되는 문제를 시정하기 위해 헌법만큼 고치기 어렵게 만든 정책이었다. 그러나

'국가 기관' 헌재의 결정 '한 방'으로 인해 종부세 대상자의 94%를 차지하는 수도권 거주자들이 만세를 부르고 지방은 초상집이 됐다. 부실 펀드에 눈물짓는 개미 투자자들이 산더미 같은 이때 이 수도권 특권층은 원금에 이자까지 받는 최고의 금융 상품을 선물 받은 꼴이고 지방은 당장 내년 1조 5,000억, 부산만 1,230억 원이 날아간 것이다. 그뿐 아니라 그 손실은 이제 지역의 서민, 중산층이 메워야 할 판이다.

중추적인 국가 기관임에도 불구하고 특권층의 사수대로 전락한 헌재의 '불륜'은 사실 이게 처음이 아니다. 2004년 역시 노무현 정부가 강력한 의지를 갖고 추진했던 신행정수도건설특별법도 결국 헌재가 위헌 결정을 내리면서 주저앉았다. 이전까지 듣도 보도 못했던, 그리고 현직 판사들조차 아리송해 하는 '관습 헌법'이라는 법리를 끄집어내 국가 균형 발전의 싹을 싹둑 잘라버린 것이다. 역시 서울은 정권보다 세다.

종부세 무력화의 과정도 들여다보면 참으로 고약하다. 강만수 장관이 야인 시절 종부세 때문에 고생했던 '개인적 경험'으로 인해 발동이 걸리더니 결국 9명 중 8명이 종부세 대상자인 헌법 재판관들에 의해 '시체'가 됐다. 당연히 그 최대 수혜자는 바로 현 정부의 실세들로 고위 공직자 105명 가운데 무려 75명이 그 혜택을 받는단다. 서울 특권층의 개인적 경험에 의해 정책이 추진되고, 이를 특권층이 결정하며, 그 혜택은 수도권 특권층이 받게 되는데, 정작 그 뒷감당은 지방이 해야 하는 빛나는 입법 사례다. '부자 프렌들리' 정책의 본질은 곧 '서울 프렌들리'인 것이다.

강준만 교수의 2008년 저서 『지방은 식민지다』의 제목이 좀 과장

됐다고 생각하는 분들, 이제 다시 생각하시라. 신자유주의 시대, 상생은 없다. 전쟁이다.

문어도 다리는 여덟 개다!
: 서민 밥그릇 뺏는 재벌

김용철과 이용철, 두 변호사의 연이은 폭로와 양심선언으로 삼성 문제가 불거지는 가운데에도 오락실 게임기의 두더지처럼 튀어나오는 이야기들이 있다. '삼성이 임금 떼먹는 파렴치한 악덕 기업은 아니지 않냐', '비자금 조성했다고 직접적인 피해 입은 사람은 없지 않냐' 처럼 어처구니없는 재벌 편향적 의견도 문제지만, 그중 가장 듣기 거북한 것이 바로 '삼성이 우릴 먹여 살리지 않냐' 는 주장이다.

한번 보자. IBM은 무엇을 만드는 회사인가. 컴퓨터. 도요타는? 자동차. GE는? 전자 제품. 보잉은? 비행기. 월마트는? 유통. 나이키는? 스포츠 용품. 맥도날드는? 패스트푸드. 그렇다면 삼성은?

세계 최고의 기업들은 한 우물을 판다. KFC가 닭튀김으로 성공했다 해서 소 튀김을 내놓지도 않고, 또 현지화하겠다며 한국에서 삼계탕을 팔지도 않는다. 그러나 삼성은 다 한다. 돈 되는 건 다 한다. 서민들 밥그릇까지 뺏어간다.

한 신문을 보니 2007년 들어 10월까지 40대 초반 남성들이 집중적으로 구조 조정 되면서 이들의 일자리가 무려 23만 개 이상 줄었다고 한다. 그렇다면 이들의 앞길은 어떻게 되는가. 재취업? 마흔 넘어 재취업이 되겠나. 그래서 많은 이들이 소규모 자영업에 나선다.

그런데 작은 가게 하나 운영하기도 요즘은 쉽지 않은가 보다. 같은 기간 종업원 1명 이상을 고용한 개인 사업체 사장(고용주)은 156만 명으로 전년도 같은 기간보다 7만 명 가까이 줄어 1998년 이후 가장 큰 폭으로 감소(-4.3%)했다고 한다.

그런데 여기서 주목해야 할 점이 있다. 사실 소매업 매출액은 꾸준히 성장하고 있다. 2007년 소매 판매액은 150조 원을 넘어설 정도이고 이는 전년보다 3.5%, 1996년(98조 원)보다 54.7% 증가한 것이라 한다. 이렇듯 소매업 시장은 커지는데도 불구하고 여기에 뛰어들어 성공하는 사람들은 많지 않다는 점이 특이하다. "연락이 닿지 않는 옛 동료들은 자영업을 하다 실패한 경우가 대부분"이라는 한 직장인의 말에서 보듯 생계형 자영업에 나선 서민, 중산층들은 그들의 생계 전선에서 패퇴하고 있는 것이다.

왜 그럴까. 그 원인은 소매업 매출은 늘고 있지만 그 증가분은 모두 대기업이 독식하고 있기 때문이다. 실상 이들은 재래시장과 소규모 생계형 자영업자들의 밥그릇을 빼앗아 가며 자신의 이윤을 챙기고 있는 것이다. 언급했듯 2007년 소매 판매액은 작년 대비 3.5% 증가했는데 대형 마트는 무려 10.6%가 상승했다. 반면 재래시장과 기타 소매 점포는 성장률 0%의 침체에 들어갔다. 그러니까 소매 유통업은 빠르게 성장하는데 생계형 자영업만 몰락하는 것이다.

재벌의 계열사에서 일하다 '정리' 된 사람들이 퇴직금 가지고 뭐 좀 하려고 하니까 또 다른 계열사인 대형 마트가 밥그릇 뺏어가는 꼴이다. '이 재벌' 은 내쫓고, '저 재벌' 은 밥그릇 뺏어가고. 하여튼 재벌의 돈벌이 방법은 아무리 봐도 저열하고 비겁하다. 염치가 없다.

대형 할인 매장 업계 1위 이마트, 그리고 홈플러스와 롯데마트가 치열하게 격돌하면서 매장을 공격적으로 늘리고 있다. 2001년 삼성경제연구소는 우리나라에 대형 마트가 270개에 달하면 포화 상태에 이를 것이라고 예측했다던데 2009년 전국엔 390여 개가 넘는 대형 마트가 들어차 있다. 자기들끼리 경쟁하느라 건물 안에 일상생활과 관련된 모든 것을 쑤셔 넣은 대형 마트 때문에 주변 상권은 그야말로 초토화된다. 과일 가게, 생선 가게, 야채 가게, 건어물 가게, 구멍가게, 레코드 가게, 화장품 가게, 전파상, 철물점, 정육점, 세탁소, 쌀집, 빵집, 서점, 문방구, 자전거포에 인근 식당까지 매상이 폭락한다. 하여간 연탄 가게 빼곤 죄다 영향을 받는다고 보면 된다. 홈플러스의 홈페이지에 들어가보면 인터넷 쇼핑몰, 담보 대출, 자동차 보험, 통신, 여행, 꽃 배달에 웨딩 서비스까지 없는 게 없다.

대형 마트 때문에 지역에서 오랜 세월 장사하던 중대형 규모의 토착 마트들조차 속속 문을 닫는다. 그래서 주변의 상인들이 절박한 심정으로 반대에 나선다. 이들은 동네 어느 공터에 대형 마트가 들어선다는 소문이 돌기 시작하면 불안에 휩싸인다. 그 소문이 사실로 판명되면 절망하게 된다.

그래서 공사장 앞에서 시위를 벌인다. 평소 뉴스를 보며 시위대를 손가락질하던 사람들이 머리에 띠 두르고 시위에 나서게 되는 것이다. 2006년 우리 학교와 가까운 부산 사상구 엄궁동에 롯데마트가 들어서게 되자 시장 상인들이 시위에 나섰다. 롯데 측은 이들이 보상금 더 받으려고 시위하는 것이라고 했다. 그래, 보상금 더 받으려고 청과물 시장 상인이 결국 롯데마트 공사 현장 앞에서 분신자살했을까.

속을 들여다볼수록 지저분하다. 한 기사에 따르면 2009년까지 99

개 매장을 확보해 업계 1위 달성을 목표로 하는 삼성테스코 홈플러스는 참으로 '기이한 방식'으로 매장을 늘려나간다고 한다. 지역 상인과 지역 언론의 비판을 우려해 공사 기간 현장의 모든 설치물에서 브랜드를 숨기는 것이다. 홈플러스가 눈독 들이는 땅을 시장 상인들이 먼저 매입해버리거나 지자체장이 주민들의 의견을 받아들여 시유지 매각을 불허하는 경우가 발생하면서 생겨난 현상이다.

그래서 전주에서는 '덕진마트', 진주에서는 'SM21' 등의 이름으로 위장하여 건설하다가 완공되면 사들인다는 것이다. 아예 부산 남구의 경우처럼 건축 허가 표지판까지 숨기는 방식으로 지역 상인과 주민뿐 아니라 구청조차 속이기도 한다. 삼성은 계좌만 '차명'하는 게 아니라 공사 허가도 '차명'한다.

여기서 우리는 예의 삼성의 익숙한 변명을 듣게 된다. 문제가 없단다. 법적으로는. '법적으로는 문제가 없다'는 이 말, 정말 기분 나쁘다. 도덕적, 윤리적, 실제적, 사회적으로는 모두 문제가 있겠지만 법적으로는 문제가 없다? 그래서 괜찮다?

'악덕 재벌'들의 문제를 따져보자. 이들이 돈을 버는 방식은 지역 상인에게 피해를 입히는 것으로 끝나지 않는다. 피고용인에서 납품업자와 생산업자까지 아우른다. 한마디로 이들과 거래해서 좋을 게 별로 없다.

대형 마트는 자기네 인건비를 줄이기 위해 납품(협력) 업체에 직원 파견을 요구하다가 시정 명령을 받은 바 있다. 또 야채와 과일의 가격을 내리기 위해 농산물 납품업자들을 압박한다. 이러한 압박은 결국 산지 수집상으로, 생산업자로 파급돼 농촌 현장에서 '밭떼기 계약' 등 거래가를 후려치는 방식으로 산지 농산물 값을 마구 하락시키는 것이다.

ⓒ 미지북스

동네 슈퍼마켓을 위협하는 재벌 기업의 슈퍼 슈퍼마켓(사진 왼쪽, GS그룹의 GS슈퍼)과 구멍가게를 밀어내고 있는 재벌 기업의 편의점(사진 오른쪽, 보광그룹의 훼미리마트).

뿐만 아니라 이들 대형 마트 간 가격 경쟁은 이들에게 납품하는 소규모 제조업자들을 궁지에 몰아넣고 있다. 일방적으로 가격을 정하면 그대로 따라야 한다. 그러고도 언제 밥줄이 끊길지 모르는 두려움에 떨어야 한단다. 피고용인 문제는 이마트, 뉴코아 비정규직 싸움에서 이미 모두 보여주었으니 더 이상의 설명은 필요 없을 것이다.

그런데 대형 마트의 번식 욕구는 여기서 끝나지 않는다. 동네까지 침투한다. 홈플러스는 '홈플러스 익스프레스,' GS스퀘어는 'GS(슈퍼)마켓,' 신세계는 'E마트 에브리데이'란 이름으로 동네 아파트 상가에서 슈퍼마켓까지 한다. 대형 마트는 차를 타고 가야 하는데 바쁘고 귀찮은 사람도 있을 테니 아예 집 앞으로 가겠다는 거다.

그리고 이 재벌들은 동네로 들어와 슈퍼마켓까지 하면서도 이에 만족하지 않는다. 구멍가게까지 한다. 1989년 이후 단시간에 우리나라 전 골목으로 번져나간 편의점은 2000년 2,826개로 늘더니 2008년 말 무려 1만 2,500개로 급증했다. 삼성과 형제 기업인 보광의 훼미리마트가 2009년 5월 현재 4,300개의 점포로 업계 1위를 달리고 있고,

GS의 GS25가 3,500개, 롯데의 세븐일레븐이 2,000개, 동양의 바이더웨이가 1,300개의 점포를 전국에 흩뿌리며 아이들의 코 묻은 돈까지 쓸어가고 있다. 아이들이 편의점에서 아이스크림 빨며 나오는 모습을 맞은편 구멍가게 할아버지는 바라만 보고 있고.

보광과 GS는 2009년에만 각각 700여 개, 롯데는 400개의 점포를 새로 열겠다는 불퇴전의 각오로 전국의 골목을 뛰어다니고 있다. 재벌들이 이제 영세 자영업자들의 숨통을 끊어놓겠다는 것이다.

동네 슈퍼마켓들은 살아남기 위해 '몸부림' 을 치고 있다. 조합을 만들어 유통 마진을 줄여보려고도 하고 자체 브랜드를 만들어보기도 한다. 그러나 재벌 대형 마트의 전 방위, 다단계, 무차별 공세에 버틸 재간이 없다. 결국 대형 마트의 영업시간을 제한하고 일정 규모 이상의 소매업에 진출하는 것을 막는 수밖에는 없다. 솔직히 재벌들은 서민들 밥벌이할 것은 놔둬야 하는 것 아닌가. 정부는 생계형 자영업자들의 밥그릇은 보호해줘야 하는 것 아닌가.

재벌은 '문어발 확장' 도 좀 가려가면서 하자. 문어도 발은 여덟 개뿐이란 말이다. 그리고 제발 밖에 나가서 세계를 정복해라. 골목까지 쳐들어와 싸돌아다니면서 구멍가게 할아버지, 할머니 정복하지 말고. 서민, 시장 상인 밥그릇 뺏어가면서 무슨 '일등 기업' 이야. '조폭 기업' 이지.

반품은 없습니다. 당신들의 대통령!

이미 2006년 미국 방문 때 '돈 없는 사람이 정치하는 시대는 끝났다' 고 공언하신 바 있는 대통령께서 경제를 살리겠다는 일념으로 내각을 뽑으셨다 했다. 남들은 잃어버렸다는 10년 동안 경제적으로 차곡차곡 챙긴 사람들을 잘도 고르셨다. 복부인 장관 후보를 필두로 한 '부동산 내각', '재테크 내각' 이었다.

그러나 '평균 39억 내각' 에도 '상대적 박탈감' 이 존재하는 것인가. 맞벌이하는데도 30억 밖에 없어 양반(?)이라는 장관 후보, 싸구려 골프 회원권을 가져서 불만인 장관 후보, 한국에 살면 스트레스를 받는 자식을 둔 장관 후보 같은 가난(?)하고 불쌍한 이들도 있다. 하긴 참여 정부 기간 동안 아파트 가격이 세 배나 뛰는 바람에 세금이 늘어 불만인 장관 후보도 있으니…….

그래도 '일말의 기대' 를 가졌던 새 정부에 대한 실망은 커져만 가던 중 대통령께서 수석 비서관 회의에서 라면 값이 100원 오른 것을 언급하며 서민 경제를 걱정했단다. 국무 회의에선 공공요금 인상을 자제하라고 했단다. 혹시 지난 주말 6억 원 이상 아파트에 수천만 원의 양도세 감면 '폭탄' 을 주고 나니 쑥스러워 그런 건 아니었는지.

사실 대통령직인수위원회가 선정한 43개 핵심 과제에서 서민 관련 정책을 찾아보기 힘들다. 생활비 절감, 중소기업과 자영업자 지원, 비정규직 등 취약 계층 보호, 신혼 부부 주택 12만 가구 공급, 보육비와 교육비의 국가 부담 등이 모조리 핵심 과제에서 밀려났다. 사교육비 절반 공약이 없어지고 오히려 극심한 사교육을 부추길 게 뻔한 '영어 공교육'이 핵심 과제로 진입했다. 이래서 '1%를 위한 정부'라는 건가.

그런데 재미있는 것은 국민들이 장관 후보자들을 매섭게 질타하는 지금과는 영 딴판으로 두세 달 전엔 허깨비에 홀렸는지, 눈에 콩깍지가 씌었는지 이명박을 '그냥' 뽑아줬다는 점이다. 이른바 '경제 대통령'의 탄생이다. 그럼 우리 국민이 선출한 이 '경제 대통령'을 한번 들여다보자.

현대건설은 이명박을 대통령으로 만들어 준 일등공신이다. 그런데 막상 이명박은 최고 경영자로 재직하는 동안(1979~1992년) 이라크에서 무리하게 공사를 수주했다가 미수 채권을 회수하지 못했고 결국 수천억 원의 빚을 떠안긴 채 회사를 떠났다. 건설업계 1위였던 현대건설은 그 여파로 인해 2000년 부도로 무너졌고 국민의 세금인 공적 자금까지 쏟아부어야 했다. 자신을 키워준 회사가 폭삭 망하는 데 기여한 사람, 이 사람이 바로 당신들의 대통령이다.

이후 경제계에서 그가 보여준 '업적'의 처참함은 발군이다. 그가 정말 김경준과 '동업'을 했는지 아니면 특검 발표대로 '홍보'를 해준 것인지 참으로 헷갈리지만, 어쨌든 특검은 이 사건을 '검은 머리 외국인이 대한민국을 우롱한 것'이라 표현했다. 과연 그럴까. 이 사건의 본질은 'CEO형 대통령'이 사기꾼한테 농락당했다는 것이다. 관록의 경제 대통령이 실상은 한국말도 잘 못하는 30대 주가 조작범에게 사기를 당했단 말이다. 그것도 혼자 당한 게 아니라, 강연과 방송으로 그 사기꾼을 홍보까지 해주면서 무려 5,000명이 넘는 국민들로 하여금 수백억 원을 잃게 한 사람, 이 사람이 바로 당신들의 대통령이다.

그러면 서울 시장이 된 다음엔 서울의 경제라도 살렸는가? 전혀 아니었다. 그가 시장으로 재직하는 동안 서울시는 지역 내 총생산 성장률에서 전국 최하위권이었다. 이 기간 동안 다른 지자체들은 평균 5.02% 성장했는데 서울은 고작 2.68%를 기록했다. 또 지난 1월 2일 서울시정개발원이 정책 리포트에서 밝혔듯 2001년 이후 6년간 서울의 고통 지수를 전국 최고로 만든 사람, 이 사람이 바로 당신들의 대통령이다.

그를 좀 더 이해하려면 과거 개발주의 시대의 '현대'와 '건설'을 이해해야 한다. 우리나라 건설업은 기업에 군사 문화를 가장 빠르고 완벽하게 접목시킨 업종이다. 일단 공사가 시작되면 '쪼인트'가 빈번하게 날아다니는 곳이다. 옛날에 현장 소장을 모시던 한 운전기사의 고백을 들은 적이 있다. 소장님을 뒤에 태우고는 '빽'을 못했단다. 뒤를 쳐다보기도 너무 무서워서.

발전소, 댐, 다리, 항만, 터널 등의 대규모 공사조차 공기를 최대한 짧게 잡는다. 공기 단축이 돈이기 때문이다. 현장 소장들은 공기 단축 경쟁을 벌인다. 이게 그들에겐 무용담이다. 당연히 안전은 뒷전으로 밀린다. 대규모 현장마다 사망 사고 없는 곳이 드물 정도였다. 사실 '안 되면 되게 하라'는 구호는 공수 부대보다는 건설 회사에 더 어울린다. 공수 부대도 당시 건설 회사처럼 밀어붙이지는 않는다. 그러다 결국 삼풍백화점이 무너졌고 성수 대교가 끊어진 것이다.

그렇다면 건설 회사 중에서도 현대건설은? 어느 월간지 기사가 현대와 삼성을 적절하게 비교했다. 삼성은 설계 도면과 공사 계획을 모두 완성한 후 공사에 들어가는 반면 현대는 일단 삽질을 한 후 공사를 하면서 설계도를 만든다는 것이다. 또 광고에서 보듯 '해봤어' 한 마디로 직원의 이의 제기를 막아버리는 게 현대의 분위기였다.

이삼십 년 전 토목 공사를 전문으로 하던 대통령은 최근 경제계의 화두인 '지속 가능' 한 경제 성장을 모른다. 알 수가 있나. 태어나고 그런 걸 해본 적이 없는데. 대신 단기 부양엔 도사다. 단기 부양엔 역시 토목이다. 결국 대운하.

대선 기간 그는 눈 딱 감고 경제 성장 7%를 공약으로 내세우긴 했지만 4%대인 올해 예상치를 어떻게 7%로 끌어올릴 것인가. 못 올린다. 경제 전문가 아니라 경제 산신령이라 해도 못 올린다. 개발도상국도 아니고 명색이 경제 규모 세계 12위 국가가 대통령 때문에 성장률 2~3%가 오르락내리락하겠나.

그래서 그런지 당선되자마자 한발 뺐다. 노력하면 6%까지는 가능하지 않겠냐면서. 그런데 6%도 쉽지가 않다. 한국 경제는 서브 프라임 모기지발 경기 침체와 유가 상승 등으로 인해 전망이 좋지 않다고 한다. 그리고 올해 OECD 국가 평균 성장률도 2.3% 아닌가. 결국 경부 운하는 실용 정부의 마지노선이다. 이 공사를 일으켜 나라를 토건국가로 몰고 가야만 6% 성장과 연간 60만 일자리 창출의 근처에라도 가볼 수 있는 것이다.

특히 자기가 평소 폄훼해 마지않던 '현장 모르는 교수들' 이 그러한 경제 성장과 고용 창출은 현실과 상충돼 불가능하다고 떠들기 시작했다. 경부 운하는 이제 대통령 이명박의 양보할 수 없는 한판 승부처가 돼버렸다.

문화재 파괴? 그거 옛날 건설 현장에서는 이골이 난 거다. 지방에서 큰 공사 하면 땅에서 나오는 유적 꽤 본다. 무덤 같은 건 부지기수다. 물론 원래는 신고해야 한다. 그런데 신고하면 공사는 '올 스톱'이다. 멈칫거리다간 풍납토성처럼 아예 공사가 중단될 수 있다. 그래서 그냥 밀어버린다. 무덤은 뼈를 추려 야산에 묻고 고사 지내면 된다. 출토된 물건 중 모양이 예쁘고 온전한 건 집으로 가져간다.

그런데 문화재 측면에서 경부 운하는 청계천보다는 쉬울 수도 있다. 청계천 땐 '반대를 위한 반대'를 일삼는 '일부 시민 단체'가 청계천 3킬로미터 구간을 따라다니며 귀찮게 했지만 이건 '경.부.운.하.'다. 제아무리 시민 단체, 환경 단체라도 산간 오지 500킬로미터를 어찌 따라붙겠나. 그리고 현존 문화재들은 널려 있는 장비에 실어 옮기면 되지 않겠는가.

그래서 '친환경 · 친문화적 한반도 대운하 건설'이라고 자신 있게 핵심 공약에 포함시켰나 보다. 왜, 청계천도 생태 하천이라 우기지. 친환경 골프장이라 우기지. 사랑해서 때렸다 그러지. 아름다운 살인이라고 해보지.

도덕적으로도 문제지만 경제적으로도 고속 승진 외엔 아무런 업적이 없는 사람이 이 나라의 영도자가 돼버렸다. 남한 사람들은 어쩌다 하고 많은 CEO 중에서도 칠팔십 년대의, 그것도 건설 회사 출신을 대통령으로 선택했을까. 도덕적 정치가, 고졸 대통령, 386보다는 대학 나온 '회장님'에 더 이끌렸던 것 아닐까. 혹시 나라가 잘 되려면 미국엔 잘 보여야 하고 친일파도 공개하면 안 된다는 확신 때문

아닌가. 그래도 아래위가 있어야 세상답고 또 누군가 훌륭한 분(?)이 우릴 다스려야 세상이 돌아간다는 우리 안의 '머슴 의식' 때문은 아닐까.

노동자가 노동자 정당 안 찍고 못사는 사람들이 귀족 정당 찍는 이유가 이런 거 아닐까. 그래서 아직까지 우리 안에 '개발 독재', '병영 사회'에 대한 그리움이 자리하고 있는 것은 아닐까. 민주화가 자리 잡기도 전에 지겨워졌나 보다. 뭔가 불안한가 보다. 그래서 행정수도를 막으려 '군대라도 동원해' 막고 싶다던 그를 뽑았나.

이명박 대통령은 대한민국을 '대한 그룹' 정도로 여기는 듯하다. '해봤어 정신'으로 국가를, 우리 국토를 대하지 않을까 걱정이다. '해봤어'의 다음은 '아님 말고' 아니겠는가?

자, 당신들의 대통령 써보시니 어떠신가. 마음에 드시는가? 혹 마음에 안 드시더라도 그냥 쓰시라. 반품은 없다.

민주주의, 어떻게 된 거야

1980년대 중반 내가 다녔던 대학교는 '데모'가 일상생활이었다. 그 때문에 인근 상인들의 불만이 대단했었다. 학교 정문에서 데모가 시작되려던 어느 오후 분식점에서 밥을 먹던 친구가 어른스레 분식집 주인에게 말했다. "그래도 앞으론 좀 나아지지 않겠어요?" 주인은 유리창 밖을 살피며 무심하게 대답한다. "그 얘긴 4·19 때도 나왔어."

역시 역사는 돌고 도는 것인가. 그런 폭압적 독재 정권은 사라지고 이제 민주주의의 정수를 향해 나아가는 줄 알았건만 '그 시절'로 돌아가 다시 시작해야 하는 상황이다. 절차적 민주주의는 완성했으니 새로운 민주주의 모델을 찾아 나서자고 그러더니 이게 웬걸, 모든 게 다 폭삭 무너진 느낌이다.

2007년 '민주화 20주년'을 우리는 가볍게(?) 대했다. 우리는 이런 민주주의, 저런 민주주의를 내놓으며 품평했고 '이 민주주의'가 실패했으니 이제 '저 민주주의'로 가야 한다고 떠들었다. 물건 고르듯 했다. 이제 민주주의도 펼쳐놓고 고르는 풍요의 시대(?)가 온 줄 알

ⓒ 프레시안

이명박 정부는 4·19 이후 처음으로 초등학생까지 거리에 나서게 했다. 사진은 촛불 집회에 참가한 소녀의 모습.

왔다. 민주주의가 넘치는 시대가 된 것이다. 우리는 민주주의의 완성을 본 것인가.

그래서 우리 국민들은 민주와 정의 가지고 지겹게 장사(?)해 먹는 노무현 정부를 '등신' 취급했다. 도대체 때가 어느 땐데. 빨리 가버렸으면 했다. 참여 정부가 막을 내릴 날만 손꼽았다. 민주주의가 밥 먹여주나! 그래서 우리는 노무현의 퇴장을 반기며 앞으로 우리를 밥 먹여줄 지도자를 택했다. 그냥 먹여줄 지도자 정도가 아니라 아예 확실하게 '처' 먹여줄 지도자를 택했다.

그런데 그 지도자는 민주주의를 몰랐다. 그런 사람이 지금 우리가 바라마지 않던 바대로 우리를 확실하게 '처' 먹이려 하고 있다. 30개월 이상 된 미국 소에다가 그 내장까지 '처' 먹이려 하고 있다. 민주주의가 밥 먹여주냐고? 민주주의는 단순하게 먹느냐, 마느냐의 문제가 아니다. 어떻게 먹느냐, 무엇을 먹느냐의 문제다. 민주주의를 모르는 대통령은 국민을 아무거나 '처' 먹인다. 그러나 민주주의는 국민이 원하는 것을 먹인다. 우리가 바라던 게 그런 거 아니었던가.

기가 막히다. 군사 독재도 아니고 부정 선거도 아니고 우리가 먹거리 문제로 이렇게 정권 퇴진을 외칠 줄 누가 알았겠는가. 반찬 때문에 온 국민이 촛불 들고 거리에 나설 줄 꿈에나 생각해봤는가. 지금 21세기에 들어 다시 민주주의를 갈망하게 될 줄 누가 예상이나 했겠는가. 우리는 1960년 4 · 19와 1980년의 5 · 18, 그리고 1987년 6월 항쟁을 거치며 피 흘리며 민주주의를 완성했다 생각했지만 그게 아니었다. 밤만 되면 살 떨린다. 오늘은 또 몇 명이나 다치고 잡혀 갈까. 이 무슨 '낮에는 국군, 밤에는 빨치산' 시추에이션이냐.

이 정부는 정말 대단하다. 나의 상상력을 뛰어넘는다. 상식의 한계에 도전한다. 국민의 인내력을 테스트한다. 촛불이 환하게 밤을 밝히고 있던 2008년 6월엔 몰래 하던 대운하 작업도 이제부턴 내놓고 하겠다고 선언한다. '정면 돌파' 한단다. 어디 정면 돌파 할 게 없어 '국민 여론'을 정면 돌파 하는가. 그런 정부 봤는가. '막가파' 정권이다.

그런데 그 며칠 후인 6월 6일 불교계 원로들과의 대화에서 이명박 대통령은 "지금 재협상을 요구하면 통상 마찰 등으로 엄청난 문제가 생긴다"며 재협상 불가 원칙을 고수했다. 그에게 '엄청난 문제'는 외국과의 마찰이지 국민과의 마찰은 대수롭지 않은 문제다. 또 그는 재협상은 "자동차, 반도체 등 우리 상품의 수출에 큰 영향을 미칠 수 있다"고 했다니 여기서 다시 그의 본색을 확인하게 된다. 그가 대통령으로서 해야 할 일은 우리 농가를 지켜주고, 국민의 건강을 지켜주고, 국가의 주권을 지키는 게 아니라 현대와 삼성을 지켜주는 것이었다.

이명박 대통령이 키우기도 했고 망하게도 한 현대건설이 원래 그랬단다. 삽질 먼저 시작하고 설계도 만든다고. 역시 이 '삽질 먼저' 정신은 국정에도 적용된다. 부시 미 대통령이 별장에서 잠도 재워주고 카트도 운전하게 해주니까 국내 사정은 생각도 안 하고 부시가 원하는 30개월 이상 미국산 쇠고기 수출을 덥석 집어다 줬다. 그러고는 지금 사방팔방으로 헤매고 다닌다. 대운하도 처음엔 물류를 주장하다가, 그게 안 먹히니까 관광으로, 그게 또 안 먹히니까 치수로 온 천지를 들쑤시고 다니더니, 지금은 작전을 바꾸는 정도가 아니라 아예 종목을 바꿔 강 살리기라고 우기고 있다. 2MB 정권은 지금 이 순간도 설계도 하나 없이 헤매고 다닌다.

이렇게 청와대도, 행정부도 우왕좌왕 헷갈리니 우리 국민은 도대체 '우째' 해야 할지 알 수가 없다. 도대체 종잡을 수가 없다. 이 마당에 이명박 대통령은 촛불의 배후를 잡아들이라 한다. 이제 정부는 있지도 않은 배후 찾아 삼만 리에 나서야 한다. 그런데 용케도 찾았나 보다. 대통령이 직접 알려줬단다. 친북 주사파라고. 북한까지 넘어가 알아봐야 할 판이다. 이 와중에 추부길 청와대 비서관은 촛불 문화제 참석자들을 '사탄의 무리'라 했다. 그 사탄의 배후는 또 어떻게 찾아낼 것인지 흥미진진하다. 진시황의 명으로 불로초 찾아 나선 사람들이 생각난다. 모두들 객사했다지 아마.

이명박 대통령은 미국 『타임』지와의 인터뷰에서 "미국산 쇠고기 수입에 반대하는 촛불 시위대의 입장을 완전히 이해한다"고 했다던데 우리에겐 정반대의 이야기만 들린다. 이거 혹시 이영표의 '헛다리' 전법 아닌가? 도무지 정신이 없다. 우리가 광우병에 걸릴 것을 염려할 게 아니라 이 정권 수뇌부가 혹시 이미 광우병에 걸린 사람들이 아닌지 의심해야 할 지경이다. 하여간 나라님 잘 만나야 한다.

이명박 정권이 민주주의에 기반 한 정부가 아니라는 것은 그들의 과도한 경찰력 의존에서도 알 수 있다. 독재 정권일수록 경찰이 국정 운영의 중요한 축이 된다. 지금 이명박 정권은 정권 유지뿐 아니라 정책 집행까지도 경찰력 없이는 불가능한 수준에 이르렀다. 듣자 하니 경찰은 '불법'이라 그런 식으로 진압한단다. 폭력으로 말이다. 그럼 불법이면 사람 패나? 여학생 머리끄덩이 잡아당겨 쓰러뜨리고 군홧발로 내리찍나? 인도에 서 있는 사람도 방패로 찍나? 왜, 신호 위반도 차에서 운전자 끄집어내서 패버리시지. 통행을 방해하는 인도 위의 간판들도 보이는 족족 주인 불러내 방패로 찍어버리시지.

경찰은 민중의 지팡이라 하던데 그 민중의 지팡이가 되레 민중을 팬다. 우리 해병대는 귀신을 잡는다 했는데 대한민국 경찰은 사람을 잡는다. 머슴이 주인을 팬다. 많은 젊은이들이 영화 《화려한 휴가》를 보며 당시 시위 진압의 잔혹성에 대해 의구심을 가졌다던데 이번에 경찰이 여지없이 그들의 궁금증을 풀어줬다. 그리고 확실하게 교육시켰다. 민주주의는 피 흘리며 지킨다는 것을. 그리고 분노 없이는 지킬 수 없다는 것을.

2MB 정권의 끝이 어떨지는 알 수 없지만 이 대통령은 지금 기록 경신 중에 있다. 1960년 4·19 혁명은 12년 자유당 독재에 항거한 결과였다. 1987년 6월 항쟁은 7년 군부 독재에 대한 저항이었다. 그런데 2MB 정권은 국민의 압도적 지지 속에 출범한 지 석 달도 안 돼 국민들로 하여금 촛불을 들게 했고, 취임 100일째 정권 퇴진이라는 여론의 역풍을 맞고 있다. 그리고 지금 이 순간 우리의 대통령은 경찰 바리케이드 뒤에 꼭꼭 숨어 있다. 국민을 패고 까고 찍는 경찰 뒤에 숨어 있다. 우리 편이 아니었다.

확실히 이명박은 전두환보다 한술 더 뜬다. 『녹색평론』의 김종철 발행인은 전두환은 그래도 지식인을 무서워했고 이들을 고문하고 감옥에 집어넣는 식으로 대우(?)하고 존경했다고 평했다. 그러나 이 대통령은 아예 들어먹지를 않는다는 것이다. 대답도 않고 그냥 무시해버린다.

이 대통령은 교수의 이야기도, 전문가의 이야기도 듣지 않는다. 모여서 이야기를 해도 듣지 않는다. 아무리 길게, 자세하게, 그리고 '쉽게' 설명해도 이해를 못한다. 결국 시민이 나서서 거들어야 한다. 그래도 안 되니 참다못해 여중생까지 나섰다. 아예 너른 광장에 모여 한목소리로 외쳤다. 그래도 듣지를 않는다. 급기야 팔 걷어붙인 엄마들이 아이를 유모차에 태우고 거리로 나섰다. 그래도 '우리 대통령'이라고 군인에 회사원에 노인들까지 나서서 일러줬다. 그래도 이해를 못 한다. 청와대 앞까지 가서 경찰들에게 맞아가며 일러줘도 못 알아듣는다. 이쯤 되면 이명박 대통령은 전두환과 이승만의 나쁜 점은 다 가졌다고 보면 된다.

도무지 이야길 해도 못 알아듣고 경찰 뒤에 숨어 귀를 닫아버렸다는 것 외에도 이명박 대통령의 나쁜 점은 결국 학생들을 나서게 만들었다는 점이다. 사실 4·19는 경찰 최루탄을 맞고 사망한 김주열이 상징하듯 대구와 마산 등지의 고등학생이 나서서 이루어낸 혁명이었다. 6월 항쟁은 대학생들이 피 흘리며 얻어낸 승리였다. 그런데 이 대통령은 고등학생은 물론 중학생, 초등학생들까지 나서게 만들었다. 이 어린 학생들이 나서니 이제는 우리가 포기(?)했던 대학생이 다시 합류하기 시작했다. 정치 문제와 사회적 이슈에 등을 돌려버리고 취직에만 매달리던, 그런데 그러다가도 원더걸스 앞에서 한 무더기로 나자빠져 쓰러질 만큼 망가져(?)버린 대학생들까지 또 나서게 만든 것이다.

제일 나쁜 점은 이 땅의 젊은이들끼리 싸우고 피 흘리게 만든 점이다. 전경이 된 젊은이들, 곧 전경이 될 젊은이들, 전경으로 복무하다 제대한 젊은이들, 이들의 친구들, 이들을 동생, 자식으로 둔 사람들, 그런 이들이 얽혀 서로 밀어붙이고 싸우고 때리고 찍고 맞고 있다. 뒤로 밀리면 끝장이라며 눈을 부라리는 고참을 등 뒤에 두고, 바로 앞의 수천, 수만 군중을 맞이해야 하는 스무 살 전투 경찰의 심정은 어떠할까.

지도자 하나 잘못 만나 국민들이 고생한다. 개고생이다. 생업에 바쁜 사람들, 잠 모자라는 회사원들, 공부해야 하는 학생들, 팔다리까지 쑤시는 아기 엄마들이 거리에 나서서 외쳐댄다. 형제 같은 젊은 이들이 서로 죽일 듯이 치고받는다. 20년 전으로 돌아간 느낌이다. 우리는 이제 또다시 민주주의를 외쳐야 하는가. 혹시 아예 4 · 19까지 되돌아가는 것은 아닌가.

대학교 다닐 때 부르지도 않았던 〈임을 위한 행진곡〉이 나이 사십 넘어 애창곡이 됐다. 다시, 민주주의다.

그는 양촌리로 돌아갈 수 있을까?

잠시 잊혔던 그가 다시 등장했다. 촛불이 한국 사회를 밝히던 2008년 6월 24일 유인촌 문화체육관광부 장관은 "이제 촛불을 끄고 일터로 돌아가야 할 때"라며 "정부도 불법과 폭력에 대해서는 단호히 대처할 것"이라 밝혔다. 그리고 경찰이나 검찰이 해야 할 이야기가 또 그의 입을 통해 나왔다. "경찰은 인터넷을 통한 명예 훼손 및 경찰 진압 관련 허위 사실 유포, 불법 시위 선동 등에 대해 적극 대응할 방침"이라면서 네티즌들의 신문 광고물 압박 행위에 대해서도 수사를 강화할 방침이라고 협박했다. 또 장기 도로 점거나 폭력 행위자에 대해서도 현장에서 체포한다고 말했다니 국민을 '단속 대상' 내지는 '잠재적 범죄 집단' 정도로 보는 그의 시각은 선명하게 드러난다.

움츠려 있던 2MB 정권이 마침내 감행하는 대반격의 신호탄이다. 그 나팔수는 바로 유인촌. 새로운 정권이 등장하자마자 한국 사회를 강타했던 광우병 정국을 놓고 과거로의 회귀를 이야기하는 이들이 많았는데 유인촌을 보며 다시 느꼈다. 군사 독재 시절 독재 정권의 나팔수 역할을 했던 문화공보부 장관의 부활이다. '문화' 보다는 대국민 '공보' 기능이 더 중시됐던 당시 문화공보부 장관은 정권의 나팔수였고 공안 정국을 조율했던 사실상의 앞잡이였다. 민주화 이후 문화공보부는 없어지고 지금은 시대 변화에 발맞춰 예술, 체육, 관광 분야를 전문적으로 다루는 문화체육관광부로 바뀌었지만, 문화체육관광부 장관 유인촌은 개의치 않고 과거의 문화공보부 장관 노릇을 하고 있다.

원래 유인촌은 썩 괜찮은 배우였다. 최고의 햄릿이었다. 이미지도 좋았다. 양촌리 김 회장댁 둘째 아들 용식이로 나와 동네 어려운 일을 앞장서 해결했고 이웃 간 갈등도 다독이고 추슬렀다. 촌사람이지만 지적인 면모도 있었다. 그 덕에 유인촌은 CF도 많이 찍었다. 아마도 냉장고, 세탁기 광고에 나온 유일한 (아니라면 마지막) 남자 모델 아니었나 싶다.

그러나 문화체육관광부 장관이 된 후 그의 모습은 보기 민망할 정도다. 장관이 되자마자 맨 처음 한 일이 바로 노무현 정부에서 임명된 기관장들 쫓아내기, 이른바 '좌파 세력 적출' 의 신호탄을 날린 것이었다. 여당도, 청와대도, 다른 장관들도 머뭇거릴 때 그가 총대 매고 앞장섰다. '앞잡이' 란 얘기가 나오던데 아니라 할 수 있을까. 이명박에 대한 충성심에서도 타의 추종을 불허하는 듯하다. '주구' 란 얘기가 나오던데 아니라 할 수 있을까.

"나름의 철학과 이념을 가진 문화 예술계 인사들이 새 정권이 들어섰는데도 자리를 지키는 것은 지금껏 살아온 인생을 뒤집는 것"이라는 말로 문화 예술 단체의 수장으로 있는 선배들을 모욕했고 며칠 후엔 "끝까지 자리에 연연한다면 재임 기간에 어떤 문제를 야기했는지 공개할 수밖에 없다"고 협박하기까지 했다. 저잣거리 건달이나 하는 짓이었다.

또 김정헌 문화예술위원장, 김윤수 국립 현대미술관장 등 한국 문화 예술의 산증인인 선배들을 실명까지 거론하며 자리나 탐하는 사람쯤으로 몰아붙였다. 그 분야 단체장의 임기는 법으로 명시돼 있다던데 유 장관에겐 법이고 뭐고 없었다. 그에겐 권력이 있었고 그 권력을 앞세워 법질서마저 무너뜨렸다. 이를 두고 '안하무인'이라 하는 걸까. 유 장관이 너무 '막' 나가니까 급기야 같은 편인 조중동까지 나서서 말려야 했다.

> 문화 예술에 보수와 진보가 어디 있습니까? 항상 새로움을 추구해야 하는 문화 예술은 근본적으로 진보 아닙니까? 그것은 편 가르기밖에 되지 않습니다. 진정 생각해야 하는 것은 우리한테 정말 필요한 게 뭔가, 목표가 뭐냐는 겁니다.

이 말은 지금의 유인촌을 비판하는 어느 예술인의 이야기가 아니다. 놀랍게도 유인촌 자신의 2006년 발언이다. 자리가 사람을 만든다더니 장관 자리에 오른 그의 변신은 놀랍기만 하다. 배우가 연기를 해도 이 정도의 연기 변신은 어려울 것이다. 그게 아니라면 이게 원래 그의 참모습인가. 어느 게 그의 본색인지 헷갈리기만 한다.

많은 네티즌들이 이름 붙였듯 그는 이제 '정권의 나팔수'가 됐다. 반응은 다양했다. '실망했다', '사람 두고 볼 일이다' 정도의 반응도 있었지만, '양촌리로 돌아가라', '너부터 사퇴해라' 처럼 그의 퇴장을 요구하는 이들도 있었고, 여기서 더 나아가 '꼴도 보기 싫다', '짜증난다' 식의 불쾌감의 표출도 있었다.

그래도 여기까진 그냥 남들처럼 권력에 눈이 멀었구나 하고 넘길 수도 있겠다. 그런데 그는 자신도 연예인이었으면서 다른 연예인을 폄훼하는 참으로 이상한 두뇌를 가지고 있다. 김민선에서부터 시작된 광우병 쇠고기 수입에 대한 연예인들의 릴레이 비판에 대해 그는 자기가 연예인들의 생활 패턴을 잘 안다면서 그들이 직접 그런 글을 쓰기는 힘들 것이라며 대필 의혹을 주장했다. 인기 관리 차원에서 소속사나 다른 사람이 쓴다는 것이다.

과거 '딴따라' 이미지가 강했던 연예인들이 각고의 노력 끝에 이제 전문인의 반열에 올라섰는데 이들을 다시 '딴다라 주제에……' 라는 옛 편견으로 끌어내린 사람이 바로 연예인이었던 유 장관이다. 아이러니가 아닐 수 없다.

연예인들은 생각도 없는가. 말도 못 하는가. 연예인들은 자기 밥상 걱정하면 큰일 나는가. 아니면 유 장관 자신이 소속사의 대필 '써비쓰' 를 받아왔고 매니저가 모든 것을 챙겨줬기에 남들도 그럴 것이라 생각한 것인가. 어떻게 문화판 동지들인 다른 연예인들을 그런 식으로 폄훼하고, 생각도 없고 글도 못 쓰는 '딴따라' 로 만들어버리는가. 자신은 이제 '장관급' 연예인이라 그런가?

서울에서 열리는 촛불 문화제에 이제까지 많은 연예인들이 참여해서 목소리를 높였다. 이승환, 김장훈은 가족과 친구와 이웃이 걱정돼서, 촛불을 든 10대들을 보고 창피해서 나섰다. 김경형 감독과 양희은, 김부선, 문소리도 그들의 신념에 따라 행동했다. 안치환은 아예 〈유언〉이라는 신곡을 들고 나와 부르기도 했다.

> 내가 광우병에 걸려 병원 가면 / 건강보험 민영화로 치료도 못 받고 / 그냥 죽을 텐데 땅도 없고 돈도 없으니 / 화장해서 대운하에 뿌려다오

인간은 자존과 자결을 위해 어떠한 이야기라도 할 수 있다. 여기엔 남녀노소의 구분도 없고 정치인, 딴따라의 구분도 없으며 귀함과 천함도 없다. 인간은 신념에 따라 발언하고 행동할 권리와 자유가 있으며 이는 매우 자연스런 것이다.

1970년대, 가수 밥 딜런, 조앤 바에즈는 주변의 위협에도 불구하고 반전을 노래했고, 젊은 시절 반전 운동의 기수로 앞장섰던 배우 제인 폰다는 일흔이 넘은 지금도 반이라크전, 여성에 대한 반폭력 운동을 활발히 하고 있다. 부부인 팀 로빈스와 수잔 서랜던은 보수적이고 유대인의 영향력이 강한 할리우드에서 배역이 주어지지 않는 어려움에 처하기도 하지만 반세계화 운동의 선두에 서 있다. U2는 아프리카의 빈곤 문제 해결을 위해 바쁘게 다니고 있고, 리처드 기어는 티베트 독립을 위해 독립운동 하듯 영화까지 만들었다.

하물며 생활인으로서 자신의 일상을 걱정하고 이에 관해 발언하는 것을 폄훼하는 것은 있을 수 없다. 장관이라면 더더욱 그러하다. 유 장관 본인부터 신념에 따라 정치의 최전선에서 선봉에 나서지 않았나.

백발이 성성한 선배들에게 모욕과 함께 협박을 일삼은 문화부 장관 유인촌. 자신의 생각을 그대로 표현한 후배들을 비하한 연예인 장관 유인촌. 그는 동료들을, 그리고 스스로를 '딴따라'로 만들었다.

어쩔 수 없이 그는 참여 정부 초대 문화부 장관이었던 영화감독 이창동과 비교된다. 이창동은 1년 4개월여의 임기 동안 문화부 장관으로서 부여받은 임무에만 충실했다. 재임 기간, 그리고 퇴임사(라기보다는 편지)에서 그는 '소통'을 강조했다. 장관 퇴임 후엔 학교로 돌아갔고 영화 《밀양》을 만들었다. 역시 평범하고 소박한 인간들의 '소통' 에 관한 영화였다.

유인촌 장관의 소통은 이창동 전 장관과 달리 수직적 소통이다. 그것도 공권력을 앞세우고 협박과 비하와 엄포로 버무려진 상명하달식의 대국민 명령이다. 나팔수 유인촌의 다음 모습은 어떤 것일까. 목격했듯 다시 놀라운 연기력으로 변신할 것인가. 양촌리로 돌아갈 것인가. 아니, 그는 다시 양촌리로 돌아갈 수나 있을 것인가.

그에 대한 자료를 찾다 보니 한 인터뷰에서 이런 말도 했다 한다. 장관 취임 전이다.

> 예술가는 인간의 영혼을 구제하는 사람들입니다. 그런데 우리 예술가 가운데 많은 사람들의 영혼이 결코 맑지 않은 것 같습니다. 겉으로만 예술을 하고 속으로는 딴 욕심을 갖고 있는 사람들이 적지 않은 것을 봤습니다. 삶의 거울 노릇을 못하고 있습니다.

헷갈린다. 도대체 유인촌이 몇 명이야! 아니, 누가 진짜 유인촌이야!

김 회장님의 '남자답게'

2007년 5월 4일 두산 베어스와 LG 트윈스는 경기 중 난투극 상황까지 갔다. 미국에서 프로 선수 생활을 하다가 바로 그해 LG에 합류한 봉중근이 두산의 안경현에게 '빈볼성 위협구'를 던지자 이에 격분한 안경현이 마운드로 달려 나가면서 일이 커진 것이다. 서른일곱 나이의 안경현 입장에선 자신보다 열 살이나 어린 선수에게 당한 수모는 쉽게 잊히지 않을 것이다.

사실 야구 경기에서는 양 팀 선수들이 벤치에서 모두 뛰쳐나와 서로 뒤엉키다 마운드에 산처럼 쌓이게 되는 '패싸움'이 많이 발생한다. 신체 접촉이 필수적인 축구, 농구, 미식축구, 아이스하키와 달리, 남성성을 증명할 기회가 상대적으로 제한돼 있는 야구의 경우 선수들은 이를 만회하기 위해서인지 '초남성적' 행동을 자주, 그리고 집단적으로 표출한다. '남성다움'이란 게 원래 '오바' 없이는 불가능한 것 아니겠는가. 그래서 빈볼 시비가 꼭 '패싸움'으로 연결되지는 않더라도 일단 양쪽 선수단 전원이 그라운드에서 대치하여 적절한(?) 몸싸움을 하면서 각자의 남성성을 확인하고, 만회하는 '의식'을 거친 후에야 더그아웃으로 물러나게 되는 것이다.

이렇듯 빈볼은 성인 야구에서 예상 밖으로 꽤나 중요한 기능을 수행하는데 여기엔 몇 가지 룰이 있다. 우선 마운드의 투수는 같은 팀 주장이나 고참이 빈볼을 던지라면 던져야 한다. 타자가 예를 들어 롯데의 호세라도 던져서 맞춰야 한다. 아무리 상대가 무섭고 다리가 후들거려도 일단 던져야 한다. 안 던지면 팀에서 왕따 된다.

1990년대 메이저 리그 최고의 팀이라 불리던 애틀랜타 브레이브스의 경기였다. 브레이브스의 주장이자 3루수였던 테리 펜들턴이 경기 중 수비 하다 말고 갑자기 더그아웃으로 걸어 들어가버렸다. 게다가 더그아웃에 들어서자마자 글러브를 내던지고 문을 발로 걷어차며 더그아웃에서 나가버렸다. 주장이 경기 하다 말고 집으로 가버린 것이다. TV로 중계방송을 보던 시청자까지 포함해 수백, 수천만을 황당하게 만든 순간이었다. 그는 왜 그랬을까. 이유는 단순했다. 타자에게 빈볼을 던지라는 동료들의 요구를 마운드의 투수가 계속 거부한 것이다. 그래서 주장이 열 받아 집에 가버린 것이다.

두 번째, 그 타자가 이성을 잃고 불같이 달려들더라도 절대 뒷걸음쳐서는 안 된다. 그게 미친 소든, 기관차든 물러서면 안 된다. 오히려 글러브를 땅에 가볍게 '툭' 던지고 마중(?) 나가 맞주먹을 휘두르면 그의 남성성은 매우 훌륭하게, 그리고 만인에게 입증된다. 그뿐 아니라 이는 그 팀의 용맹스러움을 상징하기도 한다. 고참들의 사랑까지 받게 되고 감독은 흐뭇해 할 것이다. 구단 프런트도 이를 꼭 기억했다가 연봉 협상에 반영할 것이다.

그런데 성난 황소처럼 달려 나오는 선수에게 도저히 맞설 자신이 없을 경우가 있을 것이다. 이 경우 어찌할 것인가? 홈플레이트에서 마운드까지 약 18미터니까 타자가 달려 나오는데 3초쯤 걸린다. 그 3초를 버틴 후 주먹이 날아오면 일단 이를 악물고 (눈을 감고서라도)

주먹을 같이 휘두른다. 그렇게 딱 2~3초를 더 버틴다. 그러면 곧 포수와 내야수, 외야수, 그리고 양 팀 벤치의 선수들까지 달려 나오고 이들이 뒤엉켜 아수라장이 되면 정작 당사자인 투수는 빠져나오면 된다. 그러니까 6~7초만 버티면 되는 것이다.

지금은 부상에 시달리는 삼성의 젊은 에이스 배 모 선수에겐 아픈 기억이 있다. 2001년 롯데와의 경기에서 타자에게 위협구를 던졌는데 역시 위협구 끝에 볼넷으로 1루에 나가 있던 호세 선수가 이를 보고 열 받아 자신에게 돌진하자 기겁을 해 3루로 도망쳐버렸던 것. 호세에게 맞은 것보다 도망친 게 더 치명적이었다. 타자에게 집중하고 있는데 엉뚱하게 1루의 호세가 폭주 기관차로 돌변해 달려드니 놀랄 만도 했겠지만 어쨌든 그에겐 잊고 싶은 기억일 것이다.

문제는 빈볼을 던지라 해서 던졌는데 그 타자가 자기보다 한참 나이가 많은 상대 팀의 주장이나 고참인 경우다. 이런 경우 투수는 부담이 되더라도 일단 던지고, 타자가 마운드로 달려오면 절대 물러서서는 안 되지만 맞주먹은 삼가하고 그 자리를 지키고 서 있는다. 사실상 동료들이 달려오기 전까지 그 자리에 서서 맞든지 알아서 피하든지 재주껏 하라는 것이다. 이는 나이고 뭐고 아래 위가 없는 미국 프로 야구에선 볼 수 없는 모습이다. '동방예의지국'에서만 볼 수 있는 것이다.

그래서 봉중근 선수는 자신보다 열 살이나 많은 안경현 선수가 날리는 주먹을 피하기만 했을 뿐 주먹을 휘두르지는 않았다. 2006년 현대의 서른여덟 살 최고참 김동수 선수가 스물두 살 먹은 한화 투수 안영명 선수의 빈볼에 맞고 달려 나가 얼굴을 가격했을 때도 안 선수는 맞기만 했다. 사실 그가 서서 맞기만 하니 김동수 선수도 처음엔 주먹을 휘둘렀다가 두 번째는 손바닥으로 얼굴을 밀어제쳤다.

물론 여기엔 주먹만 용납된다. 다른 연장(?)은 사용할 수 없다. 원래 거칠게 성장한 이 땅의 야구 선수들이지만 일단 배트는 내려놓고 달려 나간다. 하나 더. 며칠 후 나이 어린 쪽이나 (대개는) 빈볼을 던진 쪽이 상대방 더그아웃에 찾아가 사과하고 서로 화해한다.

21세기에 들어선 이 사회는 양성 평등의 사회로 진군하고 있다. 덕분에 남자들이 쪼그라드는 그런 시대다. 남자들에겐 한없이 슬프기만 한 이 시기, 스포츠는 '남자다움'이 사회적으로 인정받고 유지될 수 있는 몇 안 되는 영역이다. 특히 야구는 '남성성의 보고寶庫'이자 '남성성의 정비 공장(?)'으로 수많은 남성성을 검증하고 사회가 기준으로 삼는 남성성을 제시해준다. 사실 유치한 측면이 없는 건 아니지만 그래도 거기엔 최소한의 예의가 있고 명승부가 있으며 그래서 로망이 있는 것이다.

그런데 봉중근의 빈볼 시비가 있었던 그 즈음, '남자'를 자처하며 세상을 뒤집어놓은 이가 있었다. 야구 선수도, 운동선수도 아닌데 '남자다움'에 자신의 모든 것을 건 사람이 있었다. 바로 한화의 김승연 회장이다. 그는 예일대에 다니는 아들이 북창동 술집 종업원들에게 폭행을 당하고 들어오자 "남자답게 사과를 받아야 한다"며 집을 나서 "남자답게 해결하라"며 실행에 옮겼고 결국 "남자답게 화해했으니 없던 일로 하자"며 마무리하려 했다.

그러나 김 회장의 '남자답게'는 사실상 '조폭답게'였다. 그는 치료비도 법도 필요 없다며 '사과'를 받기로 했다던데, 김 회장의 사과는 도대체 어떤 사과인지 납치, 감금, 폭행에 쇠파이프와 전기 충격기까지 동원됐다. 해가 지고 밤이 찾아든 서울 시내에서 여러 대의 고급 승용차에 경호원과 조폭 두목을 출동시켜 거느리고 강남, 강북,

청계산 공사판으로 질주하며 끝장을 보겠다던 그의 모습은 기업의 회장이 아니라 '밤의 황제'였다. 야구 선수들의 사과와는 그 수준이 달라도 많이 달라 보인다.

또 그는 시작은 '남자답게' 했을지언정 이후의 진행 과정에서는 전혀 남자답지 못했다. 그는 막강한 한화 변호사들의 뒤에 숨어 계속 모르쇠로 일관했고, 사건의 결정적 단서를 제공한 협력 업체 대표, 자신의 비서실장, 현장에 있었던 조폭 두목과 아들 친구를 모조리 빼돌렸다. 그중 몇 명은 나중에 결국 경찰에 출두하긴 했지만, 아무리 봐도 그가 신봉해 마지않는 '남자답게'와는 거리가 멀었다.

물론 김승연 회장을 그렇게 '돌게' 만든 나름의 몇 가지 이유가 있을 것이다. 북창동 술집 종업원들은 넘어서는 안 될 '나와바리(영역)'를 침범한 것이다. '금기'를 깨버린 것이다. 감히 '평민의 아들'이 '회장님 아들'을, 종업원이 '황태자'를, '국산'이 예일대생을 때린 것에 더해 '북창동 애들'이 청담동에 와서 논 것도 맘에 안 들었을 것이다.

어떤 이들은 "그 상황에서 뚜껑이 열리지 않을 애비가 어디 있겠냐"며 김 회장을 두둔하기도 한다. 그러나 우리나라의 일부 가진 자들의 특권 의식 또는 선민의식은 유별날 뿐 아니라 '안하무인'급이다. 그렇다. 그들의 안하무인에는 한계가 없다. 한보의 정태수 회장은 국회 청문회에서 자기 회사의 임원들을 지칭하며 "머슴들이 뭘 알겠느냐"고 재벌의 총수답게 말한 바 있다.

이들의 특권 의식을 보여주는 또 하나의 엽기적 사건이 있었다. 1994년 1월 어느 날 새벽 2시경, 서울 강남 도산 대로에서 그랜저를 타고 가던 재벌 2세들이 프라이드가 건방지게 끼어든다고 해서 차를 가로막아 세우게 하고는 타고 있던 두 명을 화분과 벽돌로 마구 내리쳐 중태에 빠뜨렸다. 영국과 미국에서 유학 중이던 재벌의 후예들에게 프라이드가 그랜저 앞으로 끼어드는 것은 용납할 수 없는 일이었던 것이다.

회사의 직원과 노동자들 덕에 자신들이 그런 위치에 오를 수 있었다는 사실, 노동자들이 받는 임금이 그들의 노동에 대한 당당한 대가라는 사실, 그리고 우리는 '더불어 산다'는 사실을 깡그리 무시하는 무시무시한 사고가 실제로 우리 사회의 가진 자들 머릿속에 아직도 자리 잡고 있다.

물론 재벌이라고 다 이런 식으로 사람 우습게 알고 때리지는 않는다. 제대로, 잘 큰 사람들도 많다. 그러나 그들도 결국엔 대부분 세금 포탈하고 분식 회계를 저지르는 파렴치한 경제 사범이 된다. 도대체 전과 없는 재벌이 우리나라에 몇이나 되는가. 또 스스로의 잘못된 결정으로 인해 회사가 어려워졌는데도 자신은 자리를 꿋꿋이 지키고 직원들만 해고한다. 이게 바로 이 땅의 '재벌다움'이다. 노블레스 오블리주? 그런 거 바라지도 않는다. 우리 때리지만 말고 우리 돈 떼먹지만 마시라.

김승연의 신념인 '남자답게'는 실제로는 '재벌답게', '황태자답게', '조폭답게'였다. 야구 선수들은 '남자답다'고 표현할 수도 있겠지만 정작 '남자답게'를 떠들어댄 김승연은 전혀 남자답지 못했다. 그리고 이런 분들, 앞으론 '남자답게' 나서는 일 제발 없어야겠다. 이 분들 남자답게 몇 명만 나섰다간 여러 사람 잡겠다.

누가 노무현을 죽였나

10년도 더 된 것 같다. 파업에 들어간 서울시 택시 기사들이 잠실 교통 회관에서 노조 회의를 할 때다. 이때 자기 회사 기사들을 만나야겠다던 한 사장이 노조원들의 저지선을 뚫고 들어가려다 결국 실패하자 분을 못 이겨 내뱉은 말이다.

옛날 같았으면 머슴살이나 할 놈들이…….

2000년 프로 야구 선수들이 선수협의회를 만들려 할 때다. 한 구단 선수들이 어느 고깃집에서 모임을 갖는다는 소식이 알려지자 구단 사장이 직원들을 대동하고 들이닥쳤다. 그러나 홀을 지키고 있던 팬클럽이 사장 일행을 막아서는 바람에 사장은 방에 있던 선수들을 만나지 못했다. 역시 분을 못 이겨 씩씩거리며 한마디 내뱉는다. 방송 카메라 앞에서 마치 들으라는 듯 당당하게 말이다.

지들 월급 주는 게 누군데…….

이게 바로 한국의 '가진 자'들의 모습이고 이들이 '가지지 못한 자'들을 보는 시각이다. 머슴 아니면 거지 보듯 하는 것이다. 그래서 가진 자들은 자기가 무슨 큰 은혜라도 베푸는 걸로 착각한다. 자기가 이들을 먹여 살린다고 생각한다. 실상은 그들 덕에 자기가 먹고산다는 생각을 하지 못한다. 그들로 인해 자기가 존재한다는 사실을 모른다.

지난 6년간 많은 사례가 증명했듯 한국의 기득권 집단은 노무현을 대통령으로 인정하지 않았다. 이들은 DJ도 대통령으로는 마음에 들지는 않았지만 극우로 꼽히는 JP와 연합을 하는 바람에 속은 쓰려도 참아야 했고 무엇보다 YS가 대통령을 했으니 YS와 쌍벽을 이루었던 그의 집권을 그냥 체념하고 넘어가야 했다.

그러나 노무현의 경우는 달랐다. 노무현은 참을 수 없었다. 노무현은 한국의 기존 정치 질서인 파벌을 좇지도 않았고, 초선 의원 주제에 청문회에서 전두환과 정주영에게 '막'했던 장돌뱅이 같은 정치인이었다. 인권 변호사 한답시고 노동자들하고 어울려 다니던 사람이었다. 대학? 상고 나왔단다. 고향? TK는 당연히 아니고 PK라 하기에도 떨떠름한 김해 하고도 봉하 마을이라는 촌구석이란다. 이들의 눈에 노무현은 '머슴'쯤 했어야 할 사람이었다.

또 DJ는 DJP 연합을 통해 보수층을 안심시켰지만 노무현은 대선 전날 한국 최대 재벌의 수장 중 한 명인 정몽준과 (정몽준 스스로 분을 못 이겨 뛰쳐나간 거지만) 결별했다. 그럼에도 인터넷, 핸드폰을 통한 '한밤의 돌풍'을 일으킴으로써 DJ에게 당한 패배를 설욕하기 위해 다시 나섰던 이회창을 또다시 패퇴시키며 대통령 자리에 올랐다. 경기고, 서울 법대를 나온 한국 보수의 적자 이회창이 '상고 출신' 노무현에게 패배하고 눈물을 흘리며 정계 은퇴를 선언하는 모습은 보수의 치욕이었다. 또 보수의 원천이자 생명수와도 같은 조중동, 검찰, 서울대와 감히 맞서고 보수의 집성촌과도 같은 강남마저 건드리겠다고 나서는 그를 받아들일 수 없었다. 자신들에게 고개 쳐들고 두 눈 똑바로 뜨고 대드는 그를 도저히 인정할 수 없었다.

'노무현 무시'의 백미는 전여옥이 했던 "대학 나온 사람이 대통령 돼야" 발언이다. 아무리 머리 독특한 전여옥이지만, 얼마나 노무현이 미웠으면 대학 나오지 못한 수천만의 가슴에 대못을 박을 각오로 그런 술 취한 시정잡배 같은 소리를 했을까. 정말 많은 사람들이 그를 미워했다. 아니 무시했다.

노 전 대통령 서거 며칠 후인 26일자『한국일보』이성철 경제부 차장의 칼럼은 '노무현 미워하기'의 몰이성적 측면을 잘 짚었다. 노무현은 특별히 기업에 손해되는 정책을 내놓은 적도, 규제를 양산한 적도 없고, 유별나게 노동자 편을 든 적도 없다. 오히려 선거 때면 기업인들이 해외로 도망 갈 정도로 노골적 강요가 심했던 정치 자금 압박에서 자유롭게 해줬으니 고마워해야 할 것이었다. 경제도 나름 잘 굴러갔다. 그럼에도 기업인들은 노무현을 미워했다. 그래서 한 기업인에게 그 이유를 물으니 똑 부러지는 대답을 못하더라는 것이다.

> 딱히 이거다 할 것은 없어요. 그냥 반기업적 태도랄까, 아님 언행이랄까 뭐 그런 것들…….

그는 불합리와 부조리를 제거하고 불공정한 게임을 하는 권력을 허물고자 했을 뿐이었다. 간단했다. 페어플레이 하자는 것뿐이었다. 그리고 지방 사람들도 사람이니 좀 나눠 먹으라는 것이었다. 그러나

이 땅의 주류에겐 이런 상식도 통하지 않았다. 그렇다. 이 땅의 기득권 집단에게 노무현의 정책이나 업적은 중요한 게 아니었다. 그냥 깡촌 구석에서 태어나 상고 나오고 사법 연수원 시절엔 점심 같이 먹을 친구도 없던 그가 '그 자리'에 있는 것이 지독하게 못마땅했던 것이다. 내가 '저놈' 상전인데 '저놈'이 내 상전 노릇을 하니 배알이 뒤틀린 것이다.

© 사람사는세상

퇴임 뒤 사저를 방문한 사람들과 이야기를 나누던 중 파안대소하는 고 노무현 대통령.

드디어 노무현이 퇴임했다. 그런데 보수는 그것마저 배알이 뒤틀렸다. 우리나라 근대사에서 노무현처럼 퇴임한 대통령이 있었던가. 고향으로 돌아가 만 명이 넘는 주민들 앞에서 "야~ 기분 좋다"고 외친 대통령이 있었던가. 단 한 명도 없다. 김영삼, 김대중도 임기 말에는 자식들이 구속되는 망신을 당한 후 식물 대통령으로 청와대에서 퇴임할 날만 세다가 조용히 나와야 했다. 또 사람들이 집 앞에 몰려와 "대통령님~" 하고 부르면 나와서 같이 깔깔대며 이야기하는 대통령이 또 있었나. 꿈에나. 그 웃는 얼굴을, 좋아하는 '꼴'을 그냥 놔두고 볼 수가 없었다.

보수는 복수에 나선다. 그는 파렴치하다는 걸 보여주기로 작정했다. 원래 대통령이 될 인물이 아니었다는 걸 국민들에게 보여줘야 했다. 저런 '놈'은 대통령이 돼서는 안 될 '놈'이었다는 걸 알려야 했다. 상고 나온 촌놈이 대통령이 되자 눈이 뒤집어졌고, 그 가족도 원래 없이 살던 사람들이 이런 부귀영화를 맛보니 분수도 모르고 설쳐낸 집안으로 만들어야 했다. 자기들한테 대들면 어떤 결과를 보게 되는지 '확실히' 가르쳐야 한다. 그래서 주리를 틀기로 했다. 그리고 그 모습을 이 땅의 모든 '머슴'들에게 보여야 했다. 이는 또 2006년 이명박 현 대통령의 '돈 없는 사람이 정치하는 시대는 끝났다'는 공언을 완성시킬 절호의 기회였던 것이다.

그리고 중앙의 보수는 지역의 토착 보수들에게도 뜨거운 맛을 보여줘야 할 필요성을 느꼈다. 이참에 같이 손보기로 했다. 그래서 '중수부'라는 칼잡이들을 거느린 중앙의 보수는 지방의 기업인들에게 '아무나' 후원하면 '이렇게' 된다는 걸 확실히 보여줬다. 또 촌에서 돈 좀 벌었다고, 대통령 좀 안다고 중앙의 재벌 오너들이랑 맞먹으려 했던 시골 기업가들을 특히 본보기로 감옥에 집어넣어 까불면 어떻게 되는지 제대로 보여줬다.

고삐 풀린 검찰은 '하나만 팬다'는 자세로 여기에만 매달리며 노무현이 (말 그대로) 죽을 때까지 물어뜯었다. 보수 언론들은 마치 '노무현 씹기'의 역사적 사명을 띠고 이 땅에 태어난 듯 이에 매진했다. 물론 국민들도 이 거국적 분위기에 동참했다. 그러면서 이 기득권 집단들은 무엇보다 대통령 같은 자리는 자기네처럼 원래부터 학벌 좋고 집안도 좋은 사람만이 해야 한다는 걸 부지불식간 국민들에게 각인시키려 했다.

혹자는 노무현이 정치를 재개하려는 조짐을 보였기 때문에 청와

대가 이를 주저앉히려고 검찰을 내달리게 했다는데 나는 그렇게 보지 않는다. 주저앉히는 건 그 부수물일 뿐이고 노무현에게 '한풀이'를 한 것이다. 참여 정부가 한풀이 정치를 한다고 비난했던 보수가 정작 자기네가 정권을 잡자 노무현 개인에게 한풀이 폭탄을 쏟아부은 것이다.

이렇듯 우리나라의 보수는 남 잘되는 꼴을 못 본다. 그것이 특히 미천한 집안 출신이라면 더욱 그러하다. 그리고 꼭 보복한다. 우리나라 정치 보복의 역사를 보라. 누가 보복했나. 꼭 가진 자들이 보복했다. 전임 대통령들 유배 보내고 감옥에 보낸 게 누군가. 노태우는 후계자로 낙점받기 위해 전두환에게 충성 맹세하고 큰절까지 했지만 대통령이 되자마자 표변해 40년 친구이자 전임 대통령인 전두환을 망신 주고 백담사로 유배 보내버렸다. 그 후임 김영삼 역시 전두환은 물론 자신의 정치적 야합의 동지였던 노태우를 모두 감옥으로 보내버렸다. (영남 사람들 꼭 어디 사람들 욕할 때 배신 잘한다 하던데 '배신의 정수'는 어디가 더 많이 보여줬는지 생각해보시라.)

한국 사회의 비주류였던 김대중, 노무현은 오히려 그런 짓 안 했다. 정권 출범 후 힘겨루기 하다가 전임자들의 수족 몇 명을 감옥으로 보내기도 했지만 전임 대통령은 건드리지 않았다. 그런데 이제 보수가 다시 정권을 잡으니까 제 버릇 남 못 주고 또 '보복질'이다. 노무현은 '씨'가 달랐기에 더 심하게 당했다. 우리나라 정치 보복의 역사는 보수가 지들끼리 서로 돌아가며 보복했던 역사다. 그러니까 말이다, 우리가 말하는 퇴임 후 불행한 대통령의 역사는 사실은 민정당에서 이어져 내려온 한나라당, 즉 영남당의 역사다. 역시 가진 놈들이 더하다.

이 마당에 역시 보수의 '입' 들이 등장한다. 김동길, 조갑제, 김진홍 같은 원로에 이어 요 며칠 새 '변듣보' 라는 애칭으로 불리는 젊은 친구까지 나서서 노무현을 '부관참시' 하려 하고 있다. 이게 바로 우리 보수의 과거, 현재, 미래다. 우리 사회가 왜 화합이 안 되겠나. 바로 이런 인물들 때문이다. 게다가 문창극『중앙일보』대기자는 "그의 죽음으로 우리의 분열을 끝내자고 제안" 한단다. 갈등의 종지부를 찍잔다. 그를 사랑한다면 그럴 의무가 있단다. 나는 노무현 재임 기간 문창극 기자가 노무현에 대해 어떻게 썼는지 잘 기억하고 있다. 그러던 자가 나서서 분열을 끝내자고 한다. 다른 신문사도 아니고『중앙일보』의 그것도 문창극이 말이다. 모욕 주고 두들겨 패고 난도질하고 나서 '어! 좀 심했나?' 싶으니까 화해하잖다. 겁나니까 화해하잖다. 이렇게 비겁한 자들이 우리의 보수다.

보수는 이렇듯 노무현을 대통령 취급은커녕 인간 취급도 안 했지만 실상은 어땠는가. 그는 얼마나 '나쁜' 대통령이었을까. 그는 재임 기간 국민들에게 골고루 선물을 주려 했다. 서민 대통령의 기치로 당선됐지만 그 자리에 있으면 그게 그런 게 아니었다. 수도 이전과 지역 균형 발전은 절반에 달하는 지방의 국민들을 위해, 이라크 파병과 한미 FTA는 친미주의자와 기업인을 위해 욕 먹어가며 했다. 이상호 기자의 X파일 사건도 있었지만 삼성도 무사했고『중앙일보』홍석현 회장은 주미 대사에 임명하기까지 했다. 사실 그가 어느 '한쪽' 을 정하지 않은 게 문제라면 문제였다.

원래 '관용' 이란 말은 힘을 가진 자들이 받아들여야 하고 그들의 가치가 되어야 한다. 그러나 우리 사회 기득권을 가진 권력 집단은 그러한 관용에 관심이 없다. 우리의 보수는 '톨레랑스 제로 보수' 다.

그리고 항상 법을 외치면서 자기들은 그 법을 요리조리 빠져나간다. 아니, 그냥 만들고 바꿔버린다. 종합 부동산세 폐지를 보라. 정치인, 공직자, 법조인 들이 자기들끼리 합심해서 뚝딱 바꿔버리고 환불까지 받지 않았던가. 후진국 말고 외국에 이런 보수 봤는가. 오히려 약자와 비주류가 더 많은 관용을 베푸는 사회가 우리 사회다. 항상 '당한 자' 들이 '용서' 를 해야 하는 이상한 사회가 바로 우리 한국 사회다.

우리 보수는 그릇도 작다. 노무현의 자살 소식을 들은 이명박 대통령은 "전직 대통령으로서의 예우를 다하라"고 했지만 실상이 그러했는가. 추모도 못 하게 했다. 서울 시청 앞 광장도 내주지 않는다. 그 광장 누가 만들었나. 자기가 만들었다면 더더욱 고인에 대한 예우로 그 장소를 기꺼이 내줬어야 했다. 그게 한 나라의 어른다운 행동이다. 그러나 이명박은 그 '꼴' 을 못 본다. 하긴 겁은 되게 먹었나 보다.

게다가 절대로 놓으려 하지도 않는다. 보수를 이야기할 때 그의 형 이상득 의원을 꼭 이야기해야 한다. 동생이 대통령이 됐는데도 물러날 줄을 모르는 사람이다. 동생이 대권을 잡았으니 이제부터 '제대로' 권력을 휘둘러보겠다는 것이다. 이런 사람을 두고 철면피라 한다. 그의 나이 몇 살? 일흔넷이다, 일흔넷. 그러고도 끝끝내 버티고 앉아 혼자 기분 내고 있다. 그리고 그걸 보고도 가만히 있는 게 또 우리의 보수다. 그렇다. 그걸 놔둬야 지도 나중에 해먹지.

이렇듯 양보도, 타협도, 화해도, 관용도, 배려도, 용서도, 베풂도, 아량도, 자비도, 사랑도 없는 우리나라의 기득권 집단에게 내 마음을 줄 수가 없다. 이들은 보수라 할 수가 없다. 이런 사이비 보수만 들끓기에 한국 보수의 미래는 암담한 것이다. 보수도 수입해야 하나.

국민을 상전으로 모셨던 머슴. 정말 그는 대통령 해먹기 힘든 나라에서 대통령 했다. 물론 그에 대한 평가는 좀 더 지나봐야 할 것이다. 다만 나는 그의 정신만은 잘 챙겨 간직하고 싶다. 그는 세상을 너무 빠른 걸음으로 앞서가려다 봉변도 당했지만 이제 곧 그의 정신이 우리를 움직이고 세상을 바꿀 것이라는 희망을 가져본다. 이게 그가 우리에게 남겨준 유산이라 생각한다. 희망.

나도 이제 희망 좇는 바보가 되려 한다.

정희준

연세대학교 체육교육학과를 졸업하고 미국 오하이오대학교에서 석사 학위를, 미네소타대학교에서 박사 학위를 받았다. 현재 동아대학교 스포츠과학부 교수로 있으며, 스포츠 칼럼니스트로도 활발하게 활동하고 있다. 2009년 현재 한국스포츠사회학회 기획 담당 상임 이사, 국가인권위원회 정책 자문위원, 문화사회연구소 부소장 등의 직책도 맡고 있다.

지은 책으로는 『미국 신보수주의와 대중문화 읽기』(공저), 『스포츠 코리아 판타지』 등이 있다.

어퍼컷

2009년 11월 12일(초판 1쇄)
2017년 3월 10일(초판 4쇄)

지은이 정희준
펴낸곳 도서 출판 미지북스
서울 마포구 상암동 2-120 201호(우편 번호 03930)
전화 070-7533-1848 팩스 02-713-1848
mizibooks@naver.com
출판 등록 2008년 2월 13일 제313-2008-000029호
책임 편집 정미은
펴낸이 이지열
출력 상지출력센터
인쇄 제본 한영문화사

ISBN 978-89-94142-00-5 03300
값 13,000원